中國海關史十六講

（修订版）

姚永超◎著

复旦大学出版社
www.fudanpress.com.cn

目　　录

序　言

　　关于中国海关史研究,近年来成果应该说是非常丰富的。尤其是关于中国近代海关史的研究,不仅在历史资料的整理、重要人物研究等方面不断取得新的进展,而且也出现了比较系统、完整的中国近代海关史著作。但是,我们同时也注意到在海关史研究方面依然存在一些问题。比如,近代海关主要是作为西方对中国殖民侵略的体现,作为殖民社会的缩影进行研究,还没完全作为一个独立的历史主体,因而对其自身发生发展演变的规律性的探讨还比较缺乏,对海关在社会历史进程中与国家政权、政府的关系,海关权力的本质及其来源,近代中国海关标示着怎样的国家权力,这种权力为什么会丧失,海关为什么会成为西方帝国主义国家对中国殖民统治的重要渠道等等问题,都还缺乏深入的研究,这必然导致对海关作为历史主体,其自身的存在价值和意义何在,海关在国家政治、经济乃至社会发展中的地位和作用是怎样的等等问题,认识还比较模糊,难以揭示海关自身发展的内在规律性。再比如,由于对中国近代海关的研究主要集中在对洋关的研究,与半殖民地社会的政治、经济发展联系在一起,而洋关与常关的关系如何,常关与国家政权、政府的关系如何以及与国家的对外交往活动的关系如何等等问题,研究也比较缺乏、不深入,因而中国近代海关史在一些研究中呈现出洋关与常关彼此割裂的状态,由此也导致对中国历史上的海关(或者说"关")的片面认识。海关史研究中存在的这些缺陷,概括起来说,就是重近代、轻古代,重社会属性——半殖民性、轻自身的主体属性,重表象研究、轻内在规律性的揭示。由此导致的直接后果就是,到目前为止,还没有出现对中国古代、近代、现代海关发展历史进行整体性的系统研究的成果,也没有形成对海关的历史样态及其起源的令人信服的诠释,更没有对海关自身发展规律的全面揭示,因而也还没有出现一部全面、系统和深入的通史性的研究著作。

　　任何事物的研究,如果不能揭示其自身发展的规律性,就不能说达到了对其自身的全面认识,也不能对其未来发展作出科学的预判,从而为人的未来社会活动提供必要的指导，因而这种研究的价值和意义也就将受到很大的限制。因此，要真正达到对中国海关史，乃至世界海关史的全面认识，必须在当前相关历史研究的基础上实现其研究价值及意义的逐步转向，逐步形成一种新的研究路向——把海关作为一个相对独立的历史主体，作为"海关"来研究。也就是说，一方面，对近代海关史的研究有必要从揭露、批判殖民活动的过程，逐步转向对海关自身存在的目的、方式、价值等问题的深层次研究，近代海关史不再仅仅作为经济史、对外关系史、殖民史的一部分或附庸，从而实现海关史研究的社会性价值和意义向自身价值和意义的转移，着重揭示海关与社会、国家的关系及其在社会、国家发展中的地位和作用，逐步把其自身发展的一般样态及其规律性呈现出来；另一方面，必须从海关自身发展的一般样态和规律性出发，发现或阐释中国古代是否存在海关的发展历史以及海关在当代、未来发展的基本取向，由此使海关的自身发展获得更多的自觉。

当然，要在中国古代、近代、现代历史发展中寻找到海关的一般样态进行连贯的研究，或者说把中国海关史作为一门单独的专门史学科进行研究，撰写出能揭示海关自身发展的规律性的通史，确实会遇到一系列的困难。首先必然遇到的困难和疑问就是：中国海关史研究到底应该从什么时候开始？中国海关到底是什么时候出现的？中国古代有没有海关？古代的关、津、市舶司等等是否是海关？它们与近代海关是否具有相同或者类似的属性？对于这些问题，长期以来存在着各种不同的认识，到目前为止分歧似乎依然很大，难以达成共识。由此也就必然导致中国海关史作为一门独立的专门史的学科体系的建构难以取得重大进展。尽管在一些诸如《海关概论》的论著中，对中国古代、近代、现代海关进行了贯通研究，但内容十分简略，而且缺乏必要的史料支撑和周详的分析论证，甚至有许多想象和推测的成分，缺乏实证的研究。因此，目前对中国海关史的研究主要是关于近代的断代研究。这种研究，有着近代海关形态基本成熟、在我国近代国家和社会发展中的影响重大、资料也非常丰富等因素的影响，实际上也有关于对中国海关的起源及发展到底应该如何认识等因素的影响。陈诗启先生的《中国近代海关史》，在中国和海关史之间加入一个"近代"，实际上不仅仅是对专注于近代海关研究的强调，而且也是对海关起源问题的一种回避。"近代海关史"，只是海关的断代史，因而也就并没有对古代存在海关直接否定。

尽管有的研究者对中国古代是否存在海关只是采取存疑的态度，但也确有许多人明确地否定中国古代存在海关,认为海关一定是近代的产物,由此也就根本否定了中国古代海关史研究的必要性和可能性。而在那些认为海关在古代已经出现的研究者中,对海关的起源也存在很大的分歧。从西周起源说,到唐代起源说,再到清代起源说,等等,理由各异、论述各异,也似乎都有一定的道理,都难以取得绝对的优势。

到底应该如何看待中国古代是否存在海关以及海关的起源问题,这不仅涉及海关史研究的学科体系和研究范围问题,实际上,更主要的可能是涉及对海关发展规律的探求以及未来海关发展的看法问题。如果对海关的起源及海关史没有一个科学的看法,那么,也就无法真正发现海关自身的发展规律,也就无法对海关未来发展作出科学的预判。而任何事物,都有一个发生发展成熟以及蜕变的演化过程,要真正达到对某一事物的认识,必须首先揭示事物的本质,从本质出发,才能真正达到对事物发生发展演变的全面把握。对海关的认识也是这样,要真正达到对海关发生发展演变的历史进程的全面把握,必须首先探讨并揭示海关的本质。

从现象或者说表现形式看,近代海关与古代海关或者说"关"确实存在很大的不同。不仅如此,即使是历史上我们称之为"海关"的机构,在形式上也存在着很大的差异。那么,为什么说可以把这些在形式上有很大差异的机构都称为海关?为什么一定要把它们称为海关?实际上,所有的争论,其实关键围于对海关定义及其本质看法的差异。有的学者从海关作为一种国境管理行为而主张海关起源很早,有的学者从海关的关税职能而主张海关产生与国家间贸易的出现而出现,而有的学者从海关作为一种现代国家主权的体现而主张其随着主权国家的出现而出现。尽管争论很激烈,但恰恰可以看到,在所有这些观点中,都可以找到国家的影子,也就是说,尽管在海关起源问题上存在不同看法,但是,在海关是关涉国家的行为这一问题上,看法并没有根本的差异。在笔者看来,事实上海关的本质恰恰也就在它与国家的关联之中,也就是说,如果把海关作为一种对国家间交往的监督管理行为,那么,海关的起源问题应该是可以解决的,它是随着国家间交往的开始而开始的,也会随着这种交往的变化而发生相应的变化。由此,笔者认为,海关的本质体现在其监管职能当中。也就是说,海关是国家对国家间交往行为进行监督管理的行为,承担在边境交往中维护国家利益的职能。

当然,如果从海关作为国家对国家间交往行为的监管行为这一本质出发来看,也在深层次上决定着未来海关的发展。而要对这种发展趋势有一个深刻的认识和把握,从更长时段海关与国家形态、国际交往形态、社会形态的关系发展角度出发来研究海关,将更有利于我们真正抽象出海关发展的一般规律,具有更加重要的意义。正是立足于这样的认识,笔者希望从长时段的历史发展出发,在更加纵深的历史进程中建构中国海关发展史的学科框架。

上海海关学院是海关总署直属的唯一高等院校,不同于其他高校主要进行近代洋关或洋关文献的断代史研究,我们需要从学理上,从海关的本质研究出发,回答海关这一历史悠久的职业因何存在和延续,并尝试为中国海关史的研究建构起一个新的体系。姚永超老师从复旦大学博士毕业、进入本校工作后,十余年来一直脚踏实地地从事中国海关史的教学和科研工作。他撰写的本部著作,正是在努力进行这样的尝试,不但把中国古代、近代、现代海关贯通起来进行研究,而且把海关放在国家形态、国际交往形态、社会形态发展的大背景下来研究,探讨海关行为作为一种国家行为,是怎样随着国家间交往行为的发展而发展,为了适应这样的发展,海关行为本身呈现出怎样的规律。笔者相信,此著将裨益于深化中国海关史的研究,并推动中国海关专门史学科的建设。

是为序。

王晓刚

2024 年 9 月 26 日

第一讲　学科视野下的中国海关史研究回顾与展望

　　任何研究必然要追溯以往学术历史,才能推动新阶段的研究创新。海关是国家上层政治建筑中的重要组成部分,是国家主权的象征,肩负监管合法对外交往、维护国家安全、促进经济发展等重要使命职责。因海关在跨境交往中的重要性,对海关历史进行研究,从而增强对海关发展规律性认识,一直是学术界和海关业界的重点。据《辞海》对学科的定义:一是学术的分类,是相对独立的知识体系;二是教学科目。① 学科划分标准是"理论体系及专门方法的形成;有关科学家群体的出现;有关研究机构、教学单位及学术团体的建立并开展有效活动;有关专著和出版物的问世"等条件。依此标准来衡量中国海关史以往的研究活动,中国海关史研究的未来仍有新的发展空间。2021年海关总署承担国家社科基金特别委托项目"中国海关史",奋力推进编写中国海关正史,这是创新中国海关史研究学科、学术和话语体系的全新契机。

一、畸重于近代特殊新关的海关史研究

　　中国海关起源甚早,传统社会时期是国家安全的重要屏障,肩负着政治、经济、军事、外交等多重职能。近代以后,随着西方殖民者的侵略和国门洞开,海关的发展坎坷而曲折,其行政管理权逐步被列强所褫夺,成为名副其实的"国际官厅",称为"新关"(俗称"洋关")。与此同时,随着中国近代化进程的加速,近代洋关的职能不断延展,涵盖港口航运、邮政通信、气象测绘、外交军事、调查出版等。缘于近代洋关是窥测中国近代化发展及其社会变迁的重要参照物,一直以来引发了国内外学界对于近代洋关研究的浓厚兴趣。

　　早在20世纪30年代,时任总税务司的英国人梅乐和(F. W. Maze)就已深感中国政府收回海关主权是不可逆转的历史潮流,于是便着手编纂洋关历史,以

① 《辞海》编辑委员会编:《辞海》,上海辞书出版社,1994年版,第1269页。

期将其舅父赫德(Robert Hart)塑造为一个海关的"正面传奇"。就职于海关总税务司署汉文秘书科税务司的魏尔特(Stantey F. Wright),于1927年撰写了《辛亥革命以来中国海常关税的征收及支配》一书,反响较大。梅乐和遂指派他编纂七卷本的《中国海关起源、发展及其活动文件汇编》。晚年,魏尔特又投入大量精力完成了代表作《赫德与中国海关》,直至1952年方才出版问世。①

除了就职于海关的洋员对洋关历史展开研究之外,一批对中国问题充满浓厚兴趣的外籍学者也纷纷将目光倾注到近代中国海关问题的研究。美国学者费正清(John King Fairbank)与近代中国海关素有渊源。费正清与中国海关的情愫,源自中国海关退休的税务司洋员马士(Hosea Ballou Morse)。1929年,费正清在哈佛大学完成学业后,受奖学金资助前往牛津大学攻读博士学位。此时,马士退职后居住于伦敦郊外,完成了三卷本的《中华帝国对外关系史》和《东印度公司对华贸易编年史》。因为赫德亲属不同意马士使用赫德日记,使得马士无法完成赫德传记。与马士的结识,对当时年轻的费正清而言,"感到我找到了一位精神上的父亲,或许还是祖父。他告诉我许多有关海关和中国的各种事情,我难以全都记住"。他认为自己可以从1854年在上海建立外籍税务司开始来研究中国海关的起源②,并"打算在一本中国史的书中赞美马士和墨贤理(H. F. Merrill)的工作"。1932年,费正清来到中国,不料魏尔特格外戒备,防止"我与他的海关史工作产生竞争",海关禁止他看文献资料③。他受开创了中国近代史研究的蒋廷黻的影响,撰写了博士论文《中国沿海的贸易和外交:条约口岸的开放,1842—1854》。诚然,这并非一部完全讲述中国海关历史的专著,但却用了相当篇幅叙述近代海关成立前的历史背景。

1945年以后,鼓励研究中国问题逐渐变成了美国的一项基本国策,哈佛大学创建学术研究机构,组织师资培训。1947年,开始出版一年一期的《中国研究论丛》。1955年,在福特基金会的支持下,费正清正式组织起了东亚研究中心。随着研究队伍和近代中国论题的扩展,遂决定整理可以共享的基础资料。他整理了赫德的早期日记,还煞费苦心和满怀深情地汇编《中国海关总税务司赫德在北

① 魏尔特撰写的《中国海关起源、发展及其活动文件汇编》(共7卷本),中国海关学会于2005年开始组织翻译工作,前后延续十余年,先完成了《旧海关总税务司署通令选编》(1—5卷)出版,第6、7卷于2022年完成了出版。

② [美]费正清著,黎鸣、贾玉文等译:《费正清自传》,天津人民出版社,1993年,第27—28页。

③ [英]方德万著,姚永超、蔡维屏译:《潮来潮去:海关与中国现代性的全球起源》,山西人民出版社,2017年,第302页。

京的书简,1868—1907》,给马士所写传记(*H. B. Morse: Customs Commissioner and Historian of China*)成为遗稿,由司马富(Richard J. Smith)于1995年替他完成出版。费正清对中国近代海关史有意插柳而无成荫,反而成就了更广阔范围的中国近现代史问题领域的研究。

费正清不能查阅海关档案文献、研究近代海关历史的遗憾,到了其弟子孔飞力(Philip Alden Kuhn)的弟子方德万(Hans van de Ven),却因偶然机缘得以弥补。2005年,方德万到南京中国第二历史档案馆做有关中国军事历史研究时,偶然接触到55 000卷的海关总税务司署英文档案,当时他还知之甚少,决定需要一个团队来完成此项工作,研究中国近代史和英帝国史的毕可思(Robert Bickers)等历史学者相继加入。① 他们整理和数字化了"中国与西方"档案,建立起专门网站,并花十余年的时间写成了《潮来潮去:海关与中国现代性的全球起源》一书。与其说方德万在剑桥大学开创了中国海关史研究,倒不如说,他把中国海关史带回了剑桥大学——毕竟,中国海关史研究正是费正清在马士的指导下,从剑桥大学带到哈佛大学的。从20世纪90年代起,方德万就已成为世界一流的军事政治史学家。但是,这位贸易史和金融史的门外汉,在看到极其珍贵的海关历史档案之后,却义无反顾地在海关史研究当中投入了将近二十年的精力。②

厦门大学的陈诗启是国内学界有关中国近代海关史研究的首创者和集大成者。早年,受傅衣凌明清社会经济史思想的影响,陈诗启专注于明代经济史研究,后转入近代经济史问题研究。在从事相关教学的工作中,陈诗启深感中国近代海关问题,体系庞大,影响深远。遗憾的是,当时除外国学者略有论及之外,对于国内学界而言尚是待垦的处女地。从1972年冬季开始,在特殊的政治环境下,陈诗启开始潜心专注于中国近代海关史问题研究,并亲率全家选摘、抄写、校对、翻译有关资料,撰写研究论文。③ 改革开放后,特别是1985年,陈诗启开始广泛接触到海关档案史料,并将与近代海关职能有关的关税史、对外贸易史、内债史、外债史、金融史、港务史、航政史、邮政史、气象史、检疫史、军事史、教育史、外交史等添列到研究范畴,使得人们对近代海关有了完整而清晰的认识,一定程度上扩大了近代史的研究领域。④ 为了更好地开展系统性研究,1985年11月,

---

① [英]方德万著,姚永超、蔡维屏译:《潮来潮去:海关与中国现代性的全球起源》,第19页。
② 张志云:《方德万与中国海关史研究:评〈潮来潮去:海关与中国现代性的全球起源〉》,详见 https://www.sohu.com/a/198342125_467440。
③ 陈诗启:《中国近代海关史》,中国海关出版社,2021年,第880—881页。
④ 同上书,第884页。

厦门大学成立海关史研究中心,开创了中国海关史研究的新纪元。在陈诗启的领衔下,厦门大学的海关史研究取得了丰硕的成果,先后出版了《中国近代海关史》及财政史、缉私史、中外文化交流史等系列专文专著。①

复旦大学也是国内海关史研究的重镇之一。20世纪90年代以来,复旦大学中国历史地理研究中心的吴松弟带领十余名弟子组建专门的研究团队,探索利用海关文献探讨中国近代的经济变迁及经济地理变迁(提出"港口—腹地"模式),进而在海关文献的搜寻方面取得了重大进展。由吴松弟领衔的"中国旧海关内部出版物的整理与研究",于2011年获批为国家社科基金重大项目。为了深入挖掘近代海关出版物等未刊文献,2016年复旦大学成立了中国海关史和海关国际文献研究中心。该中心在加强相关史料整理和研究的同时,尝试对海量的海关文献进行数字化研究工作。② 同时,该中心运用经济地理的研究方法,借助地理信息系统(GIS)分析方法,极大地拓展了近代海关文献的使用领域与范畴。

日本学者滨下武志是国际知名的中国近代社会经济史研究学者,著有《中国近代经济史研究——清末海关财政与通商口岸市场圈》一书,系统地利用了中国近代海关的贸易统计资料,研究世界经济体系中东亚经济圈。近年来,滨下武志立足全球史观的研究视阈,提出建立一个综合性的中国近代史研究资料平台,将海关文献档案、海关医报等收录其中,并探索三个循环的理论:一是自然气象循环,即海关档案中有关季风、海流、水位等方面的史料;二是经济市场循环,即海关档案中有关生产、市场流通和消费的循环;三是社会文化循环,即海关档案中有关通商口岸及各地社会生活、医疗卫生、医疗环境、生活文化以及语言翻译的内容。③ 在滨下武志看来,如果将这三大循环联结起来,可充分反映海关资料的深层次内容,观察研究多层次的区域关联与区域动态,达到综合性探讨的效果。

中国近代海关(即洋关)是一个国际性的行政管理机构,其档案文献是研究

---

① 如戴一峰:《近代中国海关与中国财政》,厦门大学出版社,1993年;连心豪:《近代中国的走私与海关缉私》,厦门大学出版社,2011年;詹庆华:《全球化视野:中国海关洋员与中西文化交流》,中国海关出版社,2008年等。

② 继海关总署办公厅、南京第二历史档案馆于2001年影印出版170卷《中国旧海关史料》之后,吴松弟近二十年来,致力于搜集和整理海内外图书馆所收藏的高达上千卷的中国旧海关内部出版物,影印和再出版《哈佛燕京图书馆藏未刊中国旧海关史料》(广西师范大学出版社,2016年,共283卷)、《海关总署档案馆藏未刊中国旧海关出版物》(中国海关出版社,2019年,共52卷)、《浙江省档案馆藏未刊中国旧海关出版物》(广西师范大学出版社,2020年,共14卷)等。该中心相关信息,详见 http://hgc.fudan.edu.cn/hgc/index.php.

③ 〔日〕滨下武志:《中国海关史研究的三个循环》,《史林》2020年第6期。

近代中国问题的富矿,借此引发了国内外学者对于海关史及其相关问题研究的浓厚兴趣,也产生了一批主题宏阔、内涵丰富、思想深刻、影响较大的专文专著。当然,我们也应清晰地看到,有关近代中国海关史研究问题还存在诸多亟待提升的方面:一是片面强调近代海关的殖民地化机构属性,忽视了对海关主权的本源及其衍生逻辑的讨论。二是在研究内容上重近代、轻古代和现代;在研究成果上,重社会属性——资本主义和半殖民性,轻自身的主体属性;在研究趣旨上,着重职能的表象研究,轻视机构内在规律性的揭示。由此导致的直接后果,就是还没有出现对中国古代、近代、现代海关发展历史进行整体贯通的研究成果,也没有形成对海关起源及其历史样态的令人信服的诠释,更没有对海关自身发展规律的全面揭示。概言之,海关作为有着悠久历史的一种社会行业,迄今还没有一部全面、系统的关于海关学科理论和方法的研究著作。

二、贯彻唯物史观的海关革命斗争史研究

1921 年中国共产党成立之后,确定了反帝反封建的斗争纲领,发起争取关税和关政自主运动,在苏区、根据地和解放区等,进行独立自主的人民海关建政实践。在 1949 年七届二中全会上,毛泽东指出人民共和国的国民经济的恢复和发展,没有对外贸易的统制政策是不可能的。立即统制对外贸易,改革海关制度,这些都是我们进入大城市的时候所必须首先采取的步骤。[①] 1949 年 10 月 25 日,新中国海关总署宣告成立,统一领导全国海关建设。1950 年 5 月 1 日,曾任海关副总税务司、时任海关总署副署长的丁贵堂发表《给海关的老同事们》讲话,希望老同事们放弃旧的、错误的、买办的"超政治"思想,建立新的、正确的马列主义、毛泽东思想,要认清旧海关的本质,"它是帝国主义统治的海关,是帝国主义侵略我们的工具。它完全是为帝国主义及官僚资本服务,对我们的人民是毫无利益"[②]。同年 10 月,丁贵堂又发表了《再批判旧海关》一文,分析指出旧海关是帝国主义国家的代理人,帝国主义的侵略工具,封建和军阀主义的帮凶,四大家族的助手,反动派反对人民革命运动的帮凶。[③]

近代海关档案管理极为严格,长期秘密存储,根据地位等级而有不同的查阅

---

① 毛泽东:《在中国共产党第七届中央委员会第二次全体会议上的报告》,载《毛泽东选集》第四卷,人民出版社,1991 年,第 1433—1434 页。

② 丁贵堂:《给海关的老同事们》,载《人民海关》第 1 卷第 4 期,1950 年 5 月 25 日。

③ 丁贵堂:《再批判旧海关》,载《人民海关》第 1 卷第 9 期,1950 年 10 月 25 日。

权限。新中国海关总署成立伊始就设立了研究室,对接收来的近代海关档案开始了整理工作。1953年起,海关总署研究室主持编译,在范文澜、陈翰笙、千家驹为主要负责人的"中国近代史资料丛刊编辑委员会"指导下,在1957—1965年间,陆续编译和出版了《中国近代经济史资料丛刊:帝国主义与中国海关》丛书10辑。另有1辑,在海关学会支持下于1994年出版。其他4辑,因资料等原因,一直没有出版。据丛书的前言介绍,范文澜对该丛书评价很高,认为它是近代史资料中的瑰宝。它并不单纯是有关海关税收、税务行政的记录,而主要是帝国主义如何策划、密谋以及贯彻执行帝国主义的殖民政策,以使我国沦落为半殖民地的铁证。分门别类整理出来,并译成中文(原件大部分为英文),公之于众。这不仅为近代史的研究工作者提供了宝贵的参考资料,而且也能使我们更加清楚地认识帝国主义的侵略面目,以利于我们进行爱国主义教育。①

海关档案资料极为丰富,《帝国主义与中国海关》丛书根据主题需要,总署研究室调阅并选译了原海关图书馆所存赫德与金登干(James Duncan Campbell)的七卷本书简中部分信函。海关最后一任总税务司李度(Kester knox Little),曾带走了赫德致金登干书简副本一份,由费正清于20世纪70年代整理出版,但缺少金登干回复赫德的信函。1982年,中国社科院的陈泽宪、陈霞飞、韩荣芳等继续整理赫德与金登干两人鸿雁往来的完整书信电报,出版时称之为《中国海关密档》。1987年宦乡为九卷本《中国海关密档》的出版作序,"这两个英国人的往来信件,也是一部帝国主义侵华史和晚清政府腐朽没落的政治史的好教材"②。中国海关学会也支持陈霞飞等同志为编审此书所做的工作,在《中国海关密档》序言中直言,费正清和李度在《总税务司在北京:中国海关总税务司赫德致金登干书简1868—1907》一书序言中指责我们出版《帝国主义与中国海关》,是割裂史料、断章取义。《中国海关密档》均选择中国海关档案,翔实可信。将为今后进一步研究中国近代史、近代海关史及帝国主义侵华史,提供一份重要的参考资料。

中国海关学会是由海关总署批准,于1985年6月30日成立的,时任署长戴

---

① 该套丛书原计划15辑,先公开出版的10辑是《中国海关与中法战争》《中国海关与缅藏问题》《中国海关与中葡里斯本草约》《中国海关与中日战争》《中国海关与英德续借款》《中国海关与义和团运动》《中国海关与庚子赔款》《中国海关与辛亥革命》《中国海关与邮政》《一九三八年英日关于中国海关的非法协定》等。《辛丑条约定立以后的商约谈判》,"文革"前已整理好,1994年在中国海关学会支持下,编号为资料丛书第11辑出版,详见《辛丑条约定立以后的商约谈判·前言》,中华书局1994年版。

② 陈霞飞:《中国海关密档·序言》,中华书局,1995年,第3页。

杰希望把学会办成一个团结各方力量、进行海关科学理论研究的学术阵地。①
1986年11月,首任会长朱剑白总结学会成立一年多的主要工作,除组织和推动
海关理论、政策和管理制度的研究,编译外国海关资料等外,还组织和推动了中
国海关历史研究和史志的编写工作,启动了解放区海关史和海关职工革命斗争
史的资料征集和研究编写工作。② 此后于1987年编写了《海关职工革命斗争史
资料选集》(内部油印本),1990年正式出版了《海关职工革命斗争史文集》。

由上可见,中国海关学会成立之初,和厦门大学海关史研究中心侧重于近代
海关研究的定位并不相同。陈诗启在学会理事会议上也做了海关史研究中心一
年来的工作汇报,中心在学会和厦门大学的帮助下,于1985年11月4日成立,
主要任务是研究中国近、现代海关史,严格说来这还是个空白,对它的研究,可以
充实中国近代史的内容,并有助于其他有关专门史的深入。③ 海关学会的历史
研究更侧重为现实服务,贯彻历史唯物主义史观,加强爱国主义教育。正如中国
海关学会在1987年《中国海关密档》的序言的最后寄语,希望史学界、学术界的
专家学者一起,在马克思历史唯物主义思想指导下,开展对《中国海关密档》所提
供的重要史料和各个时期海关历史的研究,使历史研究更好地为建设有中国特
色社会主义强国服务。

20世纪90年代以后,中国海关学会先后组织编写和出版了《当代中国海
关》《中国海关百科全书》《中国海关通志》等多个大部头志书。1992年,党中央
决定加强新中国史研究,海关总署也决定加强部门史、行业史研究。原副署长、
时任学会会长宿世芳组织开展了新中国海关历史研究,作为大型历史丛书《当代
中国》之一的《当代中国海关》,于1992年出版,时任副总理田纪云作序,"这是海
关战线的同志们以中国共产党在新时期的路线、方针、政策为指导,全面系统总
结新中国海关成就和经验的结晶"④。

海关学会接着又组织了历时十年的《中国海关百科全书》工程。作为该书撰
稿人之一的张耀华颇为感慨,编纂出版这部书,是一项艰巨而繁重的系统工程,
据其本人口述:"1994年海关总署办公厅下发文件,公布了《中国海关百科全书》
第一批撰稿人名单,当看到我也被列入其中时,颇有点高不可攀、望而生畏的心

① 蔡渭洲:《中国海关学会成立》,《人民海关》1985年第4期,第39页。
② 朱剑白:《朱剑白会长在理事会议上的工作报告》,《人民海关》1986年中国海关学会理事
会议专辑,第4—5页。
③ 陈诗启:《中国海关史研究中心成立一年来的工作报告》,《人民海关》1986年中国海关学
会理事会议专辑,第14—16页。
④ 宿世芳:《当代中国海关》,展望出版社,1992年。

情。试想担纲编纂百科全书的人，非科学院研究员、权威专家等名望人士莫属。但海关总署给自己一个千载难逢的学习和锻炼机会，不由得掂掇自己。"该书于2004年出版，它首次全面、系统地概述了中国海关的历史，海关专业的基本概念、基本知识和基本情况，以及国内外的相关知识，突出地反映了中国改革开放以来海关战线取得的巨大成就，是一部海关历史与现实相结合、理论与实务相结合的工具书。

编史修志是中华民族的优良传统。2006年，海关总署决定组织海关学会等力量，由署原副署长、时任海关学会会长赵光华领衔编纂《中国海关通志》，这是海关文化建设的又一件大事。历经六个寒暑，2012年《中国海关通志》正式出版。① 作为海关历史的系统集成，全志六百余万字，分为六册，时间跨度两千多年，设有古代卷、近代卷、当代卷、各地海关卷以及人物和专记等篇目，全面反映中国海关主要发展历程，特别是新中国海关前进的足迹，可为国家经济建设、社会发展和领导决策提供参考依据，为海关改革和建设提供信息资料，为社会各界研究中国海关史提供工具，为各国海关更好地了解中国海关提供便利条件。

从以上几大志书工程而言，海关学会始终坚持历史唯物主义立场，推动了对近代海关的帝国主义性质批判以及海关革命斗争史等方面的研究，并且把高校中国近代史学科下的近代海关研究，提升到海关历史从古至今的贯通研究，为海关专门知识体系和学术话语的建立做出了重要贡献。和高校相比，海关具有领导挂帅、垂直管理等特点和优势，有助于推动重大课题的研究。但从海关学会力量推动产生的研究成果来看，中国当代海关历史研究依然较为薄弱，目前还没有一部较为全面和深入的《新中国海关史》断代史研究著作。从研究队伍上来看，作为队伍主体的海关领导及关员们兼职学术研究，难免被高校研究学者们质疑"业余"。此外，和高校学术机构相比，的确难以处理好人才队伍培养与研究传承的关系。

三、基于建构"海关学"的海关专门史初步探索

著名学者宦乡在中国海关学会成立会议的讲话中，提出了加强海关理论研究，建设"海关学"或"海关管理学"的学科问题。学科是关乎学校专业建设和人才培养的根本问题，设有海关管理专业的上海海关学院和对外经贸大学这两所高

① 赵光华：《中国海关通志》，方志出版社，2012年。

等院校,对创建"海关学"综合学科考量下的海关专门史学,予以了开拓研究。

上海海关学院的叶松年及对外经贸大学蔡渭州,于 20 世纪 80 年代末分别编写了《中国海关概论》和《中国海关简史》,开创了中国海关史论研究①,譬如对海关起源的问题,提出了政治、经济、地理环境等条件说;对中国海关历史分期,提出了古代、近代和当代三期说以及原始社会、奴隶社会、封建社会、资本主义、社会主义海关五期说等;对海关的职能演化,做了由偏重军事向偏重经济职能转变等归纳概括。

但从"海关学"的角度来看海关史,海关史的起源、分期、职能作用、研究体系等,还存在很多争议。例如对于海关起源问题,有学者从政治学上的国家定义出发,认为中国古代根本就不存在现代意义上的国家,更谈不上作为国家行政管理机构的海关的存在。有些认为海关在中国古代已经出现的研究者中,对起源时期也存在很大的分歧,有西周起源说、战国起源说、唐代起源说、清代起源说等观点,理由各异,论述不一。对于海关历史分期,也存在应该依据海关职能,还是海关作为社会组织、上层建筑一个部分,即社会形态的附属品来作为海关历史分期标准的争议;对于海关的本质及作用,是军事、政治、经济职能并存和偏重,还是"国门安全"从古至今的贯通;对于海关史的研究体系,是构建监管、缉私、关税、统计、检验检疫等部门史的研究,抑或构建海关法学史、关税学史、海关管理学史等海关专门学史的研究,描述和分析中国海关学问发生和演变的基本轨迹。

上述分歧产生的根本原因在于,目前还没有学者对海关历史进行一个科学、系统和完整的研究,忽视了海关行为的主体性和独立性,缺乏构建海关专门史学科的理论自觉。在海关院校、专业的前辈海关史学者研究的基础上,姚永超和王晓刚编著《中国海关史十六讲》教材②,对以上问题做了初步的论证,提出了海关本质是"国家"对"国家"间交往进行监督管理的行为,承担在边境交往中维护国家利益的职能,此处的"国家"也可以泛指政治实体,应当从海关本质研究海关历史变迁的初步看法。

从构建海关专门史角度来看,重点应是对海关法学史、关税学史、海关管理学史等海关学问、学术理论史的系统研究。可以依据典章、文献等史料,对清末

---

① 蔡渭洲:《中国海关简史》,展望出版社,1989 年。据刘毅所写《我对"海关学"的理解》(《上海海关学院学报》2019 年第 1 期),海关概论是叶松年编写海关史论时所用的名称,其实并不概括海关全部理论。新的概论应为以海关史论、海关税论、海关法论、海关管理论暨"四论"为主要内容的海关基础理论。

② 姚永超、王晓刚编著:《中国海关史十六讲》,复旦大学出版社,2014 年。

以前古代中国的海关观念和知识进行概括与分析,目的在于揭示古代中国海关知识传统的基本面貌、特征以及衰落的命运。清末是古代中国海关知识传统和现代海关学术的分界时期,研究现代中国海关学史的源起,重点考察近代中国新型海关被洋人创建和把持之后,西方现代性海关学知识的引进和传播。从清末危机的发生、西方国家海关知识和理论及操作实体的改造和输入,即内、外环境两个方面,探讨清末现代海关学术诞生的条件、历史过程与特征。1949 年划时代鼎革之后,中国海关学术开始了一种与此前民国时期迥然不同的海关学术建构过程。这一过程更多地受到苏联海关学术传统的影响。把中华人民共和国成立以后海关学术发展分为前三十年和后四十年两个阶段,前一部分解析特殊的海关学术状况,高度强调意识形态与时代的深刻关联。从 1979 年开始,随着改革开放的转变,尤其是 21 世纪中国重新加入世贸组织,中国海关与世贸组织之间的密切联系,使海关学术出现建设生机。可以对开放条件下中外海关学术交流及其影响所造成的海关学研究状况的诸多变化,进行观察和记录。通过三个部分的历史叙述和分析,就中国海关学史得出若干整体性的研究结论。

如果把海关史看作专门史进行研究,也可以重点开拓区域和国别海关史研究,把中国海关史进行中外比较,进行海关区域独特性及世界发展规律普遍性的研究。曾任职世界海关组织总干事的朝仓弘教,编写了《世界海关和关税史》一书①,提出海关起源的财政说,并对世界各国海关的历史演化进程作了宏观概论,但区域和国别海关史研究,依然有很大空间,例如可以研究"一带一路共建国家"海关史、欧盟海关史、美国海关史、东盟海关史、中东欧国家海关史、"金砖国家"海关史、世界海关组织史等。通过对区域和国别海关史的研究,梳理海关的源起与发展脉络,尤其关注地区、国别海关发展史与中国海关史的互动与演进,既为国家"一带一路"倡议和"区域全面经济伙伴关系协定"等战略提供实践支撑,也为世界海关史视野下的国家形态、海关样态、海关职能、海关布局,国家之间海关的互联互通提供理论研究。

基于创建"海关学"学科的目的,海关院校的老师们对海关专门史作了一定探索,但和国内外重点高校、海关学会推动的重大课题项目等相比,海关史研究明显存在一些短板,例如院校及专业总体规模较小,缺乏高水平的海关史研究专门机构和团队,更缺乏在海关专门史及区域海关比较史等方面的高质量成果。在海关总署党委的领导和支持下,上海海关学院于 2022 年 2 月挂牌成立了海关

---

① ［日］朝仓弘教著,吕博、安丽、张韧译:《世界海关和关税史》,中国海关出版社,2006 年。

史研究院,目标是想有效地盘活学院和海关系统内外现有科研人员和资源,形成若干海关史研究创新团队,努力取得一批高质量的海关史研究成果,为海关持续培养和输送海关史志专门人才。

四、新时代中国海关史理论体系创新契机

2021年,恰逢建党一百周年和全国开展党史学习教育契机,海关总署党委决定设立海关史办公室,争取到国家社科基金特别委托项目"中国海关史"。该项目规划古代,近代,新中国海关史上、中、下卷共5个子课题,以新中国海关史为研究重点,以优秀的研究成果为建设社会主义现代化海关提供强大的精神力量和史实支撑。① 以上主要基于学科发展的视野,回顾了国内外重点高校、中国海关学会以及海关专业院校的研究历程和重要成果。海关史研究日渐其深,尤其是近代海关史研究,呈现名家荟萃、成果迭出的斐然局面,俨然已是史学研究领域中一颗璀璨耀眼的明珠。然恰如古人所云,"横看成岭侧成峰,远近高低各不同。不识庐山真面目,只缘身在此山中",因学科归属、发展目标的不同,海关史的学科界限泾渭分明,"重近代轻现代""重洋关轻红关",以及碎片化叙事等问题日益凸显,海关史研究工作亟待检视不足、重整待发。从海关史研究的内在学科理路与发展趋势来看,当前正处于专业化与学科化交叠共生的关键时期。国家社科基金特别委托项目"中国海关史",可谓恰逢其时,有助于重新思考海关史为何研究、为谁研究、怎样研究等本体论和价值论意义上的根本问题。

第一,新时代的中国海关史研究,将以民族复兴为历史主题,深刻认识新时代海关史研究的重大历史意义。历史主题是历史发展的主脉,历史主线是历史主题的延展。习近平总书记在党的二十大报告中指出:"中国共产党的中心任务就是团结带领全国各族人民全面建成社会主义现代化强国、实现第二个百年奋斗目标,以中国式现代化全面推进中华民族伟大复兴。"②鉴于此,以"中华民族复兴史"作为深化党史研究的重要方向,同时为新时代海关史研究指明了航向。

一段时期以来,近代海关史研究频现"洋关情结",过分强调近代海关的"中立性",甚至谬赞帝国主义把持下的近代海关是"最清廉的政府机构"。固然,近

---

① 《写好海关正史,讲好海关故事:中国海关史研究项目全面启动》,《中国国门时报》2022年2月25日。

② 习近平:《高举中国特色社会主义伟大旗帜 为全面建设社会主义现代化国家而团结奋斗》,《人民日报》2022年10月26日。

代海关在推进中国传统社会转型与现代化探索中发挥了显著作用,但其"殖民性"是不容否认与曲解的。过于单向度地强调近代海关的异质殊相,易于造成消极、片面的史实阐析和文本解读,无法从根本上全面、客观揭示近代海关的多元复杂面相,更无益于激励后世"以史明志""踔厉奋发"的史鉴作用。事实上,中国共产党自成立初始,就胸怀民族复兴的崇高信念,陈独秀、毛泽东、蔡和森等一批早期党的领导同志以极大的热情倾注于收回海关主权运动,借此唤起民族觉醒。党在成长过程中,持续发动、组织、领导海关职工革命斗争运动。在红星照耀的地方,从井冈山到中央苏区、从陕甘宁边区到东海关的接收,红色政权下成长起来的"税关人"开始了人民海关的前期探索。他们用拳拳初心和铮铮誓言,向世人宣告长期为帝国主义服务的半殖民地化的海关,如今已成为服务人民的"人民海关"。党领导下的人民政府,已完全"掌握了国家大门的钥匙"。① 新时代海关史研究,应当着力破除"洋关情结"的桎梏,依循"民族复兴"这一历史主题,唱响党领导下的海关职工革命斗争史、红色海关探索史、新中国海关建设史的华美乐章,借此展开宏大的历史叙事。

第二,新时代中国海关史研究,将回应国家安全的现实需求,在汲取历史经验中推进社会主义现代化海关建设。中国古代海关自形成之初,"讥而不征"的职能赋予了海关保卫国家安全的历史使命。周秦时代的关卡,兼具军事安全与经济安全的双重属性;唐宋时期繁盛的海外贸易,离不开"市舶司"所维系的中华朝贡贸易体系安全;"海禁"时废时立的明清两代,海关在持续联结中国与世界的同时,努力构筑"四海晏清"的屏障。处于传统国家向现代国家转型剧变中的近代中国海关,在征税、监管、缉私等本体职能中,衍生出统计、检疫、海事、气象、邮政、博览会、商标注册等现代职能,演绎出海关治理体系与治理方式近代化的更新与变革,借此应因"三千年未有之大变局",继而为近代国家治理体系建设奠定基石。值得一提的是,自中华苏维埃共和国成立后,党萌生出推进海关治理体系与治理能力建设的初步探索与实践。在社会主义革命和建设时期,海关更以政治保卫和维护对外经贸安全作为首要职责。

现实由历史发展而来,不了解历史,难以把握现实、回应现实问题。因此,全面、客观、科学地总结各个历史时期海关改革发展的总体特征,站在国家安全的高度审视不同时期海关治理体系与治理能力建设情况,努力探寻海关现实需求的历史根源,是新时代海关史研究的重要取向,也是拓展海关史研究空间的重要途径。

---

① 刘少奇:《在庆祝五一劳动节大会上的演说》,《人民日报》1950 年 5 月 1 日。

第三,新时代中国海关史研究,将树立整体视阈下的大历史观,在拓新研究方法中重构新时代海关史的宏大叙事体系。海关自形成之初就与国家命运紧密相连。传统王朝时期的"关津""市舶司""海关"等,游走于帝制君权的边缘;近代时期形成的"约开口岸""自开口岸",展露出国家力量的日益羸弱;社会主义探索和建设时期,特别是改革开放后海关地位的日益凸显与职能的不断延展,反映了国家的繁荣与富强;新时代以来,脱胎于海关的检验检疫职能重新划归海关,更昭示了"合久必分,分久必合"的历史规律。质言之,几乎所有历史时期的海关重大问题,均受制于政治环境、对外关系、社会经济发展、中央与地方关系等因素的影响。尤其是近代以来,中国日益融入全球化浪潮之中,海关已日渐成为国际国内政经形势双重作用下的缩影。正当史学界疾呼开展"整体史观"与"全球史观"研究之际,海关史研究的"碎片化"却大行其道,这一错位清楚折射出当今海关史研究中的某些"不合时宜"。诚然,"海关事件史""海关人物史""海关特种职能史"的微观史并不等同于"碎片化",但选题一味求小,研究视阈愈发狭窄,重叙事、重考证、轻阐释,以及忽略从国家和时代发展的整体面相看待海关历史问题等现象屡见不鲜,的确让当前的海关史研究难避"碎片化"之嫌。

缘此,新时代海关史研究在国家整体和宏观视野下,考察海关历史问题的立体面相,从把握历史大势中寻求历史真相,在拓新研究方法中重构新时代海关史的宏大叙事体系。正如习近平总书记所指出的"(历史研究应)树立大历史观,从历史长河、时代大潮、全球风云中分析演变机理、探究历史规律","进一步把握历史发展规律和大势,始终掌握党和国家事业发展的历史主动"①,这是新时代海关史研究工作者的基本遵循。

第四,新时代中国海关史研究,尝试构建海关学术史研究理论体系,在逐本溯源中推动"海关学"学科的建设与发展。在海关历史长河中,中国历代与海关有关的人物对海关的认识、知识和思想理论等是一笔宝贵的财富资源。古代"关以御暴""重讥轻征"等思想,对今天海关事业的发展有着重要的启发意义;近代以来,从清末中国现代海关学术萌芽时期为数不多的著述,到民国时期海关学术体系的初创,再到新中国海关学术研究进入新的发展时期,尤其是改革开放后海关高等院校专业飞跃发展,成立了中国海关学会,有《海关研究》这样专门定期刊物,许多学者著书立说,海关基础理论研究接触到了相当多的深层问题,应用理论研究开拓出了相当多的分支领域,"海关学"这块学术园地已结出丰硕的果实。

---

① 习近平:《在党史学习教育动员大会上的讲话》,《求是》2021 年第 7 期。

党的二十大报告开宗明义地指出:"推进国家安全体系和能力现代化,坚决维护国家安全和社会稳定",并强调"国家安全是民族复兴的根基"。① 2018 年以来,国家安全学已被确立为独立的一级学科,而海关国门安全是国家安全的重要组成部分,不仅内涵丰富,而且具有一定的独特性,理应成为推动国门安全学科建设与理论发展的中坚力量,"海关学"可争取创设为国家安全学下的二级学科。从历史与现实两个维度出发,系统回顾与总结海关国门安全的形成与演进过程,不断加强海关国门安全史的研究大有可为。新时代海关史研究,依循海关学科学术史发展理路,创新研究思维,打开观察海关史的新窗口,呈现海关史的新面相。反之,海关史研究亦更将为促进"海关学"学科建设与发展服务,从探寻海关重大问题的历史脉络中确立"海关学"学科命题,从严谨的史论逻辑和缜密的史学阐释中深化海关学科的内涵与外延,从多视角、跨时空的历史叙事中创新海关学科的研究范式与研究方法。

新时代中国海关史研究将从民族复兴的历史主题出发,切实回应国家安全等海关重大改革发展的现实需求,站在整体性的大历史观下,努力重构新时代海关史的宏大叙事体系,在构建新时代海关史研究理论体系的同时,着力推动"海关学"学科的建设与发展;在充分汲取现有研究成果的基础上,融入交叉学科的研究方法,借此多维度、立体化、全方位呈现海关史,揭示海关史的学理内涵与演进规律。以习近平新时代中国特色社会主义思想为指导,坚定历史辩证唯物主义和人民史观的研究立场,新时代海关史研究必将肇启新征程。

---

① 习近平:《高举中国特色社会主义伟大旗帜 为全面建设社会主义现代化国家而团结奋斗》,《人民日报》2022 年 10 月 26 日。

第二讲　西周时期海关的起源、布局与体系演化

　　关于中国古代海关起源于何时,观点纷纭,莫衷一是。海关起源问题,不仅关系着整个中国古代海关的设置原则、布局体系和管理特征以及近代的艰难转型,而且还能启迪我们对未来海关组织发展的思考,它是海关史学科中一个须首要回答且带有根本性的问题。

一、海关的本质与海关起源的评判标准

　　关于中国海关的起源,自 20 世纪 80 年代蔡渭洲先生提出"西周说"观点以来,探讨此问题的专题论文迄今已有数十篇,目前中国海关史学界有殷商说、周代说、隋代说、唐代说、清初说等观点。[①] 2012 年,又有学者刊发《论中国海关的产生》一文,认为国家主权与明确的关境是海关产生的根本前提,清以前的中国属于古代帝国,不是现代国家,没有主权观念,也不认可现代主权国家体系,因此也就无海关组织可言。1861 年总理衙门的成立,意味着中国从法理上认可了现代主权国家体系,其下辖总税务司署的设立,标志着中国海关的产生。[②] 为什么

---

　　① 蔡渭洲:《我国海关起源简论》,《人民海关》1983 年第 2—3 期;陆云帆:《海关产生于西周的说法值得商榷》,《海关教学与研究》1984 年第 1 期;孔宝康:《我国海关的起源》,《外贸教学与研究》1985 年第 6 期;周熊:《从唐代的关津制度看我国古代海关的初步形成》,《海关教学与研究》1986 年第 3 期;毛乾标:《我国古代"关市之征"的起源应在殷商时期》,《海关教学与研究》1988 年第 2 期。傅崇文:《中国古代海关探源》,《海交史研究》1988 年第 1 期;侯彦昌:《古代西周关之我见》,《教学与科研论文选编》第 1 集,1991 年 11 月;连心豪:《中国海关起源刍议》,《海交史研究》1992 年第 1 期。王杰:《中国最早的海外贸易管理官员创置于汉代》,《海关研究》1993 年第 2 期;姚梅琳:《对中国古代海关起源问题的若干思考》,《海关研究》1996 年第 6 期。傅崇文:《中国古代海外贸易的管理传统与早期海关》,《海交史研究》1997 年第 1 期。罗晃潮:《简论我国早期海关之雏形设于徐闻》,《岭南文史》2000 年第 4 期。周熊:《论我国海关的起源和发展》,《上海师范大学学报》2001 年第 3 期;张耀华:《中国海关起源之我见》,《上海海关学院学报》2008 年第 1 期。陈健康:《试论东周时期的关和关市》,苏州大学硕士学位论文,2011 年。
　　② 娄万锁:《论中国海关的产生》,《上海海关学院学报》2012 年第 5 期。

关于海关起源这一问题,众学者观点差别如此之大,而探讨中国海关的起源问题,对今天海关的发展及海关史这一学科建设有何意义?

对海关产生于晚清的这一新论,笔者不予苟同。自西周出现的关津,以及后来的榷场、市舶等,它们和近代海关,二者之间究竟是"猩猩和人的天渊之别"还是"猿猴到人的历史过程",以往对此问题的讨论多纠结于表面的名是否相符,忽略了从关津、榷场、市舶到海关这一类组织社会行为的实质在一脉相承,之所以出现众学者认知的差异,根源在于评判标准的分歧。

关于海关起源问题的评判原则之一,就是学者们所持有的是历史主义还是现实主义的理念和方法至为重要。历史主义者看待任何事物,认为它们均有一个从简至善的发展过程,而不是把当今的海关定义作为议论前提和分析标准。今天人们研究历史,切忌落入一个"以今推古"即倒放电影式的历史研究方法陷阱。以往有不少学者先是从《中国海关百科全书》中关于当今"海关"的定义出发,去推测和评判古代海关起源及发展问题。在《中国海关百科全书》中,"海关"的定义是国家出入境的监管机构①,因此他们考察海关起源问题的逻辑,首先是判断中国何时出现国家,之后再分析何时有了国与国之间的经贸交往,在中国有了对外国的经贸交往行为时,何时又从国家机构层面形成专门管理对外交往的机构,如此才能推定中国海关的起源。这里需要特别强调的是,他们所考察的最早出现的国家和国际关系,是以当代中国这样的领土空间和主权形式作为评判标准的,譬如像中国历史上的那些分裂时期,曾有不少民族政权鼎立,但它们在今天均属于中华民族大家庭的一员,所以如北宋和西夏、辽的关系就构不成国际关系,当时因管理双方交往需要所出现的榷场等机构,在他们眼中也就自然算不上海关。

以上学者在中国海关起源和发展问题上的逻辑,依英国当代知名国际政治学者巴里·布赞(Barry Buzan)看来,他们已深受英美国际关系研究主流理论影响而不能自拔,到处弥漫着威斯特伐利亚情结。古已有之的国际关系如部落、城邦国家、帝国及其他政治形式都被边缘化了,他们眼中现代民族国家仅是唯一国际关系的定义性实体。② 由此,他们通过逻辑原点上这样一个高度扭曲的透镜,不但影响了对数千年来整个中国海关历史的检视,而且未来世界一旦超越威斯特伐利亚国际关系范式后,也会严重阻碍对中国海关随之演变的前瞻。实际上

---

① 《中国海关百科全书》,中国大百科全书出版社,2004年,第1页。
② 〔英〕巴里·布赞,理查德·利特尔著,刘德斌主译:《世界历史中的国际体系——国际关系研究的再构建》,高等教育出版社,2004年,译者序,第6页。

海关起源问题之所以重要，是因为要从长时段来回答海关组织"何来、何为、何去"的，即整个海关史学科要解决的一个根本性问题，也是任何一个从事海关职业的人或关心海关发展的人所思考的终极关怀问题。

若从长时段历史研究的视角来看，《中国海关百科全书》中对海关的定义就值得商榷，如世界海关史学者朝仓弘教认为，海关是政治组织为公共财政需要而设立的征税机关。[①] 这里，政治组织显然比国家的范围更广。王晓刚则认为，海关的本质是政治组织为管理人类社会跨区域或对外交往行为的需要而设立的专门管理机构[②]，管理交往行为显然又比征税机关界定得更宽泛。由此可见，在对待中国古代海关的起源问题上，关键原则要看关津、榷场、市舶和海关在行为本质上是否相同。依照王晓刚的定义，关津、榷场、市舶和海关的本质，均是不同时期政治组织为管理跨区域或对外交往行为而设立的专门机构，因此我们对中国海关起源的年代，自然可以上溯到西周。诚然，从西周的关到今天的海关，还有一个"从猿猴最终进化到人"的漫长过程，其机构和职能在不断发展和完善。但我们不能拿今天人的标准而去彻底否定猿猴，因为古代关和今天海关在本质上有一种相通性，把古代的关一概视作猩猩，则违背了历史唯物主义史观。

海关起源问题的评判原则之二，就是不能简单地以西论中，或者以中附西。纵然从古至今，关津、榷场、市舶和海关有本质的相通性，但从横向比较的角度来看，在不同时期和国家也有其历史的复杂性和特殊性。16世纪，欧洲国家最早撤销内地税关，统一形成国境海关，这与欧洲率先形成民族国家、重商主义有很大关系。鸦片战争后西方国家把近代海关和管理制度移植到中国，但我们既不能否认中国古代海关的历史，也还需要从东方特色的对外政治和经济交往秩序角度出发，从中国古代对外往来的基本价值观念和具体形态中来蠡测中国古代关的结构体系和空间布局问题。从国家形态演进的角度来看，中国曾历经部族、封建、大一统帝国与现代民族国家几个时期。[③] 特别是西周形成了华夏民族和封建国家，同时又形成了东方特有的"天下"式政治秩序观念和朝贡贸易体系，该时关的出现和布局特色，影响了后世长达上千年。直至晚清，中国被动纳入以欧洲为中心的国际秩序，在从大一统帝国转型为中华民族国家的痛苦过程中，近代西方式的统一型的国境海关才逐渐建构起来。在近代化的历史背景下，中国传统的税关体系也逐步瓦解和消亡。

---

① ［日］朝仓弘教著，吕博等译：《世界海关和关税史》，中国海关出版社，2006年，第1页。
② 王晓刚：《论海关行为的本质与海关学学科的创建》，《上海海关学院学报》2010年第1期。
③ 王家范：《中国历史通论》，华东师范大学出版社，2000年，第16页。

总之,关于中国古代海关的起源,我们既要遵循事物发展的历史延续性原则,以事物的本质作为判断的标准,同时也要看到事物发展历史的特殊性,一种事物在不同历史时期及不同国家或地区各有其复杂的面貌。只有这样,我们才能超越简单的以名论名,从长时段的历史视野把握住事物发展的规律性。基于中国古代关津、榷场、市舶等组织机构在行为本质属性上是当今海关前身的认识前提,以下拟再对中国古代关的起源、空间布局、类型体系以及近代曲折转型即中国古代海关发展的历史特性做详细探讨。

二、《周礼》中关的设置与联制管理

持海关起源于"西周说"的学者,多以《周礼》一书为依据。当然学界对《周礼》一书的成书年代及其内容所反映的历史事实还多有争议。因此,除文献学方法以外,还可从文字学、国家学等多学科角度来综合论证此观点。

"关"字的来历,其繁体作"關",在西周的金文里,初作 ▦(陈猷釜)和 ▦(鄂君启金节)。① 《古文字谱系疏证》所收"關"字形亦同。② 《金文常用字典》对"▦"析形,像关门上闩。鄂君启金节字从门串声,为"關"之异体,到小篆时变为从门䥍声。③ 东汉许慎的《说文解字》这样解释"關"字:"以木横持门户也,从門,䥍声(䥍,音关,织绢时,以丝贯杼也。杼,解为梭)。"④ 由上可见,關字门中的"䥍"和 ▦、▦ 字门中的"▦""▦",均是声符,字形虽异,意思其实指同一词,即本意都是抵拒门户的装置。用作动词,引申指关闭、闭合,门关则不得出入。又引申比喻设在险要地域或国境上防止侵入的关口、要塞,那么什么时候"关"字由关门上闩之本意引申到关口、境上门的呢?

"关"字在《说文解字》中列于门部,关是门字意思的衍生。从出土的文献资料看,甲骨文中有门字甲骨多片,西周的金文里"关"字较多,这反映了从商到周,是由门到关的关键发展时期。"关"字意义在不断扩大,而"门"的指示意味较小,乃至后来"关"的意义中渐渐包含了"门"。

从国家学即国家形态的演进来看,从商到周,恰恰也是由城邑之国发展到天

---

① 容庚:《金文编》,中华书局,1985年,第12卷,第770页。
② 黄德宽:《古文字谱系疏证·元部》,商务印书馆,2007年,第2631、2633页。
③ 陈初生主编:《金文常用字典》,陕西人民出版社,2004年,第1000页。
④ 〔清〕段玉裁:《说文解字注·十二篇上·门部》,上海古籍出版社,1988年,第587页。

下之国,从族群之国到华夏之国的重要转折时期①,在这一历史转折中,关也由
原来的城邑之国的城门木栓发展至分封之国的国境之门含义,这时关成了整个
国家的门户。

《吕氏春秋》中说"当禹之时,天下万国"②,这里反映的可能是当时一个个族
群小国。到夏则是以夏后为盟主的邦国(部族)联盟。商代已有早期国家的雏形,
但它在制度形态上仍然是松散的诸侯邦国联盟。并且商代在地理形态上是城邑之
国,也就是用土围子围起来的城墙是国家权力的重要象征。住在城邑的人是国人,
住在城邑之外的是郊人、野人,这是最早的阶级分野。韦伯在《儒教与道教》一书
中说:汉语里的"城"字,包含有"要塞"的意味,这与西方古代和中世纪的城市含
义是一样的。③ 夏、商两代仅是城邑之国时期。城邑国家重视的是城与野的对
立,对于"城门"极为重视,但对于国界和行政区划的概念还比较混沌,不够稳定、
明确,再加上城邑国家的政府组织不多,分工不细,因此并未产生国境之关。

西周时期各族群的融合逐渐抵消了族群间的种族差异,通过封邦建国,超越
各诸侯国之上的华夏民族的天下之国形成。封的含义就是累土,两个部族交界
之处,把土堆高些,以为标示,谓之封,疆界所至之地,谓之邦。封邦就是和其他
族群相区别的空间依托,在此背景下,笔者认为随着国家形态发展的大转折,国
家管理也随之发生重要变革。从西周开始,对国家统治下的都城以外的地区开
始划疆分野,从此有了地区间的分界、诸侯国之间的界乃至与东夷、西戎、南蛮、
北狄等四边少数民族政权的边界。当时一类官吏叫做形方氏,"掌制邦国之地
域,而正其封疆",其职责是建置封建诸侯的领地,管理疆界。职方氏使用天下的
地图,协助控制国家的领土,以及区别各行政区及少数民族区域的人口、财产、农
产、牲畜等。④ 该时城门开始扩展至邦之四境并形成关,关的指代意义甚至也变
成一种建筑物,不仅包含关门,而且包含关墙等附属物。

《周礼》是现存最早系统阐述司关制度的文献。"司关,掌国货之节,以联门
市。司货贿之出入者,掌其治禁与其征廛。凡货不出于关者,举其货,罚其人。
凡所达货贿者,则以节传出之。"⑤持海关起源于西周论者多据《周礼·地官·司

---

① 刘建军:《中国古代政治制度十六讲》,上海人民出版社,2009 年,第 65—66 页。
② 〔秦〕吕不韦辑:《吕氏春秋》卷十九《离俗览第七·用民》,《诸子集成》本,上海书店,1986
年,第 246 页。
③ 〔德〕马克斯·韦伯著,王容芬译:《儒教与道教》,商务印书馆,1995 年,第 58 页。
④ 〔美〕余定国著,姜道章译:《中国地图学史》,北京大学出版社,2006 年,第 56 页。
⑤ 〔汉〕郑玄注,〔唐〕贾公彦疏,《周礼注疏》卷十五《地官·司关》,《十三经注疏》本,中华书
局,1980 年,第 739 页上。

关》这段话加以论证,但反对者认为《周礼》成书较晚,近世史学大家多认为其成书于战国时期,书中反映的是春秋战国时期的制度,因此不能以它作为西周社会情况的论证。暂不论《周礼》究竟反映了多少西周时期关的情况,笔者认为《周礼》作为先秦时期中国的一部重要儒家经典,其思想深深影响了西周以后关的布局和发展。

在《周礼》一书中,除司关外,还有司门、司市的记载,并且着重强调司关以联门市。以往学者仅从"司关"一词而解释关,却忽略了《周礼》中的"联门之制"思想。在《周礼》中关、门、市都有向商贾征税的职责,但三者不在一处,相隔甚远,这就可能给了商贾作弊逃税的机会。为了堵塞这一漏洞,《司关》职云:"掌国货之节,以联门市。"这里货之节是司市发给商人出入关门的凭信——玺节。商人必须持有玺节,方能由市达于门,由门达于关。关门之吏则"案其节而书其货之多少"。反之,由关外入市的商人,也要由关而门、由门而市,逐次地出示其所在邦国的司市发给的玺节,并办理登记和纳税手续。贾公彦疏:"云'参相连以检猾商'者,司市与关及门三处相连,恐奸猾商人或以多为少,或隐而不出而避税,故相连以检括之也。"概之,《周礼》一书,设计了司市、司门和司关,即从城内市场到城门再到境上关的环环相扣、三位一体职能关联的思想。

那么从地理位置上看,市、门和关三者如何布局呢? 同在《周礼》一书中,作者还设计了独特的国家行政区划体制。依《周礼》设计,天下中心是方千里的王畿,《大司徒》云:"制其畿方千里而封树之。"贾公彦疏:"王畿千里,以象日月之大,中置国城,面各五百里。"①据此,王畿即以王城为中心,再分别以百里为界,呈正方形辐射状大小相包,依次迭远。由近及远,分别称为郊、甸、稍、县、畺(都),此即所谓"面各五百里"。在王畿以外的广大地区,又以王畿为中心,呈正方形辐射状,层层向外分布,于是有所谓九畿,即侯、甸、男、采、卫、蛮、夷、镇、蕃。《大行人》则谓侯、甸、男、采、卫称服而不称畿,称蛮畿为要服。夷、镇、蕃三畿在九州之外,谓之蕃国。据此种行政区划,《周礼》中门应为王城之门,关应设在王畿之外或蛮夷封界之处。南宋王应麟《玉海》云:"(周)王畿千里,王城在中,共有五百里,界首西置三关,则亦十二关,故云。关,界上门也。"②(详见下图2-1)

---

① 〔汉〕郑玄注,〔唐〕贾公彦疏,《周礼注疏》卷十《地官·大司徒》,《十三经注疏》本,第704页中。
② 〔宋〕王应麟纂,《玉海》卷二十四《地理·关塞·周十二关》,影印清光绪九年浙江书局刻本,江苏古籍出版社、上海书店,1987年,第486页上。

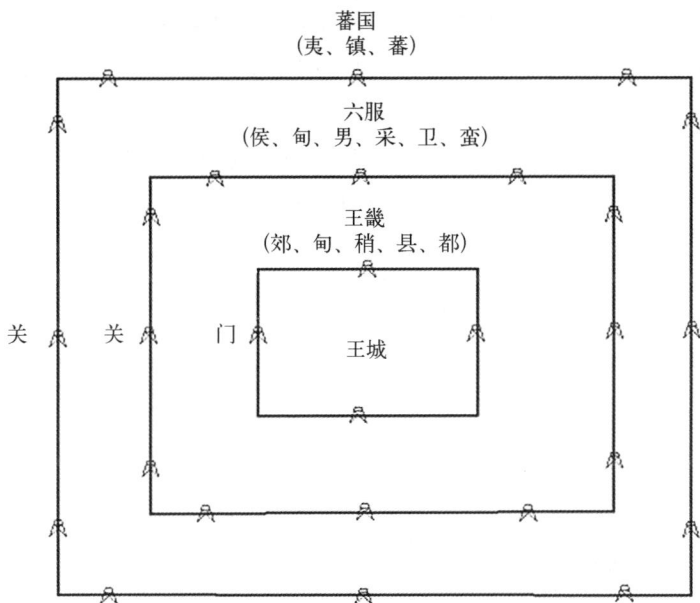

图 2-1　《周礼》所载门和关空间分布示意图

今天一般认为《周礼》一书是战国时期人所作，它以记述周王室职官制度为名，实际上反映的是作者依据大一统政权理想而构建起的一些治国蓝图，是一部对后世历史极富启发意义的文献。该书中关于"司关、司门、司市"和"九畿"的概念性意向，即在王城市场内有市门、王城有城门、王畿有关门，这种从市场到城门、关门圈层布局及联系一体的理念，在中国古代海关发展史上有其独特价值。笔者认为，由于实际地理环境和复杂的历史演化，《周礼》中的九服制，在后世对外关系中演化成为中国古代的宗藩体制。而在宗藩体制之下，中国古代关的设置，流变成"内地之关""藩部之关"和"蕃国之关"等多种类型组织。

三、中国古代宗藩体制与关的圈层布局结构

周虽旧邦，其命维新。从西周绵延至清中期，华夏族国家发展成北至大漠、西至高原、东至大海、南至南沙的多民族大一统的帝国。同时，西周分封制奠定了中国古代藩属体制的雏形。其后藩属体制历经两汉而确立，盛唐的强化，明朝的强化，至清朝而达到完备。[①]

----

①　黄松筠：《中国古代藩属制度研究》，吉林人民出版社，2008 年，第 1 页。

也有学者认为,这种宗藩体制从西周至清末,一直具有多重性特征,如同心圆般层层向外延伸而又紧密相连。其核心层是中央和地方的朝贡关系,主要通过地方向中央交纳朝贡来体现,中间层是中央王朝和周边少数民族的朝贡关系,最外层是中外朝贡关系(明清时期又分为中国与属国的朝贡关系以及中国与其他互市国家的关系)。① 如以清中期时的中国为标准年代,古代中国的世界秩序划分成三个圈层地带:中国化地带、内陆亚洲地带和外围地带。② 其中最核心层是中央王朝地区,其外为内藩地区,再外为外蕃地区。由于经济文化发展差异,王朝中央地区和内藩及外蕃之间存在着频繁的商贸和人员交流。为了管理不同圈层地区间的交往,中国古代中央王朝地区水陆关津要地、中原和边疆交往要道、古代中国和周边国家之间关隘之处,设立过多种类型的税关组织。

中国化地带即华夏"中国"政权,最先因经济管理的需要,西周开始人为地建构税关。其后又因内部的分裂,关卡逐渐被赋予了更多更重的军事控御功能,其设置也不再局限于都城、关市等狭隘的范围内,而更多地与山川险要结合在一起。③ 如春秋战国时期,在山川形胜之地,设立过诸多军事关隘,秦汉时期是水陆关津设置的又一高峰时期,但至唐中期以后军事关卡又逐渐撤废。唐宋以来,因国内长途商品经济的交换和发展,水路税关兴起。不管秦汉时期关津,还是明清时期的运河或长江沿途钞关,笔者把它们均概括称为"内地之关"。总的来说,唐中期前后,是对内地之关及关税认识的重大变革阶段。秦汉以降,儒家学说成为正统王朝的统治思想,是统治阶级施政治国的蓝本,在关津的设置和定位方面亦不例外。孟子曾针对国君税关而斥责道:"古之为关也,将以御暴;今之为关也,将以为暴。"中唐以前的关,大多遵循孟子思想,"讥而不征","关以禁暴",即使偶有对通过关津的商贾征税,也是从"农为本""禁末游"的立场出发的。随着唐宋商品经济发展和商业革命,中唐以降的学者对关津的认识逐渐突破传统儒家教条的束缚,政治军事色彩日趋淡薄,原先设险守固的禁防,演变成为中央垂直课收商利的税关,财政经济开始居重。④ 中唐以后的学者对关津阐释与正统儒家理论的差距愈来愈大,以致明清时期运河、长江或交通沿线商税之关广泛设置,"凡天下水陆衢会舟车之所、辐辏商旅之所,聚集设关,置尹掌其治禁,以安行

---

① 张云泉:《朝贡制度史论:中国古代对外关系体制研究》,新华出版社,2004年,第6页。
② [美]费正清编,杜继东译:《中国的世界秩序——传统中国的对外关系》,中国社会科学出版社,2010年,第2页。
③ 安介生:《"关塞":中国传统政治的地理控制》,载《中国社会科学报》2010年6月8日。
④ 张邻、周殿杰:《唐代关津制度》,载《中国海关史论文集》,中国海关学会编印,1996年,第38—42页。

旅,以通货贿,爰系之税以便调讯,以佐国家经费"①。当然这些关津的职官派遣、税收、关和商人之间关系定位等,成为中央和地方博弈的焦点问题。

古代中原农耕政权在处理与内陆亚洲地带的游牧民族政权的政治、经济关系时,在中国北方、西方及西南方也设立过诸多的军事关卡,同时为了羁縻需要,形成特定的商贸交往场所和监管机构,如汉代的关市、隋唐时期的互市、宋辽金西夏时期的榷场、明清时期的茶马司等,笔者把它们均概括称为"藩部之关"。西汉初期与南越互市,这是中国历史上最早的互市。关市与内地关津不同,通常设在边境关门之下,其开放时间、地点和交易物品种类等,均有严格规定。唐代以后,中央政府大多以金银、丝绸、盐、茶叶等物资同周边少数民族交易马匹。自汉至明,像互市监、榷署、茶马司等机构除了具有官营外贸和管理双重职能外,还兼具边境防守和外交等作用。

历史上古代中国和周边邻国及海外贸易国家所设关津,笔者统称为"蕃国之关"。从唐至明清,中央王朝均奉行"厚往薄来"的对外交往政策,其中对外贸易最显著的特征就是"籍朝贡之名而行互市之实"②,在这种天下观念和朝贡秩序之下,即在没有现代互惠贸易观念的前提下,中国古代陆路边境或沿海边境设置关的出发点,基本上是为了"怀柔远人、市惠藩属"③。明前中期海外贸易政策走向政治极端,有贡舶,即有互市,非入贡,则不许其互市。换而言之,所有作为经济活动的贸易,只有在作为政治行为的朝贡之内才是允许的,当然对接待贡国之口岸和市舶设置也有详细管理规定。随着16世纪欧洲人航海东来,清王朝则在大清会典中把对外交往分为朝贡和互市之国。④ 就海境而言,康熙二十四年(1685)设置完江、浙、闽、粤四大海关后,各海关对外贸易管理均有明确分工。如江、浙海关管辖对日贸易,闽海关管辖南洋及琉球朝贡船和商船贸易,粤海关管辖南洋贸易的中国商船、暹罗的朝贡船及欧洲英国、荷兰等远航而来的互市国家贸易船。⑤ 此外,清代对朝鲜、越南、缅甸等陆路接壤藩属国,还在中江、镇南关、腾越等地设有多处陆境关。为阻止洋商北上"移市入浙",清乾隆二十二年(1757)下令,仅广州一口接纳和管理英国等互市国之商船贸易,而对其他朝贡国

① 张寿镛等编:《清朝掌故汇编·内编》卷十四户政六《常关税则》,求实书社铅印本,1902年。

② 侯厚培:《中国国际贸易小史》,商务印书馆,1931年,第19页。

③ 赵淑敏:《中国海关史》,台北文物供应社,1982年,第1页。

④ 曹雯著:《清朝对外体制研究》,社会科学文献出版社,2010年,第27—30页。

⑤ 松浦章:《清代浙海关与对外贸易》,载吴伦霓霞、何佩然主编:《中国海关史论文集》,香港大学崇基学院出版,1997年,第109页。

开放的关口从未关闭,但英国为发动鸦片战争所宣扬的清朝"闭关自守"说法,使人长期误读清朝的海关历史。①

综上,在中国如此广阔的疆土之上,海关从西周诸侯之界关,与四邻之界关,演化成为清中期时的中原地区运河、长江之上的关津,东南海疆对东南亚乃至西方国家贸易管理的海关,西北陆地边关以及中原农耕汉族与周边游牧民族的"互市关"等种类繁多、功能复杂的国家安全监管及财政征税机构。《明史·食货志》载:"明初,东有马市,西有茶市,皆以驭边省戍守费。海外诸国入贡,许附载方物与中国贸易。因设市舶司,置提举官以领之,所以通夷情,抑奸商,俾法禁有所施,因以消其衅隙也。"至宣德四年,为疏通钞法,又于运河沿线要津之地增设钞关。有清一代,户部和工部管辖的权关,在地理上广布于运河沿岸、长江沿线、边疆及沿海地区。② 管理中俄库伦和恰克图陆路贸易的,则是理藩院派出的官员。这些关的名称虽然相异,但安全监管、财政征税为其核心功能,组织管理模式相近,形成一个严密的内外交往的监管体系,均为中国古代"关"的流变类型之一。

1840年鸦片战争后,中国宗藩体制逐渐瓦解,口岸和海关的设置、管理均被纳入条约体系之下。一方面沿海、沿边、沿江地区近代海关不断扩展,另一方面固有的国内常关因从中华帝国向民族国家转型、国内市场统一等需要而日遭诟病。但至其最终被撤废的近百年时间中,这是一个传统和现代并存且曲折转型的特殊时期。1931年,为民族经济服务的中国近代化海关体系终于完全建立起来。中国近代统一国境海关虽较欧洲诸国晚了三百余年,但并不能因近代海关在领土监管、征税和明确维护国家主权等方面功能更凸显,而全部抹杀关津、权场、市舶等在管理跨区域或对外经济交往行为上与现代海关的相通性及其历史作用。相反,以近代西式国境海关为镜照,我们更能看到中国古代关的特殊性和复杂性。

四、儒家思想与古代关的管理特征

中国古代社会的统治思想是儒家学说。儒家经典不仅是人们伦理道德和社会观念的指导准则,也是统治者施政治国的蓝本和评定善恶的尺度,在关的管理制度方面亦是如此。儒家学说是制订、推行关的制度的理论依据,在中国古代形

---

① 王尔敏:《五口通商变局》,广西师范大学出版社,2006年,第76页。
② 廖声丰:《清代常关与区域经济研究》,人民出版社,2010年,第36页。

成了和西方国家差别较大的东方关的管理特色。

(一) 华夷观与关"守备为上"的取向

华夷观作为专门讨论华夏与四夷之间关系的政治理论,大约形成于西周后期与春秋之际。周人对于诸夏以外的种族,开始并未贬视他们。大约在周朝与戎狄关系恶化以后,他们不仅把夷、蛮、戎、狄等视为文化落后的部族的代名词,甚至把他们贬为禽兽。西周末年,以犬戎为主的戎狄势力消灭了西周,这对华夏族是个极大的打击。于是,华夷有别的观念在春秋时代逐渐形成。如何使夷不乱华,除了主动以夏化夷外,"立夷夏之防"也成为儒家处理华夷关系的思想之一。通过关防和关禁制度建设,避免免夷狄势力对于华夏中心的侵入,就是重要措施。自先秦时期起,中原和周边诸少数民族及国家建起层层关隘,而这些关的目的就是"限中外,隔华夷",由此造成闭关和守藏的性格特点。

(二) 王道观与关"讥而不征"的理想

所谓王道,就是实行仁德的理论和政策。儒家讲王道为上,主张以德服人,不主张以力治国的霸道。当然儒家的德只是政治的最完美境界,它还要通过仁和礼来得以实现。《左传·文公二年》载:孔子曰"臧文仲,不仁者三",其中之一就是在鲁国公室领地上增设了六个关卡,税收苛重。孟子进一步把"仁"由个人情感层面提升到政治层面,提出了仁政学说,"王如施仁政于民,省刑法,薄税敛"。从薄税敛的原则出发,孟子宣扬"去关市之征",主张去掉关卡上对往来商旅和市场上对买卖活动的征税。"古之为关也,将以御暴;今之为关也,将以为暴",在孟子看来,关卡征税是后世产生的一项暴政。

儒家的主张,影响后世关的职能定位。中唐以前,"关讥而不征""关以御暴"是关设立的基本依据,即使国家通过关卡对商贾征税,也必须从"禁末游"即抑制商人和商业的意图出发。如果税商仅仅是为了敛财,那就会遭到朝野的强烈反对。唐代对关津官吏的考核准则,是"讥察有方,行旅无壅,为关津之最"。关重政治、轻经济的倾向,至两宋才有改变,但和西方古代发达的关税比较起来,不征税或轻征税是中国古代关津的一大特殊之处。

(三) 义利观与关"厚往薄来"的方针政策

义利观是指人们在进行社会行为时,在道德追求和物质利益两者之间的价值取向。孔子说:"放于利而行,多怨。"即只根据利益而行事必然招致很多的怨恨。孔子又说:"君子义以为上。""君子喻于义,小人喻于利。"这种义利观,对于中国古代对外关税政策有重要的影响。在周朝治理天下的九条纲领中就有"送往迎来,嘉善而矜不能,所以柔远人也。继绝世,举废国,治乱持危,朝聘以时,厚往而薄来,所以怀诸侯也"的论断。周朝对于诸侯国所采取的厚往薄来方针,自汉朝开始就被中国用于处理与周边部落以及域外政权交往的基本政策。此外,儒家还有一种观念,认为天子有德,四夷来归。因此,远方国家派遣使节入华通交也是一种向往中华道德和仰慕中华礼义的行为。而对于这种外国君王的慕义行为,中国帝王更应该采取厚往薄来的方针对他们予以奖励,以体现天子的盛德和富有四海。

譬如明太祖就曾明确指示礼部官员,"诸蛮夷酋长来朝,涉履山海,动经数万里,彼既慕义来归,则赍予之物宜厚,以示朝廷怀柔之意"①。由此可见,明太祖是将四夷来朝看成是一种慕义行为。明成祖也秉持了这一理念,他在永乐初(1403年)处理穆斯林商人向明朝输入胡椒问题时,曾对相关机构拟对外商输入货物征税的意见极其不满,认为"商税者,国家抑逐末之民,岂以为利。今夷人慕义远来,乃侵其利,所得几何,而亏辱大体多矣"②,在明成祖看来,向外商征税获取利益,都是一种有辱国体和损害天子盛德的行为,所以不能应允。郑和七下西洋,招徕贡使甚多,赏赐成为国库的巨大负担。所以再议出访,有司便藏匿出访案卷,作罢不行。

综上所述,儒家学说长期影响着中国古代关的管理理念和政策,和西方社会重关税的传统差异较大。直至近代中国受西方猛烈撞击之后,西方海关管理制度及关税理论学说逐渐传入中国,伴随着中国从传统国家向现代民族国家的转型及西式海关在全国国境范围内的普遍建立,中国传统关防的布设及关政特色均消失在历史之中。

(本章内容,摘编自《中国古代海关的起源、体系与布局演化》,载《中国历史地理论丛》2015年第3期)

---

① 《明太祖实录》卷一百五十四洪武十六年五月戊申。
② 〔清〕张廷玉:《明史》卷八十一《食货志》。

第三讲　秦汉至隋唐时期陆路边地互市贸易管理

关在西周出现之后，随着封邦建国，各诸侯国也开始有边界和关防意识。春秋战国时期，在各国之间的边境及交通要道上，借助高山大川地险之势而构建起许多关隘。《管子·问》载"关者，诸侯之陬隧也，而外财之门户也，万人之道行也"，孟子又云"古之为关，将以御暴；今之为关，将以为暴"，从这些关隘的功能作用而言，既有以征税及商贸管理功能为主的税关，又有以军事防御及镇守功能为主的关塞，这两套关的系统既有联系但又不能相互取代。陆上为关，水上为津，随着秦汉一统国家的建立，围绕首都、通往首都的交通要道以及边疆要地，这些关津成体系化地布局。内地关和边塞关长期并立，这是古代统治者借助山川地势而在政治地理方面的一大创造。在处理交通疏通与关津建设中，统治者也处于矛盾状态：一方面想努力发展建设，"达其道路"；另一方面又"藩塞阻路"，严格限制内外人员往来和货物跨区及越境的自由流动，不断强化关津的对内控制和对外防御功能，专设有关法令，织造出一张禁锢、羁縻百姓行动自由的，即关津设施与关禁制度相配合的严密地网。当然，随着生产力的提高，以交换为目的的商品生产即贸易固然要冲破种种束缚限制，边塞关市在中外贸易和边境民族贸易中发挥了重要作用，从秦汉至隋唐时期关津兴设弛废的背景过程、职官设置、律令制度、职能地位等，值得历史垂鉴。

一、秦汉时期关塞体系的构建与设置关市

(一) 战争与内外关塞体系的涌现

西周时期，周王室分封的各个诸侯国，还是以"国"和"郊"为势力扩展区的零星据点。西周末年王室衰微，各诸侯国王室逐渐把封地看成私有财产，"关"开始作为一种领土标准的象征而出现。直至春秋时期，列国因人口和国力有限，构建严密的、全面性的关塞体系还不现实，除国都以外，一般城邑和关隘要津多不设防。如弦高犒师就是很好的事例，当时秦穆公袭郑，从秦地出兵，向东经过函谷

关(今河南灵宝市东北),二崤山(今河南渑池县西北)、伊阙,而后到河南偃师,行程二千余里,途中遇到郑国商人弦高,始被发觉,秦、郑两国间的关隘要道无兵防守。因此清代学者顾栋高提出了春秋列国不守关塞论,在《春秋大事表·春秋列国地形险要表》中提出:"春秋时,列国用兵相斗争,天下骚然。然其时禁防疏阔,凡一切关隘厄塞之处,多不遣兵设守,敌国之兵平行往来,如入空虚之境。"

进入战国,随着生产力的提高,人们领土观念由点向面展开,各国间征伐战事频繁,过去那种"津梁未发,城险未修,渠答未张"的情况成为历史,《盐铁论·险固篇》云:"诸侯之有关梁,庶人之有爵禄,非升平之兴,盖自战国始也。"各诸侯国大设关梁,不仅仅是普通税关,而是着重利用山川险要,强化国土的政治控御与军事防卫,以各国疆域为拱卫中心的、区域性的防守关塞体系初步形成。故而《周礼》中除"司关"外,还记有"司险",其职责在于地理控制:"掌九州之图,以周知其山林、川泽之阻,而达其道路。设国之五沟、五涂(同途),而树之林以为阻固,皆有守禁,而达其道路。国有故,则藩塞阻路而止行者,以其属守之,唯有节者达之。"至于最早出现的关塞体系雏形,则属《吕氏春秋·有始览》所称"九塞":"天有九野,地有九州,土有九山,山有九塞,泽有九薮,风有八等,水有六川……何谓九塞? 大汾、冥厄、荆阮、方城、殽、井陉、令疵、句注、居庸。"据攻守形势判断,"九塞"体系的提出者应为中原人士,体现的是九塞拱卫中原的基本轮廓。①

秦统一中国后,筑长城分郡县,设关布防,全国性的关塞体系日益完善。秦朝定都咸阳,东有函谷、蒲津,西有散关、陇山,南有崤山、武关,北有萧关、黄河,在四关之中,这是秦统一王朝关塞体系的核心部分,而北部边疆万里长城的修建,则奠定了古代中原王朝防御边疆少数民族政权的基础架构。

西汉时设关更多,据《汉书·地理志》记载,弘农郡有陆浑关;代郡有五原关、常山关;上党郡有上党关、壶口关、石研关、天井关;上谷郡有居庸关;敦煌郡有阳关、玉门关;汉中郡有郧关;牂柯郡有柱蒲关、进桑关;郁林郡有雍鸡关;合浦郡有合浦关;苍梧郡有离水关、谢沐关、荔平关;九真郡有界关;巴郡有江关等。然而秦朝二世而亡的悲剧,在汉代引起了关塞险要是否对王朝安全有价值作用的反思,《淮南子》卷十二《道应训》称:"秦皇帝得天下,恐不能守,发边戍,筑长城,修关梁,设障塞,具传车,置边吏,然刘氏夺之若转闭锤。"东汉以后塞外匈奴、氐、羌等民族大量内迁,关塞建设转入低潮。东汉定都洛阳,为保障京畿地区安全,仿关中地区,在黄巾军起义时又新置或重建了函谷、太谷、广成、伊阙、辕辕、旋门、

---

① 安介生:《遥望关河:中国边塞环境与历史文化》,上海远东出版社,2023年,第28页。

孟津、小平津诸关,并置八关都尉。

总之,西周时期关最早起于人为的建构,而非自然之设。关的经济管理功能早于它的政治及军事功能。随着时间的推移,战国时期关的设置不再局限于都城、关市等狭隘的范围内,更多地与山川险要结合在一起,赋予更重的军事防御功能。秦汉时期长城及关梁设置,是充分利用自然地理特征为基础,形成内地关和边疆关共存的局面,实现政治控御、军事防卫及经济管理等多重目的。

在和平时期,关梁控制着人员往来、检查违禁物品、缉拿罪犯。一旦遇到农民起义或谋反叛乱时,关梁屯驻的军队就会闭关禁行,并出兵防御。关津也有税收的经济功能,但仅是辅助功能,还没有形成系统和完善的制度。延续至中唐,关"讥而不征","关以禁暴,市以聚人"等言论,一直被当作政府设立关津的理论依据。唐代以前的史籍上虽然经常可见关津对商贾征收关税的纪录,但都是作为一种临时性措施出现的,其根本意图仍是"禁末游",如果税商仅仅是为了敛财,史官们往往以否定的态度加以贬斥。中唐以后随着商品经济的日益发展,内地关津设置布局及根本意图发生了革命性转折,其职能重心从维持治安发展到与关税并重上来。当然这种关税属于国内地方经过税,和国境海关关税性质并不相同,故而不再赘述。

(二) 秦汉时期关津律令的确立

先秦时期开始,伴随关津设置,各国着手制订并实施相关的管理法则。如《三秦记》云:"函谷关,去长安四百里,日入则闭,鸡鸣则开,秦法也。"这种关法的效果还有待提升,因为出现过"鸡鸣狗盗"成语故事。关的管理虽然还有很多漏洞,但是已开始法制化。秦汉时期的关津,在空间上可划分为内地和边疆两大体系,均设有关吏、卒负责看守,国家对关津的管理有了成文法律。

湖北云梦睡虎地秦墓中出土的竹简,为研究秦国的政治、经济提供了翔实的资料。云梦睡虎地秦墓竹简《法律问答》记载,"诸侯国有来客,用火熏其车上的衡轭"[①]。为什么要用火熏呢? 因为当时秦国雄霸关西,诸侯使者,络绎不绝。来客的车马辕轭上附着有许多小虫子,容易传播疾病。因此,秦国对来客的辕轭以火燎烧,防止通过动物携带,将本不属于本国的物种以及可能引发疾病的寄生虫消灭在国境入口处,以达到灭虫防疫之目的。《秦律》记载,秦朝创置了主管关务的专职官员——关都尉,其职责既包括军事防卫,同时又具有征收货物税,稽

---

① 　睡虎地秦墓竹简整理小组:《睡虎地秦墓竹简》,文物出版社,1978 年。

查行旅往来的职能。秦朝关都尉直属于秦中央分管接待少数民族等外交商务事宜的机构"典客"，所征之税归入"掌山海池泽之税""以养天子"的"少府"。

1983 年在湖北江陵张家山二四七号汉墓中，出土了一批汉代竹简，其中有西汉早期的法律文书——《二年律令》，从而掀起学界对秦汉法律研究的热潮。《津关令》是将制诏文书中涉及津关的部分按照某种原则编订而成的令集，属《二年律令》之一种。杨健以张家山汉简《二年律令》中的《津关令》为基本研究资料和线索，结合其他汉律及相关出土文献材料，研究了通关文书、人员出入、物资出入、马匹出入等具体管理制度。①

《津关令》中规定吏、民出入关津皆须出示符、传等证明文件，守关官吏据此对出入关津的行旅进行检查。另据居延汉简和悬泉汉简中的"符""传"等简牍材料，传的使用最为广泛。传有公务和私事两种之分，各有不同的申请办理办法，并且均需要官府的验证封检，以明确身份证明的效用。传上通常需要记录持有人的基本身份、外出事由、规定享受待遇等情况，以备传舍、沿途县道官吏的检查。②《津关令》的一些令条规定了津关通过中对过往人员进行登记的制度（籍或实籍书），盖为出入时用于核查或登记备案之用。供与所在关津关系密切，即属于同一辖区内人员使用的通行证称"出入符"，此类符文，署明吏卒家属之姓名、性别、关系、年龄、肤色等，以便过关时核验。通知书形式的凭证称"致"，通常只适用于指定地点并附有详细的人、物清单。对于特定情况及身份的人，常以召令批办出入关津的手续。

《津关令》中的越塞阑关令条，明确了行人有"越塞"或"阑关"等行为时的处罚办法。关津以符、传查验过往，行人无凭证而企图蒙混过关，或者擅自逾越关塞者，将处以严厉刑罚。此外，对所有守关关吏也严格检查，一旦出现疏忽让人蒙混过了关塞或明知过关人持假证而不加阻止等渎职与失职行为，关吏也将受到惩罚。这样就明确了关吏的职责，也严格控制了出入关津的行旅。汉初定都关中后，中央和地方的政治往来、关中与山东郡国的经济联系、普通吏民的出入往来、东方迁徙之民以及荒年流徙的灾民进出关中都需要经过环绕关中的关津，津关人员严格检查，主要为达到防备盗贼、缉查亡人、防止奸细和维持治安等目的。

不仅对行旅严格检查，《津关令》还有严防禁物出关中的条令，禁止携带黄金、"金器"及铜等贵重物出关中。汉初盘查物资出入制度，主要目的在于保障关

---

① 杨健：《西汉初期津关制度研究》，上海古籍出版社，2010 年。

② 郭伟涛：《边塞、交通与文书——肩水金关汉简研究续篇》，上海古籍出版社，2023 年，第 46 页。

中的重要战略物资不向关外郡县、诸侯王国以及塞外地区流失,以保持汉中央地区的经济、军事实力。此外,结合传世文献和其他出土文献,汉代法令涉及禁止携带出关的物品,还有马匹、兵器及铁制器具等,这些均与保障关中及汉的军事力量有关。

马匹在中国古代被广泛用于政府行政事、社会经济生活、军事作战运输等诸多领域,属于重要的战略资源。汉代的关中、西北地区是马匹重要产出区域,《津关令》中的多项条令涉及不同地区、不同人员在关中购置马匹程序和携带马匹出入关津的办法。按照《津关令》的规定,汉初禁止百姓"私买马以出扞关、郧关、函谷关、武关及诸河塞津关",官府购置马匹,需要向上级陈请并由二千石级别的官员奏请朝廷给予批准,并且需要说明购置马匹的用途(计献、置传、架车)、数量等基本情况。马匹出入关中,需要向津关提供相应的购置和证明文书,以备查验。汉初严格在关中购置马匹的审批程序以及严查马匹出入关中,对于巩固关中优势,防止山东诸侯王国军事力量的增长起到了积极作用。

《汉书·百官公卿表》说:"关都尉,秦官。"汉承秦制,对一些重要的关津,如函谷关和武关,扼山东入京通道,意义非凡,也设置有关都尉镇守。《汉书·魏相传》载:"霍光曰:'函谷京师之固,武库精兵所聚,故以丞相弟为关都尉,子为武库令。'"《武帝纪》太初四年"徙弘农都尉治武关"。东汉光武帝建武九年"省(函谷)关都尉",至十九年"复置函谷关都尉"。灵帝新置八关,"并置关都尉"。有的关都尉十分凶狠,《史记·酷吏列传》载:"上(汉武帝)乃拜(宁)成为关都尉。岁余,关东吏隶郡国出入关者,号曰'宁见乳虎,无值宁成之怒'。"

(三) 汉代边境设置关塞与关市

中国地域辽阔,由于自然的、民族的和传统习惯等方面的因素,形成了不同的经济区域。从区域生产特点和分工来看,古代中原农耕经济与边疆游牧民族畜牧业生产结构之间存在显著差异,中原农耕地区一般缺少足够的马匹,而边疆游牧民族以畜牧业为主,牧养着数量可观的马匹,他们缺少的是中原农耕民族所生产的粮食、布帛和金属工具等,为弥补不足和互惠互利,二者之间必然需要互通有无。

根据中原王朝对于周边少数民族的控制能力的强弱不同,历史上由官方组织的民族交往的形式主要有和亲、怀柔"贡赐"、"互市"贸易等类型。[①] 在一般史

---

①　黄纯艳:《华夷·海洋·财政:宋代中国的内与外》,上海人民出版社,2023 年,第 168 页。

书记载中,中国古代中原王朝和周边少数民族之间的经济贸易,常常以"进贡"或"赏赐"等词语出现,即地方政权或民族带来本地区的土产方物,中原王朝回赠丝帛等手工业品。这种进贡或赏赐满足了贸易双方的需要:进贡者谋求政治上的依托或援助,并获得物质利益;赏赐者则将这种贸易看成一种政治需求大于经济利益的手段,作为安抚边疆、结好政权及各民族的基本国策。当时的这种民族贸易,在一定程度上满足了中原王朝"天朝上国"的心理需要,而对于少数民族来说,贡赐贸易则是一种经济上回报率比较高且较安全的政治、经济活动,故它们乐意为之。因此,"诸藩"与中国交市比较普遍,一些时期曾无虚岁,朝贡不绝。而藩人一至,即要厚赏。这是中国古代民族贸易的普遍现象。

贡赐贸易之外,还有一种合乎买卖双方利益的特殊民族贸易方式,这就是所谓的"关市"及西汉以后史籍所载的"胡市""互市""合市""交市"等。市,指的是战国至唐朝时期在城市内规划的专门进行商业买卖活动的特定场所。"关市"一词,最早见于秦汉以前各朝典籍关于经济国策的议论之中,是关(卡)与市(都邑中特定的商业区)的合称。西汉王朝建立和发达以后,"关市"的含义演进为汉王朝设立在关的附近、同周边各部族进行民族贸易的市集。

汉初岭南地区的南越政权未归附之前,汉王朝曾在对南越国(今广东、广西一带,又名南粤,古越族一支,以赵陀为王)的贸易中设置过关市。《汉书·西南夷两粤朝鲜传》载:"高后时,有司请禁南越关市铁器。"汉文帝即位后恢复和睦政策,武帝时废除汉越贸易的所有禁令,自此,汉与夷越各族间的关市贸易顺利发展。所以《宋史·食货志·互市舶法》便提到:"自汉初与南越通关市,而互市之制行焉。"

公元前198年,汉高祖派娄敬与北方的匈奴国结兄弟之约,和亲、通关市,开始了两汉王朝最重要、最长久也是最敏感的政治外贸。世居大漠南北的匈奴,经济远比汉族落后,非常喜好汉朝的"缯絮食物"与金银钱币。《史记·匈奴列传》记载"孝景帝复与匈奴和亲,通关市,给遗匈奴","匈奴贪,尚乐关市,嗜汉财物,汉亦尚关市不绝以中之"。一般而言,关市管理严格,未经官府允许,汉人不准私自出关进行贸易,进口和外销的货物管制得也很严,任何人不得违反政策规定。《汉书·匈奴传》载:"(匈奴)往往入盗于边,不可胜数,然匈奴贪,尚乐关市,耆汉财物,汉亦通关市不绝以中之。"这段话表明,汉朝意识到通关市可以作为羁縻之策,同时可以得到匈奴的牲口、皮革、羊毛等物资,故而文帝、景帝均对关市予以鼓励。

汉武帝即位初,也实行厚遇关市的优惠政策,后因匈奴长期攻扰北方郡县,破坏生产,遂发动了三次大规模的对匈奴的战争。为突破匈奴对西汉王朝的战略封锁,"断匈奴之右臂",汉武帝派遣张骞出使西域,切断了匈奴与西边部族的归属及结盟关系,并建河西四郡,在敦煌郡的西部边界,设玉门关和阳关,这无疑是西汉边塞关建设中突出成就。无论是广义的"西域"(包括中亚)还是狭义的"西域"(今新疆维吾尔自治区),其与中原地区的分界点,就是玉门关和阳关,它们在中西交通史上有着重要的地位和贡献。

西汉玉门关设置于汉武帝元封三年(前108),最初的位置在汉酒泉郡西部、敦煌郡的东部;汉武帝太初三年至四年间,因征伐大宛战争的需要,由玉门关军正任文迁徙到敦煌西部,大约在西汉阳关的位置;汉武帝后元年间迁徙到敦煌郡西北一百六十里的地方,而原来玉门关所在的关隘改名为阳关。

西汉太初四年(前101)设置玉门关,此时玉门关不仅仅是军事关隘,也可以作为出使关隘而使用。随着西汉政府对西域军事安辑的加强,军事活动日益频繁;与此同时,西汉与西域诸国通使活动密切,不仅仅是西汉使节出使外国,更多的是外国使者进入西汉,这样就涉及很多军事安全方面的纰漏,特别是将西汉在敦煌郡的驻军情况暴露在西域使者的面前,而这些外国使者有很多是与西汉政府处于敌对的战争状态下的政权派出的,这无疑给西汉政府的边防带来很大的隐患。为保证西汉在敦煌郡驻军的秘密,有必要把一般性的管理行商使者的关塞同军事关隘区分开来,因而西汉政府就在玉门关的基础上修筑阳关。玉门关占据太初四年之前通西域的要道,因此作为地位稍低关隘只能避开玉门关,于是在其南设置了阳关。玉门关是个军事关隘,而阳关是个供行商使者行走的关隘。① 所以从《汉书·西域传》的记载来看,西域诸国使者行经的关隘都是阳关,而投降西汉政府或与军事有关的行为,必须在玉门关外等待批准,没有得到西汉政府的同意不能随便入关。虽然西汉置阳关都尉和玉门关都尉,但阳关都尉负责西域诸国使者的护送,而玉门关都尉的职责就是纯粹的军事性屯田积谷,为应付西域战事而做准备。

"劝君更尽一杯酒,西出阳关无故人",这是唐朝诗人王维《送元二使安西》中一个脍炙人口、家喻户晓的诗句。阳关就如丝绸之路上的一扇大门,它是中原经敦煌郡前往西域并与西方世界交往交流的重要关隘。关于阳关的得名,传世史籍与敦煌文献皆有记载,一般认为阳关因在玉门关之南,故曰阳关。实际上它是

---

① 郑炳林、魏迎春:《西汉敦煌郡阳关设置与功能——基于汉唐敦煌出土文献的考察》,载《宁夏社会科学》2023年第2期;《西汉时期的玉门关及其性质——基于史籍和出土文献的考论》,载《宁夏社会科学》2022年第3期。

因移民村落而命名的关塞。从西汉元狩二年(前121)起,就有一批来自南阳、颍川郡的移民迁徙到这里,建立村落,其中就有一批来自颍川郡阳翟阳关聚的移民,因此以阳关聚命名新的关隘。阳关与玉门关分置之后,凡是与军事相关的事务都经由玉门关进出,阳关负责与西域地区通使和商业贸易往来,承担着迎送接待使者、使客和安置降民、传递文书信件、发放俸钱及物资等相关职能。

西汉时期的敦煌郡是西域诸国客使进入汉地的首站。西域诸国客使一般经由阳关入塞,进入敦煌郡后,西汉政府或敦煌郡境内诸置(置:古代传递文书的驿站)会派专人护送往东行进;待从长安返回西域时,敦煌郡诸置还须派人将他们护送回国。阳关实际上是出敦煌往西域的必经之关隘,《汉书·西域传》记载西域诸国的里程时,都要记载本国到阳关的距离,说明西域诸国之人行经阳关前往西汉长安,敦煌阳关是他们必须经过的关隘。

阳关是西汉经营西域的物资存储与转运的必经之地,位于西汉敦煌郡西行交通的西端,西汉经敦煌运送到西域的各种军备物资以及屯田军队士兵、官员和家属,都是出阳关前往西域地区的。西域诸国客使向西汉政府贡献的名马、橐驼等物种,酒麹等特产也是经由阳关到达敦煌,然后前往长安等地的。同时西域商团携带着大量的商品物资赴敦煌、长安进行贸易;西汉在西域的行政管理机构西域都护与西汉中央政府间信息沟通,皆是经由阳关进行的。西汉先进的铁器和冶炼技术、医药和医学技术、丝绸和纺织技术、纸张和造纸技术等也是经由阳关沿着丝绸之路向西传播的。

关塞和关市能充分发挥"和战相济"的特殊作用。自"列四郡、据两关"后,汉朝与西域、东北、西南各方国部落的关市贸易日渐兴盛。敦煌作为汉与西域杂胡的交市一直很繁盛;武都(今甘肃西和西南)是西汉与羌氏进行茶叶贸易之地;上谷宁城(今河北、辽宁边界处)是西汉与乌桓固定开放的"胡市"之地,每次前来交易的商贾牛车达千余辆。东汉时,姑臧(今甘肃武威)因是与羌胡"合市"的中心而有"富邑"之称。鲜卑据匈奴故地而强大,多次入寇杀掠,和战不定,但它非常需要汉朝的精金良铁、缣帛等物,东汉遂在宁城筑南北两部质馆,以通胡市。

两汉的关市反映了该时期繁盛的边境民族贸易及对外贸易,一般设在边境关门之下,由边关官吏组织进行。每个关市开放的时间、地点、交易物品的种类等,均由各边关规定。每值开市,官吏及官府特许的商人凭通行证"符""传"到达边境关门,在关市与境外客商会合交易。在关市进行的过程中,始终由边关官吏——关都尉、候官、燧长等执行检查"符""传",禁限货物、参与交易等多项职能。边关官吏直接管理并参与贸易是汉王朝的一大创举,此后,关兼具外贸与管理的双重职能的特征被长期沿袭,历代中原执政王朝对之高度重视,循而不革,故宋人曾总结"互市之设,其怀柔羁縻之旨与！爰自汉初,始斯建议,繇是择走集之地,行关市之法,通彼货贿,敦其信义,历代遵守,斯亦和戎之一术也"。①

二、魏晋南北朝时期边地互市开拓与管理

魏晋南北朝时期,各政权在疆域内安定民生,讲求富国强兵之术。据《三国志·魏书》,曹魏政权恢复设置西域的军事行政管理机构,维护丝绸之路的安全与畅通,任命仓慈为敦煌太守,履行发放与检验"过所"、平价收买商品、为西域商人购买中原商品等职责。

司马炎篡魏、建西晋后,在西域设官管理,西域各国均服从并接受西晋的封号。不久,以"八王之乱"为开端,开始了两百多年混乱时期,十六个并列或更替的汉族和少数民族政权间长期相互攻战,因向中原发展受阻,大多与西域保持密切联系。据北魏人杨衒之所撰《洛阳伽蓝记》载,洛阳城聚集了来自葱岭以西乃至大秦"百国千城"的商使和所有"天下难得之货",蕃客入居洛阳达上万家,北魏政府特设扶桑馆、崦嵫馆、燕然馆接待来自东海、西域和漠北的商使,设"四里"供外商侨居,在洛阳设"四通市",专供西方人开展贸易。另据民国侯厚培所撰《中国国际贸易小史》,魏晋以后,与葱岭东西诸国的贸易称为西胡贸易,非常繁盛,其中康国人(今乌兹别克斯坦撒马尔罕一带)、粟特人(阿姆河、锡尔河之间的泽拉夫善河流域,今塔吉克斯坦、乌兹别克斯坦境内)多至凉土(甘肃黄河以西)贩货,而大月氏人(今阿姆河上游),主要商贩于京师(洛阳),说明这一时期西北边境的关市仍在进行,保持着中原与西域的贸易往来。

这一时期,除继续汉代的中外商品交换外,生产技术的交流更加深入了。大月氏商人将西方玻璃制造技术传入中原,中国养蚕缫丝技术经中亚传入波斯,波斯开始制造以丝为原料的织锦,《魏书·西域传》记载,波斯王"坐金羊床,戴金花冠,衣锦袍,织成帔饰以真珠宝物"。对于养蚕缫丝技术的外传,边关有着严格的防控。有一个"公主偷蚕种"的传说,据玄奘《大唐西域记》记载:"瞿萨旦那王乃卑辞下礼求婚东国,国君有怀远之志,遂允其请。瞿萨旦那王命使迎妇而诚曰:'尔致辞东国君女,我国素无丝绵桑蚕之种,可以持来,自为裳服。'女闻其言,密求其种,以桑蚕之子置帽絮中。既至关防,主者遍索,唯王女帽不敢以检,遂入瞿

---

① 《册府元龟》卷九百九十九《互市序》。

萨旦那国……"①"公主偷蚕种"的故事还被西域人绘成了画。20世纪初，英国人斯坦因曾在于阗国故城附近的丹丹乌里克遗址，发现一块描绘这个故事的木版彩画：画版中央绘有一位头戴高冕、正端坐着的盛装贵妇，两个侍女跪于两旁，左边侍女用右手指着贵妇之冕，意思是蚕种藏在帽子里面。

三、隋朝垂直管理边地互市贸易

互市在隋以前已经得到了比较大的发展，"汉魏以降，缘边诸国，皆有互市，与夷狄交易，致其物产也"，但是王朝都还没有设置专门的互市管理机构，管理权多操纵在地方之手，"并郡县主之，而不别置官吏"。② 这一方面说明中央政府对于地方互市有所重视，同时也说明互市还不太成熟。随着隋朝重新统一全国及与周边民族一体化关系的逐步确立，不同民族间的经济贸易和文化交往更加密切，中央政府专门职掌互市的机构正式应运而生。

隋统一全国后，积极开拓边疆民族贸易，东北契丹、室韦、靺鞨，北方突厥，西北吐谷浑、高昌、龟兹、焉耆、于阗等少数民族政权都与隋进行"朝贡贸易"。公元588年，隋文帝应东突厥都蓝可汗的请求，在河西走廊各郡创设"缘边交市监"之机构③，设正监（从八品）、副监（参军，从九品）各一人，负责与边境少数民族政权交换马匹的任务，具有边疆防守和官营外贸的双重职能。隋炀帝即位后，在京城设立了直属于鸿胪寺的四方馆，专司外交、外贸，下设东夷、南蛮、西戎、北狄四使者各一人，每一使者下辖典护、录事、叙职、叙仪、监府、监置、正副交市监（掌管互市）、参军（开展交易）④，从而完善了直属中央、独立于地方行政机构之外、融外交和外贸管理职能为一体的垂直体系，在外贸管理史上确为一大创举。

隋朝时，张掖（今属甘肃）是河西走廊上中国与西域商人贸易最重要的口岸，隋炀帝直接任命大臣前往互市场所，专派民部侍郎裴矩"往张掖监诸商互市"⑤，主持与西方商业交通事宜。605年，裴矩赴任，设法招引数十个国家的蕃商来华贸易，并在与西域外商交往中博采异闻，写成《西域图记》三卷，记载了与隋交往的44国状况。在裴矩的建议下，610年正月，隋朝举办了为期一个月的大型外

① 《大唐西域记》卷十二。
② 《唐六典》卷二十二。
③ 《隋书·百官下》。
④ 同上。
⑤ 《隋书·食货志》。

贸互市活动,以洛阳东市为交易中心,广邀外商使节,免费提供膳宿。市场上珍货广积,百物杂陈。后来为进一步加强中央朝廷对"互市"的控制,又规定"与诸蕃互市,皆令御史监之"①。这样,互市监、御史、大臣,有亲临的,有监管的,还有具体负责交易之事的,层层叠叠,形成了一套对中外"互市"贸易活动严格管理的中央控制体系。

四、唐代边地互市的周密管理

唐承隋制,在中央继续设置四方馆,移隶中书省;在西北陆路边疆各州郡设置互市管理机构"交市监",各隶属地方副官"少府"。公元632年更名"互市监",在公元684—685年,一度更名为"通市监",后仍称"互市监"。互市监设有监(正职官,从六品下)、丞(副职官,从八品)各一人为主管官员,下辖录事、府、史、价人、掌故等员役。互市监的主要职责是监督检查人员和物资合法进出,以刑部发放的"过所"为重要通行依据,兼领与少数民族交换马匹等具体事务,具有边境防守和官营外贸双重职能。

如果说秦汉及以前是关津管理制度上的创立期,那么到隋唐则是关津管理上的完备期。唐《卫津律》有关禁的专门条款,中央政府有主管过所的部门刑部司门,并制定指令全国州县关防的《过所式》,反映唐代的关津管理制度比起以前各朝代来,更加趋于完备、系统、严密和法典化。② 据唐代重要的法律文献《唐律疏议》中的《卫禁律》规定,"水陆等关,两处各有门禁,行人来往皆用公文,谓驿使验符券,传送据递牒,军防、丁夫有总历,自余各请过所而度。若无公文,私从关门过,合徒一年"③。这条律文是唐朝关防遵循的法规,各种身份的人持以通关的凭证,分得很细致,凡度关津的官吏和公务人员使用传牒,驿使用符券,征发的防人、丁夫用总历;凡百姓行旅者一律使用过所。无论公用符传牒,或私用过所,又统称为公文。至于非法度关的界定和处罚,与汉代相比,唐代对各种非法度关人不再是同等对待,而是按性质分为越度、私度、冒度等类。若无公文偷度关防,处一年徒刑,若不由关门或不由津偷渡者,处一年半徒刑。凭证的复杂性,要求互市监官吏必须具备一定的文化水平,熟悉国家的相关管理制度。不过,由于内地商业都市——尤其两京(长安、洛阳)周围地区关津密布,层层检查着实令中外

---

① 《隋书·裴蕴传》。
② 程喜霖:《唐代过所研究》,中华书局,2000年,第59—60页。
③ 《唐律疏议》卷八。

商旅不胜其烦,所以为了简化出入关手续以促进流通,唐朝还特地规定:"蕃客往来,阅其装重,入一关者,余关不讥。"①

唐代法律制度,律是量刑的标准,法治的核心,而令、格、式等则补充律或将律具体化。据《关市令》载:"诸外蕃与缘边互市,皆令互官司检校。其市四面穿堑,及立篱院,遣人守门。市易之日卯后,各将货物畜产俱赴市所,官司先与蕃人对定物价,然后交易。"可见互市是在官府监督下进行的,官为定价。唐代对边境民族贸易控制很严,明文规定互市贸易禁兵器、铜钱及诸禁物外泄边裔,并越关检查,"依关市令,锦、绫、罗、縠、绸、绵、绢、丝布、牦牛尾、真珠、金银、铁,并不得度西边、北边诸关,及至缘边诸州兴易"②。凡私与外人交易者按交易货值分别处以各等徒刑。违禁私度者、私与外藩交易丝绸达一尺者,均判处徒刑两年,私下交易牛马三匹者徒刑加等,15匹以上徒刑外加苦役、流放,私下交易兵器者,处绞刑。

公元8世纪后,随着阿拉伯帝国的兴起与扩张,中西商贸深受侵扰,751年怛罗斯之战,唐朝军队退出中亚,西域丝绸古道由此衰落,中国对外交往的重心南移至海上交通,此后陆路边关随着与游牧民族政权的战争而纷繁多变,但古代关的管理法制较早起步,自先秦时期出现海关的雏形就开始了管理规范与法制建设的紧密结合。自战国《周礼》到汉唐律令条法,一方面关的管理法规发展较快,逐步细密而完善,另一方面也具有民刑不分、实体法与程序法不分等中华法系特点。同样,自先秦关的机构对进出境活动实施严格的通行凭证管理,确立检查货物、征收关税、查缉走私三大基本任务,均为以后朝代设定关的基本职能及管理制度所承袭与沿用,并经各朝管理法规更为规范与严格确认,成为中国古代关的管理的基本经验。

---

① 《新唐书·百官一》。
② 《唐律疏议》卷八。

第四讲　唐宋元明时期沿海市舶贸易管理

　　中国拥有漫长的海岸线,海外经济交往自古以来就很频繁,汉代的商船可远达印度东南海岸,与马来半岛、印度半岛的许多国家和地区建立了直接贸易关系。隋朝之前,商业性海外贸易一般称"市舶",进贡性质的海外贸易称"贡舶"。当时海外贸易总量有限,在贸易形式上,除地方州郡管理的少部分商业性贸易活动外,官方贸易主要以朝贡方式进行,也就是各国派使臣携带物资来中国朝贡,中国皇帝以赏赐名义将产自中国的货物交给各国使臣运回,从贸易角度看相当于物物交换。唐中期之后,由于战乱及经济重心南移等原因,海上丝绸之路随后兴起,逐渐成为中外贸易交流的主通道。在朝贡贸易尤其民间商品贸易交换蓬勃发展的背景下,海外贸易管理体系也发生了重大改革。朝廷意识到实行统一管理将促进贸易活动,同时也会增加财政收入,市舶使和市舶司应运而生。直至明初,实施海禁政策,把官方"贡舶"和民间"市舶"混为一体,延续上千年的市舶制度也因此动摇。市舶制度的萌芽、壮大和最终衰落,值得历史垂鉴。

一、东南沿海海上贸易的发展

　　汉代除了著名的陆上丝绸之路外,已经有了从广东出海远航印度的第一条远洋航线。班固《汉书·地理志》中记载:"自日南障塞,徐闻、合浦,船行可五月,有都元国。又船行可四月,有邑卢没国……黄支之南,有已程不国,汉之译史自此还矣。"由于这条航线上交换的货物主要是中国的丝绸和海外的香料,故被称作"海上香丝之路"。

　　自西汉至初唐的七八百年间,对海运进出口的船舶和货物人员,一般由当地官员如郡太守或州刺史管理。随着海上贸易的进一步发展,特别是到了唐代,国家的统一和社会的安定,使整个经济都大大胜过前代,造船和航海技术均有巨大发展。大的海船长达二十多丈,可坐数百人。大食、狮子国和日本、高丽的海船来中国的也很多。中外使节、商旅、僧人、留学生往来频繁,旅外华侨明显增多。当时广州进出口船舶最多时每天有十余艘。进入唐代中期以后,海上贸易和外事往来逐渐超过了陆道的交往。汉代以来由地方长官兼管海运进出境事务的体制，已难以适应这种空前繁荣的对外贸易和国际交往形势，客观上要求设立专责机构加强管理，由此唐代掌管海外贸易的专职官员——市舶使应运而生。当然唐朝对外籍工商者实行比较开明开放政策的同时，还未见允许本国民众前往海外的法令，即使有中国商人出海贸易，法律上仍属偷渡。

宋代完成了对外贸易重心由西北陆路向东南海路的转移，对外贸易开始进入海洋贸易时代，元代进一步强化了这一重大转变。海外贸易空前繁荣，进口品规模有了巨大增长，也相应地建立起完善的市舶规章制度。宋朝统治者已明确指出海外贸易官民两得其利。宋神宗在诏书中说到"东南之利，舶商居其一"。宋高宗则给予更高的肯定，"市舶之利，颇助国用"，"其于国计，诚非小补"，乃"富国裕民之本"。元世祖继之也肯定了市舶司"是国家大得济的勾当"。元朝统治者还说，"设立市舶，下番博易，非图利国，本以便民"。宋元两朝统治者以经济眼光和趋利态度肯定海洋贸易于国计民生的作用，在法律上允许本国民众从事海外贸易，与他们相对开放的海外贸易政策相呼应，这是汉唐所没有的。随着宋元海上丝绸之路的繁荣发展，中国、东南亚地区、南亚次大陆、西亚、东非，乃至地中海地区连接起来，各个海域不再是单独的地理和政治经济单元，东西方之间形成了一个相互密切影响的海上交流网络。

明初为防止海盗活动和外来侵扰，明太祖下令"寸板不许下海"，严禁濒海民众私通海外诸国。永乐年间，虽然有郑和下西洋的壮举，但是放开的只是朝贡贸易，民间私人仍然不准出海。海禁时期朝贡成为唯一合法的贸易途径，明朝制定勘合制度来限制朝贡贸易，规定了暹罗、日本、占城、爪哇等十五国为有朝贡资格的"有勘合国分"，规定了诸国朝贡的贡期、贡道及人船、贡品数量，"有贡舶即有互市，非入贡即不许其互市"，同时朝贡国"许带方物，官设牙行，与民贸易，谓之互市"。但这种厚往薄来的贡赐体系，徒增了明朝的经济负担。海禁政策给明朝社会经济特别是东南沿海地区社会经济的正常发展造成了巨大损失，严重阻碍了正常的中外经济文化交流。市舶制度经此曲折嬗变，呈现出了历史倒退。

二、唐代设置市舶使

唐代对外实行开放政策，鼓励中外经济贸易往来，唐武后、中宗、睿宗三朝时期，"结好使""押蕃舶使""监舶使""市舶使"等官制也就相应产生，总管海路邦交外贸。起先是权宜之称，但在开元天宝年间，市舶使体制基本形成。现最早关于市舶使的一条史料,是《旧唐书·玄宗纪》所载"(开元二年)时右威卫中郎将周庆立为安南市舶使,与波斯僧广造奇巧,将以进内",也就是唐开元二年(714),已有市舶使之设,搜罗各种海外珍奇,献给皇帝博取其欢心。

唐代在广州设置有市舶使。交州治所在今越南北部,汉唐期间,一直为中国岭南的重要口岸之一。魏晋以来,广州地位渐趋上升,到了唐代,其吞吐量已超过交州,成为中国历史上的第一大港。故置市舶使时,广州在前。至于交州是否设置市舶使,贞元八年(792)左右,岭南节度使曾上奏朝廷:"近日船舶多往安南市易,进奉事大,实俱阙供。臣今欲差判官就安南收市,望定一中使与臣使司同勾当。"①由此却引发了唐朝廷内部的一场争论,最后反对者占了上风。此外,唐代允许海舶进出境的海口尚有泉州、扬州、福州、明州和登州等多处,但这些沿海口岸的管理事务仍由当地地方官员兼办。

市舶使的职责是代表宫廷采购一定数量的舶来品,管理商人向皇帝进贡的物品,向前来贸易的船舶征税,对市舶贸易进行监督、管理和抽分。唐代对进出口货物已有"舶脚"和"下碇"等税名,如《唐国史补》卷下记载:"南海舶,外国船也,……至则本道奏报,郡邑为之喧阗……市舶使籍其名物,纳舶脚,禁珍异。"②"纳舶脚"就是征进口税;"禁珍异"就是把珍异之物列为禁榷,只准国家收购。胡三省说"唐置市舶使于广州,以收商舶之利,时以宦者为之"。宦官任使的"收商舶之利"纯粹是为宫廷采办进口品,"虽有命使之名,而无责成之实,但拱手监临大略而已",并不负贸易管理之责。唐后期,王虔休出任市舶使,职责有所扩大,开始直接管理海外贸易事务,但首要职责还是采办贡品,即"御府珍贡,归臣有司"③。至于舶脚税率是多少,没有史籍可查。唐代末期,阿拉伯旅行家苏力曼来广州等地经商游览,他说征税十分之三。

市舶使不是地方的行政首脑,而是专管外交外贸的官员,其地位一般在地方长官刺史之下。但市舶使职务多由中央任命,故地方长官在干预外贸方面事务时,必须尊重市舶使的职能。据《全唐文》记载,外国商人运来象牙、犀角、贝珠等高贵货物,"帅与监舶使必搂其伟异,而以比弊抑偿之"④,可见州刺和市舶使官员是共同参与的。8世纪中叶起,市舶使渐渐与州刺相当,甚至一度超过地方州刺。原因主要是朝廷有时直接委派宦官掌管市舶,唐代是宦祸炽烈的朝代,西拉

---

① 〔唐〕陆贽:《论岭南请于安南置市舶中使状》,载《全唐文》卷四百七十三。
② 《唐国史补》卷下。
③ 〔唐〕王处休:《进岭南王馆市舶使院图表》,载《全唐文》卷五百十五。
④ 〔唐〕萧邺:《岭南节度使韦公神道碑》,载《全唐文》卷七百六十四。

夫港的阿布·赛德·哈萨亦有记述:"关于宦官,……他们掌管着田赋及各种捐税的征收。……不论皇帝私物,或是国库财宝,全都掌握在他们手中。派去广府——阿拉伯商人荟萃之地的官吏,正是这些宦官。"[①]唐玄宗在位期间,宦官集团日趋专横弄权,8世纪中后期已成宦祸,势倾朝野。《资治通鉴》卷二百二十三记载,唐代宗广德元年(763)出现过广州市舶中使吕太一举驱逐岭南节度使张休的事件。节度使是封疆大吏,地方大员,掌管数州的军政长官,竟被广州市舶使所逐,可见市舶使权势之重。"中使"是宦官的美称,所谓市舶中使也就是市舶宦官或市舶太监。以太监掌管进出口贸易,并作为中央集权的代表,说明朝廷当时把市舶的地位放得很高和对海外贸易的倚重。

三、宋元时期的市舶司及条法

宋代以后亚洲海洋贸易迅猛发展,海外诸国对中国的贸易需求不断增长,阿拉伯海、印度洋和中国南海形成了三个有连锁关系的海上贸易圈。管理对外贸易的市舶制度也得到了系统发展,并日趋完善,这是中国历史上对外贸易管理制度早期典范化、条理化的时期。

(一)设置市舶司

宋太祖开宝四年(971),设置市舶司于广州。到宋真宗咸平二年(999),杭州、明州(今宁波)相继建置市舶司。宋哲宗元祐二年(1087),在福建泉州设置市舶司。至此,南方的三路市舶司相继设立,掌"蕃货海舶征榷贸易之事,以来远人,通远物"[②]。

除在广、泉、明、杭这些大口岸设置市舶司外,还在一些新起的小海口建置了舶务和舶场,相当于现在的分关和支关。这些新兴口岸除山东密州的板桥镇外,几乎全分布在长江三角洲。如上海镇(今上海)、华亭县(今上海市松江区)、澉浦镇(今杭州湾海盐县)、青龙镇(今上海市青浦区)、江阴(今江苏省江阴市)和温州(今浙江省温州市)等。

南宋孝宗乾道元年(1165)罢杭州、明州二处舶司,但仍保留各处舶务和舶场,舶司则集中在广州、泉州,罢废了浙江路舶司,留下的称为闽广两路舶司。

---

① 《中国印度见闻录》卷二。
② 《宋史》卷一百六十七《职官志》。

(二) 市舶司官制

一开始,宋朝政府仍采取"州郡兼领"的办法管理市舶司,由地方官员充任市舶使,《宋会要辑稿》记载:"初于广州置司,以知州为使,通判为判官,及转运使司掌其事,又遣京朝官、三班内侍三人专领之。"宋太祖开宝四年(971)首任广州市舶使的就是同知广州的潘美和尹崇珂。宋神宗继位后重视"理财",经济领域里的常平、坑冶、茶马等职能相继独立,这些领域"俱号监司",相继实行了"垂直领导"。在此背景下,宋神宗元丰三年(1080)海外贸易体制再次改革,《宋会要辑稿》记载:"尚书省言,广州市舶条已修定,乞专委官推行……其广南东路安抚使更不带市舶使。"从此时起,免除地方长官的市舶兼职,改由"专委官"的运转使直接负责市舶司事务。对于市舶机构体制变化的过程,宋元之际史学家马端临在《文献通考》中总结:"蕃制虽有市舶司,多州郡兼领;元丰中,始令转运司兼提举,而州郡不复预矣;后专置提举,而转运亦不复预矣。"①就连皇帝也认为"提举市舶官,委寄非轻,若用非其人,则措置失当,海商不至矣"②。上述变化,反映出唐宋以后中国海外贸易越来越繁荣,其在经济领域的地位也越来越高,同时也反映出朝廷对海外贸易带来的收益越来越重视。

市舶司的主要官员一般有 4 人,分别是提举市舶司、监官、勾当公事、监门官,其中提举市舶司即通常所说的市舶使,是市舶司长官,负责全面工作;监官主管"抽买舶货,收支钱物";勾当公事也称"舶干",主持市舶司日常事务;监门官主管市舶库,"逐日收支,宝货钱物浩瀚,全籍监门官检察",以防侵盗之弊。这些官员之下还设有吏员若干名,有孔目、手分、贴司、书表、专库、专秤、客司等,岗位设置更加专业,职责内容也十分广泛和具体,如孔目负责审核、验实海外客商的申请,发放公凭;书表职掌市舶文牍书信的抄写誊录等事务;客司负责接待各国贡使及商人事宜。

(三) 市舶司职能

宋代的市舶司体制,已较唐代市舶专使更为完善,职能也较唐代更为明确和条理化。市舶条例,唐时已开其端,至宋而略备。③ 宋神宗元丰三年(1080)推出

---

① 〔元〕马端临:《文献通考》卷六十二《职官考十五》。
② 《宋会要辑稿·职官》四四之二八。
③ 〔日〕藤田丰八著,魏重庆译:《宋代之市舶司与市舶条例》,山西人民出版社,2015年,第85页。

《市舶条法》,是中国古代第一部独立的海外贸易法,其中详细规定了市舶司的职守和相关管理政策,大体上可以将其划分为贡使审查和接待、船舶进出港口、商货抽分、走私缉查、禁榷和博买、外商招徕和管理、祈风祭海等几个方面。

1. **贡使审查与接待** 有宋一代,海外各国纷纷派遣使团来华朝贡。按照宋朝的规定,访华使团人员的生活费用一概由宋政府承担,使团携带的进奉物也可有免除进口关税和沿途商税的优待,这自然引起了不法外商的企羡和觊觎。于是,冒充使团人员,以非贡物混同贡物避免关税的现象屡有发生,直接威胁到了宋朝与海外各国正常的朝贡秩序。因此,市舶司厉行贡使资格审查,处理使团进奉货物。对于首次来华的外国使团,宋政府规定市舶司对其进行国情调查。

2. **船舶进出港口** 宋代对航海贸易船舶的进出港管理,主要有船舶航海文件的审批与签发、船只回航住舶规定等方面的内容。唐代实行对外开放政策,尚属初行阶段,管理体制也不完备,外商来华经商,一般均可自由来往各地。北宋初年,也无限制。随着开放政策的贯彻,海外贸易日趋频繁,宋政府规定,出海贸易的海商,必须事先向有关市舶司提出申请。申请报告中,应注明所载货物名件、乘船人员、前往地点以及担保人等。经市舶司核准,并发给公凭,即出海许可证后,商船方可出海。海商贸易归来,"许于核发舶司住舶,公据纳市舶司"。即须到原申请公凭的市舶司接受抽买。不经抽解或不赴原出海市舶司处抽解者,皆处以重罚。

3. **抽解征税** 宋代征进口税,称为"抽解"。货物分粗细二色抽解。粗色指一般进口货物,细色是名贵进口货物。宋代的税率是清楚的,一般货物(粗色)的税率为十分之一。北宋仁宗曾下诏杭、明、广三州市舶司,"海舶至者,视所载,十算一而市其三"。南宋初年,为了筹措庞大的军费等项开支,在细色中又分为抽解二分、一分等不同的抽解档次。至于粗色,则降低抽解比例,以十五分抽解一分。绍兴十七年(1147),再次颁布了"三路市舶司,今后番商贩到龙脑、沉香、丁香、白豆蔻四色,并依旧抽解一分,余依旧法施行"的抽解条例。[①]

4. **走私缉查** 为了保障国家的经济和政治利益不受侵害,宋朝在对外航海贸易活动中还制定了一系列的走私稽查制度,私自前往宋朝禁运国家的行为和未经政府批准擅自航行海外的行为,均属非法航海活动,予以取缔。此外,违反进出口禁令的物资,也予以严查。

5. **禁榷和博易** 颁发凭引、抽解舶脚等,原是海关的职能,禁榷即政府对某

---

① 《宋会要辑稿·职官》四四之二五。

些货物进行专营,博易即政府参与买卖交易,这样进出口交易业务也归市舶司掌管。市舶司是把海关和进出口业务结合在一起的混合职能机构,这是市舶制度的一个重要特征。

市舶司对进口来的粗细货物,先予抽解百分之十到二十,余下部分则视其是否禁榷货物,如属禁榷物品,则由市舶司代表国家全部收购;如不属于禁榷物资,根据货品的好坏及朝廷的需求而适当收购。收购后的余额和不收购的货物,允许民间贸易。市舶司是既官亦商的机构,它的资金来源是朝廷贷给的“折博本钱”“博易本钱”或“市舶本钱”。有朝廷做后台,权势显赫,一般商民绝不能与市舶司争高低,厚利独揽,成为宋代重要财政来源之一。

6. 保管、运送和出卖商货 各海口市舶机构对抽分之物和博买之物,经一定时期,按一定数量分成若干纲后,即派遣专人解送至都城。市舶机构因此自然要承担保管和运送这些舶货的职能。而对于那些不堪上供的粗重舶货,则允许就地出售,故市舶机构又承担出卖的职能。北宋初年,将珍珠、龙脑之类列为细色货物,每批五千两谓之一纲,由地方市舶,押送中央榷易院。故《宋会要》说:“闽广市舶旧法,置场抽解,分为粗细二色,搬运入京。”后因运送耗费甚大,抽解下来的货物,改由所在州府按照市价分售,将现钱保存,允许有关客户就在行在中(杭州)交付现钱,兑换关子,然后凭此关子到市舶州提取现款。这样,将进口实物税变成现钱,再以此抽解现钱兑换给持有关子的商人,既免长途输运钱货之劳,又可解决宋代钱荒之困。这种把进口税和政府汇兑结合的做法,也是一种灵活的措施。

7. 招徕互市,以礼相待 在宋代对外航海贸易活动中,来华的外国航海商人是不容忽视的一支重要力量,对这批人的招徕和管理直接关系到市舶事业的盛衰成败。市舶司的基本任务之一,还有“招徕远人,阜通货贿”。他们向外商解释对外贸易法规,晓谕外商侨居必须遵守中国法度,其合法权益可得到政府的保护。对外商给予一定的礼宾待遇。因无动力机械,海舶往返多凭贸易信风,往返有时。早在宋代初年,对离境的外舶已实行犒宴送行的制度,“每年发舶月份,支破官钱,管设津遣”。宴请的对象有“番汉纲首(中外货主)、作头(船长)、梢工(海员)人等,各令与坐,无不得其欢心”。朝廷历来讲究天朝恩泽的一套理论,因此把这种宴请礼节,也说成是“非特营办课利,盖欲招徕外夷,以致柔远之意”①。这种具有“柔远之意”的宴送制度,先在广南市舶司(广州)实行,而后又在福建市

---

① 《宋会要辑稿·职官》四四之一五。

舶推行。"每年十月内,依例支破官钱三百贯文,排办筵宴,系本司提举官同守臣犒设诸国番商等"①,这是南宋绍兴十六年(1146)原广州市舶使娄涛调任福建泉州市舶,向朝廷报告中说的话。总费用不过三百贯,而当时各路市舶司的总收入约在二百万贯,一年一度的宴送开支,只占其万分之一而已,可谓失小而得大,且宴请又系地方长官和市舶司提举官出面,具有浓厚的政治色彩。

8. 祈风祭海 古代远洋航海,必须借助有规律的季风作为动力,所谓"北风航海南风回",指的就是这种情形。由于当时人们的科学知识水平尚停留在比较原始的阶段,无法解释季风风向的定期转换现象,故多将其简单归之于某种超自然的神明力量。这样一来,便有了市舶司主持的祈风典礼,其中又数泉州的祈风仪式最负盛名。祈风仪式相当隆重,需要设奠、进香、宣读专门撰写的《祈风文》。典礼完毕,按照惯例还要举行饮宴活动,反映了市舶司冀图发展海外贸易的良好愿望。

通过以上管理和交易活动,朝廷获取了大量产自海外的物资,一部分运往京城,由内府统一管理,主要供皇室消费和作赏赐用,其余物资则出售变现,成为朝廷财政收入的一部分。北宋市舶收入难以推估其在全国财政总量中的比重。南宋以贯(缗)统计市舶收入,常见数据是一百万贯上下,最高达二百万贯,各市舶司收入总和占到当时朝廷财政收入的3%,②所以《宋史》说"东南之利,舶商居其一",对于南渡后的宋王朝来说,这项收入显得尤为重要。

(四) 元代的市舶则法

元朝统一中国后,在各主要海口建置市舶司。南宋时,中国的贸易中心一度转到福建省的泉州,因此元初首先在泉州设置市舶司,以后又在广州、杭州、庆元、温州、澉浦(今浙江海盐县)、上海等地建立舶司,七个舶司全在江南。

元代首先在泉州建置市舶,是历史因素的继续。从经济上说,南宋以来泉州口岸地位上升;在政治上,元世祖忽必烈在统一中国过程中,得到泉州市舶提举官阿拉伯人蒲寿庚的拥护和支持。③ 每市舶司设提举两员,从五品;同提举两员,从六品制;副提举两员,从七品;知事一员。隶属于泉府司。元朝中期,废泉府司,市舶事务便由各行省直接管理。

元代市舶制度为宋代的延续,税制仿自宋代"其货以十分取一,粗者十五分

---

① 《宋会要辑稿·职官》四四之二三、二四。
② 黄纯艳:《宋代海外贸易》,社会科学文献出版社,2003年,第175页。
③ [日]桑原隲藏著,陈裕菁译:《蒲寿庚考》,中华书局,2009年,第149页。

取一,以市舶官主次"①。市舶制度沿袭宋代的核心内容是市舶则法,元朝入主中原后,南人燕公楠认为市舶事关国计民生,市舶司是国家重要机构,他上奏重新设立舶司,恢复市舶秩序。元世祖忽必烈对此十分重视,敕由熟知宋市舶则法的南宋降臣李晞颜、留梦炎等,于至元三十年(1293)制订"市舶则法"二十三条,被《元典章》完整地记载下来。② 时隔二十一年后的延祐元年(1314),元朝根据当时市舶发展的需要,对"至元法则"又进行了全面的修订,并以"市舶"为名,将全文二十二条载于元中期颁行的《通制条格》以及后期制定的《至正条格》中,这就是"延祐法则"。相比对宋朝市舶法则加以简单归纳总结的"至元法则",延祐立法规定更加详密和精细。

至元和延祐两部市舶法则,内容主要涉及元代市舶管理机构、出海手续、进出口规则、官本船贸易、舶商经营方式、进出口商品抽征、所涉国家与地区等情况,具体如下:

1. 商舶出海,一律以"公据"和"公凭"为准。商舶申请公据,出海的辅助性船舶则领取公凭。商舶出海往何国经商,必须如实申报;如因风雨所迫,停泊其他国家,也须有证明。商舶返国,也只能回原签证的市舶司所在地交纳进口税。如有谎报、诈妄,予以没收。

2. 船主申请出海贸易的公据、公凭时,要有舶牙人担保。所谓"舶牙人",就是报关运输行商。申请时要具明船主、纲首(货主)、直库(货舱管理人)、梢工(海员)、杂事(杂工)、都领(大副)等的人数和姓名,以及船体吨位、帆樯几桅和高度。市舶司凭验证予以放行出海或允其返港卸货,舶司派官员登舶查验。

3. 对无证出海贸易的商舶人员,要予"告捕治罪,货物没官"。至元法则"止坐舶商船主",延祐法则对违犯市舶则法者区分为"舶商、船主、纲首、事头、火长"进行处罚,责任主体更加明确,并且奖赏举报,"若有人首告得实,于没官物内,壹半充赏"。

4. 进出口货物必须详报,如有隐匿货物的,以漏舶法治罪。抽分则例,至元法则定粗货十五分中一分,细货十分中一分;延祐比重增大,粗货十五分中抽二分,细货拾分中抽二分。

5. 金银、铜钱、铁货、男女人口不准作为商品出海。金银是贵金属,向为蒙古贵族所珍视;铜钱因元朝不铸造,通用前朝铜钱,国内已有钱荒之感,故不准外流。铁货可改兵器,作为军事物资不准出口。男女人口更是主权国家所不允许

---

① 《元史》卷九十四《食货志二》。
② 《元典章》卷二十二《户部八·市舶则法》。

购买的。延祐法则扩大重要物资的保护种类和范围,禁运物品名单多了"丝绵、缎匹、销金绫罗、米粮、军器"。

6. 为防海盗,允许舶商出海时,带有一定的刀剑弓箭和铜锣等作为自卫之用,但船抵口岸,必须将这些武器交给寄舶处舶司代管,发舶时再予发还。

7. 出洋下番的人员,如不再回国,而住居目的地者,应在申请公据内开明:某人住番和原因。

8. 元代七处舶司,每年抽解和博易来的货物,除贵重禁榷物品一定要送解京师外,其他货物可集中到泉州、杭州国家库藏。

9. 优待舶商、水手。所在州县应免除这些人的差役。元代把这些人看作是国家的课办人员,作为国家公干看待并优恤其家小。

10. 国家"出外使臣并大小官吏"从海外公干归来,或官本船海上贸易归来,一抵口岸,即须向市舶司申报,同样"抽分纳官"(交纳进口税),如有隐匿,按漏舶(走私)论罪。

11. 禁止官员营私舞弊。虽然很难做到,但有明文申禁,也算不易了。首先禁止市舶司官员"勒令舶商计梢带钱下番",即不准托商民带钱到外国去买进口货物,也不允许舶司官员在查验外商货物时,有意估低货价而自行折卖,以谋私利。

12. 延祐法则明确增加了监察机制,要求御史、肃正廉政访司监督实施。定到舶法、抽分则例、关防节目,仰行省、各处市舶司所在官员奉行谨守,不得违犯,行御史台、廉访司常加体察,毋致因循废弛。

宋元两代市舶制度一脉相承,比较来看,元较宋更为放宽,管理细则也更为完善。例如宋对进口货物有禁榷专卖制度,而元代不是只有抽解,乃至双抽,就是甲市舶司已抽解舶货运抵乙市舶司,"兴贩已经抽舶物货,三十取一",舶货进入内地市场再缴纳商税。对从事海外贸易的人员,可以免除科差,家属也可"沾益",这是宋代所没有的优惠政策。元代还曾实行官本船贸易,即官府出本给船,选人入番博易,此种官本船也要征税。

为何会有从宋到至元、再到延祐市舶法则的修订变化?制度变革源于深层次经济发展的需求,是社会经济发展的结果。元世祖前期,因实行量入为出的财政政策,国家财政尚充足,到了后期,政权更迭频仍,政局不稳、腐败、内斗等导致社会矛盾加剧,财政逐渐吃紧。正额赋税难以满足国家之需,帑廪空虚的状况一直持续到了元末,在财政危机的困扰下,元朝选择将市舶经济作为纾解手段,最终指向增加财政收入在市舶法则中有着鲜明的体现。元代在中国的统治时间虽然短暂,然而,正因为它秉承并发展了前朝历代的对外开放政策和制度,才使它的统治得到经济上的支撑。

四、明前中期朝贡贸易与市舶制度衰落

明推翻元朝统治,初期市舶制度仍然保存下来。明初设太仓黄渡市舶司,因其地近京师(南京),在此建舶,有利于朝廷直接监管。后来又在浙江宁波、福建泉州和广东广州三港建置三处市舶司。后因海疆不清,倭寇为患十分严重,近畿沿海不宜置舶开港,故又撤销三处市舶司。明成祖永乐元年(1403),下令依洪武初制,于浙江、福建、广东恢复设市舶提举司,隶布政司。

(一) 朝贡贸易政策

明太祖朱元璋创设了新的"市舶司"制度,他定下各口市舶提举的任务是,"掌海外诸蕃朝贡市易之事,辨其使人表文堪合之真伪,禁通番,征私货,平交易,闲其出入而慎馆谷之"。其目的在于"通夷情,抑奸商,俾法禁有所施,因以消其衅隙也"。① 这个制度是一千多年来中外关系史上的第一次大变化,就是把来华贸易的外商当作朝贡使团的组成部分加以管理,全都纳入招待贡使机构的管理监督之下,防止外国人私自入境和中国人非法接触。② 贡舶和市舶搅在了一起,政治关系和经济活动完全混淆,明人王圻总结市舶政策,从此"贡舶与市舶,一事也。凡外夷贡者皆设市舶司领之,许带他物,官设牙行,与民贸易,谓之互市。是有贡舶,即有互市,非入贡,即不许其互市矣"③。也就是说,明代的互市是以入贡为前提,完全偏重于封建政治而轻经济效果,这与宋元两代讲究市舶之利以助国用的指导思想,大相径庭。

明初贡舶和市舶混一的制度并未能解决海患问题,朱元璋在洪武二十七年(1394)又一次采取坚决措施,下令严禁缘海之民私下通番,否则处以重法,即"凡沿海去处下海船只,除有号票文引,许令出洋外,若奸豪势要及军民人等擅造二桅以上违式大船,将带违禁货物下海,前往番国买卖,潜通海贼,同谋结聚,及为向导,劫掠良民者,正犯比照谋叛已行律处斩,仍枭首示众,全家发边卫充军"④。这是一千多年来中外关系史上的第二次大变化,其目的在于防止中国人到外国

① 〔清〕张廷玉:《明史》卷八十一《食货志》。
② 严中平:《科学研究方法十讲》,人民出版社,1986年,第185页。
③ 〔清〕稽璜:《续文献通考》卷二十六《市籴二·市舶互市》。
④ 《万历会典》卷一百六十七,刑部律例,关津。

去和外国人非法接触,勾引海盗入寇。

既然朝贡贸易进贡方物,赏给回赐有利于国外,日本、安南、高丽等国便竞相派遣贡舶,尤其日本商人和地方政权纷纷托故"来贡",以致出现贡舶不绝,市舶也疲于应付,朝廷只得实行贡舶贸易的勘合制度。如限定琉球二年一贡,安南、占城、高丽三年一贡,日本贡舶最多,但限定最严,十年一贡。明嘉靖二年(1523),日本大名细川氏和大内氏势力各派遣使团来明朝贸易,两团在抵达浙江宁波后因为勘合真伪之辩而引发冲突,爆发了武力杀戮事件,史称"争贡之役",嘉靖年间的《宁波府志》中记载:"两夷仇杀,毒流廛市。"①这反映了配额性质的勘合制度是不现实的,它既是明代市舶政策的恶果,又是统治者管理无能的表现。

(二) 市舶制度的衰落

市舶司原是身兼海关和外贸双重职能的政府机构,在朝贡贸易政策下,更加倾向于作为政府衙门的职能部门进行活动。明代市舶似无"则法"可举,只凭朝廷之命行事,遇事申报裁夺而定。市舶管理也较前代混乱,既建市舶太监府,又置市舶提举司,凡有市舶之处必建外宾馆。例如福建市舶体制:建市舶太监府于柏衙;设市舶提举司在澳桥;进贡厂、柔远驿于河口。②"张官置吏,宏规伟瞻",但这种封建官僚机构濒于气息奄奄,已经不能促进社会经济的发展了。

明嘉靖二年发生争贡之役事件后,《明史》谓废除福建、浙江市舶司,仅留广东市舶司一处。③ 当然闭关没有解决倭寇问题,达不到清宁海疆,而且又坐失经济巨利,廷臣们争执不休,嘉靖皇帝在位四十五年期间,市舶又几罢几开。更严重的是,经过大航海发现,西方殖民者也日渐东来,该时的明代社会正处于风雨飘摇的前夜,它的统治者却已经没有像宋元那样实行对外开放政策的信心。

长达千年的市舶制度,经历了唐宋元的发展演变过程,至明代前期实行全面海禁,国家不在意海外贸易的财政意义,将朝贡贸易作为唯一合法的海外贸易,在厚往薄来的原则下,出多入少,该制度难以为继。当然,市舶制度也仅是中央集权体制的一个组成部分,它禀命于中央朝廷,核心是统制贸易,根本上还是服务华夷理念和朝贡体制下的"御夷狄"或"通财用"的目的,与西方殖民者东来后产生的现代海关制度,有着不同特征。

---

① 〔明〕嘉靖《宁波府志》。
② 〔明〕高岐:《福建市舶提举司志·建置》,商务印书馆,2020 年,第 7 页。
③ 〔明〕张廷玉:《明史》卷八十一《食货志》。

第五讲 明后期的督饷馆和清前期的东南四海关

从全球范围来看,15世纪末和16世纪初的葡萄牙、西班牙等欧洲国家殖民者的大航海活动,把以欧洲为中心的资本主义生产方式推广至世界范围,各个部落、种族和国家地区不再孤立发展,形成了世界性海洋贸易体系。东西方的对话和碰撞也随之展开,面对国内商品经济发展及国外形势的重大变化,明后期和清前期一度开放海洋,响应世界性经济体系的呼唤,朝贡贸易逐渐走向崩溃,商舶贸易占据主导,海外贸易管理制度也从市舶司体制向督饷馆及东南四海关制度调整和转变。但明后期和清前期实行的仅是局部对外开放和限制性商品贸易,是应付全球形势变迁的被动之举,日益强化的封建专制政治和深层的经济社会文化结构制约着根本性的变革,导致清中后期在西方近代轮船枪炮武力压迫下而更为被动地卷入世界经济体系。

一、大航海后的"西洋来市"

15世纪以后,欧洲人不断进行远洋探险和全球扩张,葡萄牙人和西班牙人是海上扩张的急先锋和最先崛起的海上霸主。1497年,达伽马绕过好望角。1510年和1511年,葡萄牙人占领了果阿和马六甲,明正德九年(1514),葡萄牙人的船只来到广东沿海,拉开了早期中西交往的大幕。葡萄牙殖民者与东南沿海海盗、倭寇势力交织在一起,冲击朝贡贸易体系。

明正德十六年(1521)和嘉靖元年(1522),明军为抵抗葡萄牙殖民者,爆发了屯门海战及西草湾海战,暂时把葡萄牙人清除出广东海面,但他们转而在近海洋面或岛屿与走私商人交易,沿海走私成风。至嘉靖三十二年(1553),葡萄牙人贿赂广东地方官员,借口晾晒货物,获准在澳门居住,势力日益壮大,大批商人前来贸易。

葡萄牙人以澳门为商站开展东方贸易,引发西班牙、荷兰、英国等国家的羡慕和接踵而至,他们也不断派出使团和船队前来中国东南沿海,同样希望建立商业据点,打开中国市场,甚至凭靠船坚炮利,强闯海防,遭到沿海官兵的不断反击。隆庆五年(1571),西班牙殖民者占领马尼拉,以菲律宾为基地,开辟马尼拉至墨西哥间的太平洋航线,进行亚洲、欧洲、美洲之间的跨州贸易。进入 17 世纪,海洋霸权转到了荷兰和英国人手上。荷兰于 1602 年成立东印度公司,为荷兰人在东方争取最大贸易自由,1624 年侵占台湾,在台南、淡水和基隆等地建立起据点和殖民统治。1661 年郑成功收复台湾后,荷兰以巴达维亚为中心,和中国等开展商业贸易。16 世纪末英国在海上击败了西班牙。英国于万历二十八年(1600)成立东印度公司,把直接与印度、东南亚和中国建立商业联系作为重要目标,赋予它有从好望角到麦哲伦海峡之间所有亚、非、美三洲贸易的专营权,意味着英国在印度和东方竭力同葡萄牙争夺霸权,向东方扩张进入一个新的阶段。

明中期以后,朝贡贸易经历了前所未有的冲击,东南沿海出现"寸板不许下海,艨艟巨舰反蔽江而来;存货不许入番,子女玉帛恒满载而去"的局面。面对西方殖民者的叩关求市,明朝朝廷和东南沿海地方中有人出于国计民生,特别是财政上的考虑,发出开海呼声。隆庆元年,明朝廷同意福建巡抚之请,解除"贩夷之律",漳、泉之民"准贩东西二洋",广东也和葡萄牙人达成协议,在广州举行半年一度的"交易会",海外贸易很快活跃起来。明后期实行的是很有限度的海上贸易政策,但时代已经发生转折,长期占主导地位的官方朝贡贸易让位于了民间商业性海上贸易。

明清易代之际,为严防台湾郑成功抗清势力,顺治十三年(1656)严禁商民下海贸易,后来还将沿海居民往内地迁徙,"片板不许下水,粒货不许越疆",给沿海人民和社会生产带来极大影响。康熙十八年(1679),江南巡抚慕天颜提请开海贸易,认为这是解决民生和财政问题的唯一出路。待康熙二十二年(1683)统一台湾后,康熙皇帝一反前期"海禁"局面,决定开海设关。

清前期开海和设东南四海关,是顺应历史潮流的举措,是中国社会经济由内陆型经济开始向新的海洋型经济转移的产物,也是中西社会经济交汇之后必然要发生的历史事件。但中国近代化的转型历程并不顺利,乾隆中期后,在西方殖民主义的侵扰,以及统治者自身保守意识观念支配下,对外交往限制趋于严格,并为之付出沉痛代价。

二、明后期月港开禁与设置督饷馆

明隆庆元年(1567),在漳州海澄县月港开设督饷馆,允许商民出海贸易。月港处于"外通海潮，内接山涧"之地，唐宋以降为海滨一大聚落，明中期成为走私贸易的重要据点。《明神宗实录》记载，隆庆朝化私贩为公贩，"许其告给文引，于东西诸番贸易，惟日本不许私赴。其商贩规则，堪报结保则有里邻，置引印簿则由道府，督察私通则责之海防，抽税盘验则属之委官"①。

（一）督饷馆官制

作为月港贸易税收的管理机构督饷馆，由原海防馆改建而来。督饷馆税饷管理，开始由漳州府海防同知兼督，因海防同知兼督税饷任期较长，易滋生腐败，接着由福建各府佐刺轮管，后来又借口外府官员远来驻扎非便，增设供应人役，所费倍繁，复归之地方，由漳州佐刺轮署。督饷馆管理本身具有不规范性和不稳定性，官员系临时差遣，竞相中饱私囊，盘剥商民，明后期月港被视为"膻地"，引发走私盛行。

（二）督饷馆税制

万历三年（1575），福建巡抚刘尧诲议定开征引税、税饷。十七年（1589）福建巡抚周采复议定水饷、陆饷和加增饷则例：凡船出海，记籍姓名，官给批引，有货税货，无货税船。

1. 引税。船引是官府发给海商出海贸易的凭证，开征引税主要是为充兵饷，由海防官管给，"经馆验船，经县盖印，抱引出洋"。张燮《东西洋考》记述了船引发放复查等程序。东西洋船每引税银 3 两，鸡笼、淡水税银 1 两，其后翻番加倍。

2. 水饷。万历三年（1575），定《东西洋船水饷等第则例》，规定水饷"以船广狭为准，其饷出于船商"。以梁头尺寸为定，西洋船面阔一丈六尺以上者，征饷 5 两；每多一尺，加银 5 钱。东洋船小，量减十分之三；鸡笼淡水地近船小，每船面阔一尺，征税饷 5 钱。贩东洋船，每船照西洋船丈尺税则，量抽十分之七。

3. 陆饷。隆庆六年（1572），漳州《商税则例》对进口商品征税已做详细规定，万历年间成为陆饷，"以货多寡，计值征输，其饷出于铺商；又虑间有藏匿，禁船商无先起货，以铺商接买货物，应税之数，给号票，令就船完饷，而后听其转运焉"。东西洋船所输陆饷，胡椒、苏木等货，计值 1 两者，征饷 2 分。其后征税商品有 135 种 143 项。

---

① 《明神宗实录》卷三百十六万历二十五年十一月庚戌条。

4. 加增饷。福建地近菲律宾,与西班牙人贸易特盛。马尼拉贸易除输入白银外,并没有太多其他商货,所以月港对经营马尼拉生意的商船加征特别税,名"加增饷",开始每船征 150 两,后减为 120 两。

(三)月港体制的意义

万历末年,由于荷兰人占据台湾,控制闽海贸易,加上走私与海盗猖獗,海防紧张,官府厉行海禁而关闭月港贸易。但从隆庆元年放开,到万历末年关闭,月港对外贸易五十余年,形成地方特色的管理体制,在明后期福建社会经济发展与对外关系中发挥了重要作用。

督饷馆税饷为福建地方军饷及财政开辟了财源,万历三年(1575)开征引税时,岁额 6 000 两。万历四年至十一年(1576—1583),税收累增至 2 万余两,万历二十二年(1594),税饷达 2.9 万两。月港税制体现了明中后期税收制度从实物税向货币税转变的历史趋势,其税收结构也为清代海关税收提供了若干制度准备。但月港体制最大特点就是只准许本国商人出海贸易,而不允许外国人入境通商,征税对象为漳泉本地商人,而没有海外商人,与传统的面向海内外商人的税制并不相同。

月港督饷馆是新创立的税收征管机构,隶属于漳州府而不是福建布政司,官员主要由漳州府佐临时兼职而非吏部铨选,主要职能为税饷征管而不包括朝贡、海防事务,所征税饷留本地而非解送内府,既不同于唐宋以来传统的市舶贸易管理体制,也与清代的海关制度不能等量齐观。它不属于常设的正规机构,饷税管理制度存在临时性和不规范性的特点。① 月港体制以漳泉较小局部地区的开放来成就全国绝大部分沿海地区的海禁,它只能导致走私贸易的兴起,而走私贸易一旦规模化,又从反面摧垮了月港合法贸易。

三、清前期开放海禁与设置东南四海关

康熙二十二年(1683)收复台湾之后,清圣祖听从朝臣建议,从国计民生的观念出发,于次年六月下令开海贸易、创设海关,他说:"海洋贸易,实有益于生民,但创收税课,若不定例,恐为商贾累,当照关差例,差部院贤能司官前往,酌定则

---

① 李庆新:《明代海外贸易制度》,社会科学文献出版社,2007 年,第 344 页。

例。"①九月谕旨重申："前令开海贸易,于闽越沿海一带民生有益,若两省民用充
阜,财货流通,于各省俱有裨益,且出海贸易,非贫民所能,必系富足之人;将富足
之人货物抽税,不致苦累小民,于伊等亦大有裨益,以此税银拨给粤闽兵饷,可免
腹里省分解送远省协饷之劳,腹里省分钱粮有余,小民又得安养,故令开海贸
易。"②由此在东南沿海江浙闽粤四省,出现了开海设关的新格局。

(一) 设置沿革

康熙二十三至二十四年(1684—1685),清政府先后在东南沿海的漳州(后改
厦门)、广州、宁波、江南(上海)四处设立海关,称为闽海关、粤海关、浙海关、江海
关。这是中国海关历史上第一次正式以"海关"两字命名机构,结束了近一千年
沿海以"市舶司"管理机构来执行海关职能的历史。从制度上,它并不是市舶制
度的继续,它不再处置舶货,也不直接管理外商,但仍是管理外贸的机构,其职掌
接近于近代海关。③　因行政上归户部管理,所以又习称"户关"。

在清前期的四个沿海海关中,以粤海关最为重要。据《粤海关志》记载,该关
在监督之下,设总口七处:省城大关、澳门总口、惠州口、潮州口、雷州口、琼州
口、高州口,总各口下辖小口约七十处,遍及整个广东沿海。在东南四省漫长沿
海地带上,为方便商民进出,在自然形成的港湾处,设立的大小口岸有近 200 处
之多,对中外贸易集散发挥了重要作用。

乾隆二十二年(1757)前后,一些英国商船不堪广州行商和粤海关官吏的勒索,
试图赴浙省口岸贸易,发生了洪仁辉(James Flint)案件,此后清政府限定"(夷船)
将来止许在广东收泊交易"④。其他三处海关虽然存在,但只准经营对外贸易和沿
海贸易的本国商船出入港口。清代口岸贸易逐渐被推入不正常的发展轨道。

(二) 海关官制

清代东南沿海四海关各设监督,其任命办法源于内地榷关。初期由皇帝以
"论俸掣签"而从各部资深官员中选任,实际多由内务府和户部中满族司员派充。
有时由钦派监督改为各省督抚或将军等地方官员兼任,而实权仍操于内务府或
户部所派专任监督之手。其中粤海关监督以专任为主(仅雍正二年至乾隆十五

① 《圣祖仁皇帝实录》卷一百十五康熙二十三年六月己亥条。
② 《圣祖仁皇帝实录》卷一百十六康熙二十三年九月甲子条。
③ 黄国盛:《鸦片战争前的东南四省海关》,福建人民出版社,2000 年,第 39 页。
④ 《东华续录》(乾隆)卷四十六乾隆二十二年十一月戊戌条。

年这二十多年为兼任),其余三海关的监督以兼任为主。

监督任期一般为三年,但也有短仅一年或长达十余年的。粤海关监督的全称是"钦命督理广东沿海等处贸易税务户部分司"。监督属官为"笔帖式"。笔帖式为满语译音,意为写字人,即书办,有实权,类似副监督。办事人员主要有两类:(一)监督带来的家人、亲信(称委员),随监督而进退。如粤海关监督可带六十人上任。(二)地方推荐安排的书吏(税吏)、巡役等,不随监督去留,甚至"世代相承"。粤海关列入名册(即编制内,不包括编外雇用的杂役)的有四百五十人。

海关设立之后,清初为防止关政腐败,加强对监督的考核,严令恪遵定例,从公征收,违例严惩。各关公布税则,商人亲填部册,监督任满缴部核查,接任监督对前任也进行核查,这些措施对抑制腐败具有重要作用。但随着清政府的日益腐败,在海关人事方面原有一套封建性的任免、考核制度多具成文,而任人唯亲和集体分赃则随之成为海关人事的明显特征。这种特征又反过来加速了封建社会后期海关官制的腐败。

(三) 船舶和商人管理

清初本为国计民生而准许开海贸易,但后来出于对商民的戒心和维护统治的需要,清政府又逐渐颁布了不少与开海贸易宗旨相违背的政策,对华商出海进行种种限制。对中国籍经营对外贸易的海船管理办法,和宋元明时期的市舶制度略同,须先向地方官和海关监督申请登记,发给船照,方许出口。但对船只大小、船员人数和运载对外贸易商品的品种、数量等方面有许多不合理的限制。如康熙二十三年(1684)规定:不许打造五百石(约五十吨)以上船只,违者发边卫充军。后稍放宽,商船许用双桅,但船员不得超过二十八人。[①] 禁止携带防御武器(商舶无力防盗,不敢出海)。禁止商人在国外造船回国,也不许造船卖给外国人。粮食(包括豆类)、铁及铁器(包括铁锅、铁钉及一切废铁)均严禁船运出口。丝、绸出口有严格限制,丝每船限数千斤,茶叶每年限五十万担,优质茶不许海运,否则视为"通夷"。

海关对华商出海的规定,总体上相当烦琐,其中有些规定,如商民出海贸易领取执照、商船烙号刊名、进出港口照例检查等,反映海上贸易管理较为有序,趋向规范。但同时,清政府对商民抱有戒心,害怕商民与反清势力或与外国勾结,

---

① 《钦定大清会典事例》卷一百二十和卷七百七十六。

因此长期严格限制华商造船规模、限定乘员之数,禁止华人在国外久居,对商民采取严厉的具结、保结、连环互结等管制性措施,压制了中国商民出海的规模,束缚了中国商民在国外经贸活动中的竞争力,这是鸦片战争前中国海商实力落后于西方的重要原因。

对外籍商船的管理,以粤海关为例:船至广东,须先在澳门停泊,向海防衙门申报,经批准后方可由引水人员导入海口。船至虎门,先起炮位,经海关检查、丈量、缴纳船钞后,方准驶入黄埔下碇。外商须把装船清单交给行商,由行商代付码头费后将货物运至商馆,外商则住在商馆内交易。船舶停港期间,由海关员役会同清军官兵进行监督防范。护送商船的外国兵船一概不许驶入内港。船舶出口,先向海关申报,经查验无违禁情事,方可驶离。

粤海关通常允许外商在贸易季节留住广州商馆内。广州商馆区共有十三所商馆,为外商营业和居留所,系十三行行商所划出行地一部赁居外人,又称“十三夷馆”。清政府一方面重视外商的合法利益,禁止行商拖欠外商款项,保护外商在华的生命财产安全,体现清王朝的“柔远之意”。但在另一方面,清政府始终怀有戒心,清中期以后,当西方商人扩大对华通商的欲望愈加强烈,非法鸦片走私贸易日渐猖獗时,对外商防范、限制条规亦日渐严厉。在乾隆二十四年(1759),两广总督李侍尧曾订立《防范夷商规条》5 条,到了道光十五年(1835),两广总督卢坤拟定《酌议增易防范夷人章程》8 条,要点是禁止外国护货兵船驶入内河,外国商船收泊之处,派营员巡逻稽查,禁止外国人偷运枪炮至省,规定在商馆居住的外商的活动范围,禁外商带妇女住馆及禁在省乘坐肩舆,禁外商雇人传递信息,禁外商与内地民人交往等,部分内容属于维护国家主权和安全的重要措施,也有部分内容对来华外商衣食住行的所有活动都有限制,有碍正当商务的扩展。

(四) 关税制度

康熙皇帝决定开海设关之初,参考内地榷关税则,议定开海征税则例,对进口货物和出口货物进行了系统分类,如粤海关征税则例,首次将进口货物分为衣物、食物、用物、杂货四大类,计税单位也较为详细具体。随着贸易的发展和进出口货物品种的逐渐增多,雍正朝调整征税则例,设立比例簿册,即凡则例公布后新添的货物品种,可以参照以往与之近似的货物课税。则例总的体现是薄征其税、不准累民的原则。

清政府规定海关征收的正税有船钞(吨税)、货税等。船钞按船只长宽尺度大小,由海关直接征收。一等船(长七丈五尺,宽二丈四尺,约九百吨),额征一千四百两(明朝为二百六十两),以下依次递减为二等船一千一百两,三等船六百两,四等船四百两。货税由行商承保缴纳,按货物的精粗来从量计征,法定税率一直是比较低的。据雍正十三年(1735)的税则,进出口税税率如折成从价仅有2%—4%。后来做了一些调整,仍不过3%—6%。如进口棉花每担征银二钱九分,洋布每匹征银六分(均在5%以下)。出口茶叶每担征银一两二钱七分,湖丝每担征银十五两二钱七分(均约6%)。

各省海关对随贡货物仍予免税优待,乾隆时还规定外商粮食、珠宝进口亦予优惠免税,对武器、铁及铁器、黄金、硫黄等管制较严,实行禁运,对丝及丝织品等限制出口。

就额定正税而言,清前期无论货税、船钞,都不足以构成对外商的沉重负担。但正税之外,还有海关附加税,海关衙役索取陋规以作工食等费。雍正朝起,粤海关改规礼为归公,成为合法征税的一部分而刊入例册。乾隆二十四年(1759)英商洪仁辉控告粤海关非法勒索规礼名目达几十项,合计纹银三千余两。规礼是清代海关税制中最不规范的征税项目,曾属吏役合法所得,集中反映了封建海关管理体制的弊端。

各关税款是清政府的一项重要财源收入,初期实行定额报解制度,规定各关每年应交一定额的税款。康熙晚年和雍正朝起,实行关税尽收尽解。嘉庆四年(1799),户部规定的税额为粤海关八十五万五千两,闽海关十一万三千两,浙海关三万九千两,江海关四万二千两。粤海关每年还要给内务府送贵重的进口物品,当时改为交银三十万两。据嘉庆十六、十七年(1811、1812)关税统计,户、工两部29处关津,共征税银4 810 333两,其中四省海关合计征税1 733 948两,占全部榷关征税的36%。①

(五) 朝贡贸易管理

清沿明制,与部分国家继续维系宗藩关系和朝贡贸易。清初对贡期和贡道做了规定,如朝鲜每年进贡一次,琉球二年一次,安南、暹罗三年一次,苏禄国、南掌五年一次,缅甸十年一次等。

自海关设立后,粤海关、闽海关分别兼有对暹罗、琉球等国贡船管理之责。暹罗贡使到广州后,《粤海关志》记有"验贡"仪式。康熙时对暹罗贡使所带货物,听其随便贸易,并免征税,以示柔远之意。乾隆朝暹商借朝贡之名来华贸易增

---

① 黄国盛:《鸦片战争前的东南四省海关》,第74—75页。

多,随带之船至十余只,为规范海上贸易管理秩序,遂将其区别对待,对正副贡船所载货物依旧免税,对暹商私船明定"按货纳税"。

(六) 行商制度

清代海关和宋元明市舶不同之一,就是海关不直接经营外贸,而是通过行商进行。清代行商是从明代"牙行"(代客买卖,收取佣金的商店)演变而来的封建性外贸垄断组织。粤海关设立后,即将外贸和内贸分开管理,经营内贸的称本港行,专门经营外贸的牙行称洋行或洋货行,商人称行商或洋商。康熙五十九年(1720),广州行商成立了"公行"(又称十三行),目的是共同承担官府摊派,消除内部竞争,规定货价等。闽、浙、江南三处设关口岸,因外籍船舶不多,没有公行,报关业务由一般行商兼管。

实际上,行商身兼官、商二职。一方面行商必须身家殷实,自愿报官承充,领取政府发给的行贴,办理外商货物的报关纳税,垄断进出口贸易具体业务,并向海关保证交纳税款;他们拥有特权但仍是自负盈亏的商人。另一方面行商又受政府之托,代表地方官员,参与海关管理,在当局和外商之间传递信息,维护各项管理条例的执行,管理外商日常生活,参与调查处理外国人在华发生的刑事案件等;为了巩固地位和扩大权势,行商们往往通过捐纳的途径获得一定的官衔。

由于行商垄断对外贸易,其他商人(散商)不能直接经营,有一些行商积累起巨额财富,如伍浩官就是典型代表。美国商人亨特(William. C. Hunter)所著《广州"番鬼"录》记载:"浩官究竟有多少财产,是大家常常谈论的话题;但有一次,因提到他在稻田、房产、店铺、钱庄,以及在美国、英国船上的货物等各种各样的投资,在 1834 年,他计算一下,共约值 2 600 万元。当时的购买力约等于现在的两倍,以现在的钱币来说,他拥有 5 200 万元。"[1]清中期后,由于清政府的勒索、外商的高利债务,加之自身经营不善,很多行商却经常沦入破产境地。

马克思曾指出,在鸦片战争前的中国,"外国人要做生意,只限同领有政府特许执照从事外贸的行商进行交易。这是为了阻止它的其余臣民同它所仇视的外国人发生任何联系"[2]。随着中外贸易规模的扩大,行外华商争取获准与外商直接交易及外商要求废除行商制度的两种呼声,均与日增长,行商交易制度逐渐不能适应时代的需要而被淘汰。

---

① [美]亨特著,冯树铁译:《广州"番鬼"录》,广东人民出版社,1993 年,第 36 页。
② [德]马克思:《中国革命和欧洲革命》,《马克思恩格斯选集》第一卷,人民出版社,2012 年,第 784 页。

　　清代前期面对海洋贸易形势,开放海禁,对海上经贸管理体制做了重要改革,设置了四海关,具有管理外商来华、华商出海、船政和渔政、接待朝贡使臣和管理朝贡贸易、缉私兼海防事务等职能,客观上推动过海上经贸的发展。但从根本上而言,清前期采取的仍是严加限制的开海设关政策,限定设关地点,限制中外人员交往(包括限制中国人出海和在海外侨居,限制外国人来华活动),限制商人自由交易,推行行商制度,限制丝茶等多种货物出口,限制发展对外航运业(限制造大船,并限制船员人数和携带武器等),最终没有担负起主动开关竞争的历史重任,错失发展良机并为之付出沉重代价。

第六讲　鸦片战争后半殖民地海关的形成

　　近代海关,时称新关,俗称洋关,这里新、洋二字即是相对中国传统的户关、钞关(1914年后统称常关)而言的,它们往往被称为旧关、老关。近代西方资本主义国家,自16世纪开始陆续撤废国内旧制税关,统一建立国境税关。而近代中国,在西方侵略之下签订不平等条约,一方面被迫开放通商口岸,建立外国人掌管的管理外商船舶及其货物的新关;与此同时,在沿海、沿江及水陆要冲的内地,并没有撤废传统的管理中国民船及其货物的户关、钞关,于是在近代形成了税关机构新、旧二元并存的格局,在个别口岸如天津及上海、广州等地,甚至出现"一地两关"的特殊状况。19世纪后期通商口岸开放不断扩大,由外国人管理的海关在通商口岸也逐渐扩展,并形成垂直统一的管理体系。20世纪初年随着外国侵略的加深、新式海关管理的高效和关税的不断增长,不平等条约又使得海关势力进一步扩张,《辛丑条约》使得海关兼并五十里内常关,职能扩展至管理国内民船贸易,辛亥革命更使海关完全掌握关税收支权。《辛丑条约》后,海关关税率及税则的修订,也和裁撤厘金、税卡关联在一起。在国内商民反对浪潮下,内地常关开始缓慢变革。迟至1931年,中国海陆统一型的国境税关即近代意义上的完整海关体系才最终建立起来。管理常关、新关的海关监督公署及专管新关的税务司署两个机构的合并,至1946年才得实现。新式海关和旧式常关二元并立的体系格局,恰恰是近代中国半殖民地、半封建社会的生动写照。

一、开埠通商和片面协定关税

　　自鸦片战争起,常见西方列强在政治条约中规定一些开放口岸、商务特权的要求。在所有政治条约签订之后,均在指定时段之内另外展开通商税则条约交涉,另行议定详密的通商约章。近代中国与西方国家订立的约章有《南京条约》《天津条约》《辛丑条约》等政治条约,更包括《中英五口通商善后条款》《中俄陆路通商章程》《长江各口通商暂订章程》《内港行船章程》等诸多商约贸易章程,其丧权辱国,侵损中国国脉民命,至于深入脊髓,绝不下于政治条约。① 这些约章中,英、法、美、俄、德、日等国是主要缔约国,其内容直接或间接、完全或部分涉及近代中国海关管理事务的有 362 件,包括开埠通商、关税税则、海关监管等方面,严重侵犯了中国海关主权。

(一) 开埠通商

中国东邻太平洋,大陆海岸线长达 1.8 万公里。在漫长的海岸线上,有许许多多自然条件优越的海港。大航海时代来临之后,面对欧洲国家海洋殖民贸易的侵略扩张,明清两代维系着朝贡贸易或限制性贸易体制。清乾隆二十二年(1757),规定广州是对西方贸易的唯一官方口岸,与中国进行贸易。欧洲各国商船,都在广州停泊、卸货,通过由广州商人设立的"十三行"进行交易。随着中西贸易的发展,广州口岸满足不了殖民者日益膨胀的贪欲。1840 年,鸦片战争爆发,英国人用炮舰政策强行轰开了清朝大门,冲破了广州贸易体制,使中国进入不平等条约关系时代。此后中国不断地被迫开放沿海、沿江、沿边等通商口岸城市,划出商埠街区,允许西方商人前来自由租借和贸易。

1842 年第一次鸦片战争后,中英签订了中国近代史上第一个不平等条约——《南京条约》,清政府被迫开放广州、厦门、福州、宁波、上海为通商口岸,结束了广州一口通商局面,香港岛被割让给英国。《南京条约》开启了西方殖民者以武力胁迫清政府开放口岸的先例。从此,中国历史上多了一个新名词——"开埠",即把位于沿海沿江、水运交通便利、带有简易码头设施的港口城镇对外开放,进行通商贸易。1843 年 11 月 8 日,英国首任驻上海领事巴富尔(George Balfour)乘坐火轮船到达黄浦江,随即与上海地方道台、文武官员会商落实上海开埠事宜,划定上海港港界及洋船停泊区,决定于 11 月 17 日正式开放。紧随上海之后,宁波、厦门、福州接踵开埠,中国东南沿海门户洞开。1844 年中美《望厦条约》和中法《黄埔条约》确认美国、法国与英国享受同等权利,其进入相关口岸的合法性亦通过法律形式固定下来。1847 年,清政府又与瑞典、挪威等国订立《五口通商章程》。

外商并不满足于五口贸易,第二次鸦片战争中,1858 年,英、法与清政府签订《天津条约》,第二次鸦片战争后,于 1860 年 10 月签订《北京条约》,先后开放了潮州、天津、牛庄、烟台、淡水、台南、琼州七个沿海口岸和镇江、汉口、九江、南

① 王尔敏:《晚清商约外交》,中华书局,2009 年。

京四个长江口岸。随后清政府又与比利时、意大利、奥地利等国签订通商条约。上述十六个商埠的先后设置，使外国商船不仅扩大了从南到北的中国沿海航行范围，还能驶入长江，取得了内河航行权。

1868—1869 年间中英修约谈判时，在华英商指责新约中增开的商埠太少，没有深入湖南、四川。1876 年中英签订《中英烟台会议条款》，规定：增开宜昌、芜湖、温州、北海四处为通商口岸，大通、安庆、湖口、武穴、陆溪口、沙市六处为停泊码头（即准许轮船停泊，上下客商货物）；重庆"可由英国派员驻寓，查看川省英商事宜，轮船未抵重庆以前英国商民不得在彼居住开设行栈，俟轮船能上驶后再行议办"。宜昌、芜湖、温州、北海都在 1877 年 4 月初次第开放，而重庆直到 1891 年 3 月才正式开埠。

清代和陆地毗邻国家的通商贸易，本是承袭以往朝贡制度在京买卖，并在边界上择地互市。如与沙俄的互市场所初设于库伦，雍正二年（1724）《恰克图条约》订立后，就在恰克图建立买卖城进行互市，归理藩院辖理。1851 年中俄《伊犁、塔尔巴哈台通商章程》签订后，中国开放伊犁和塔城，建筑贸易或买卖圈子，允许俄商贸易免税，而不准参加海路通商。在第二次鸦片战争中，1858 年沙俄与清政府订立《中俄天津条约》，获得最惠国待遇，而 1860 年《中俄北京续增条约》，允准俄商在喀什噶尔（今新疆疏勒县）通商，零星货物亦准在库伦、张家口行销。

继沙俄之后，英法两国也竭尽全力来打开中国西南门户。中法战争结束后，中法续议商约（1887）规定开放广西龙州（1889）、云南蒙自（1889）和蛮耗为中越边境上的商埠，后来蛮耗改为河口，于 1897 年正式开埠。英国在 1886 年吞并上缅甸后，力图开辟滇缅陆路通商口岸。1893 年 3 月签订了滇缅界务、商务条款，英国领事又进驻蛮允（后改腾越），开始和法国分享在云南倾销商品的市场。同时它还从印度进窥西藏，在中英《藏印续约》（1893）中规定亚东为中印边境商埠。

中日甲午战争以后，《马关条约》又规定增开苏州、杭州、沙市和重庆四处商埠，以后添设了长沙（1904）。外国在华的内河航行权扩展到从长江溯入湘江，从吴淞江开进江浙运河。1902 年中英订立的《续议通商行船条约》，将长沙、万县、安庆、惠州和江门辟为通商口岸。

1903 年中美签订《通商行船续订条约》，"盛京省之奉天府又盛京省之安东县二处地方，由中国自行开埠通商"。日俄战争后，中日双方于光绪三十一年（1905）缔结《会议东三省事宜正约及附约》，规定："奉天省内之凤凰城、辽阳、新民屯、铁岭、通江子、法库门，吉林省内之长春、吉林省城、哈尔滨、宁古塔、珲春、三姓,黑龙江省内之齐齐哈尔、海拉尔、瑷珲、满洲里自行开埠通商。"1909 年,据中日《图们江满韩界务条款》第二款规定中国政府正式开放龙井村(今延吉)、局子街、头道沟、百草沟四埠,并"准各国人居住贸易"。

除条约口岸外,自 19 世纪 70 年代以来,还出现一批中国的"自开商埠"。当时清廷和地方的一些官员已经看到通商口岸城市的成长及给地方经济和财政带来的好处,也看到了外国力量控制下许多利益的损失,1898 年 3、4 月间总理各国事务衙门在总税务司赫德的建议下,奏准添设通商口岸四处,即吴淞、湖南岳州、福建三都澳、直隶北戴河至海滨秦皇岛。各省在外国公使或领事的要求下,也先后开放了厦门鼓浪屿(1902)、广西南宁(1907)、云南昆明(1908)等商埠。这一时期,铁路沿线开放商埠的数量也不断增加,如山东省内德国修筑胶济铁路线上的济南、周村、潍县就是在德国领事要求下,于 1906 年自行开放。到 1911 年,武昌、下关、海州(今江苏连云港)、常德、葫芦岛、香洲等地,纷纷自开为通商口岸。

1895 年甲午战争以后,在新一轮的列强瓜分中国狂潮背景下,还出现了一种帝国主义国家通过武力占领、以租借地的形式开放的口岸,这就是德、俄、英、法等国分别租借的胶州湾、旅顺口和大连湾、九龙、威海卫和广州湾。

从 1843 年最初开放 5 个通商口岸,到 1930 年广东中山港的自行设埠,近代中国通过签订条约形式被迫开放的口岸和自行开放的口岸达 108 个,4 个租借地,加上香港、澳门两地,可供外国人贸易的口岸达到 114 个。[①] 除了山西、陕西、青海、宁夏和贵州等少数省份,"北至于牛庄,南至于琼崖,外至于大海,内至于长江"[②],沿海、沿江、沿边等通商港埠星罗棋布于近代中国绝大部分的省份。

(二) 片面协定关税

近代签订的一系列政治或通商等不平等条约,除割地赔款、开放通商口岸并给予列强领事裁判权、片面最惠国待遇和内地通商、内河航行等特权外,大部分条款和外国侵略者夺取关税自主权直接有关。海关税则是国家制订公布的对进出关境货物的计征关税条例、分类和税率表。任何一个主权国家都可以根据本国财政经济和政治文化的需要,自主地制定和修订本国的税则,不受他国意志的

---

① 吴松弟主编:《中国近代经济地理》第 1 卷《绪论和全国概况》,华东师范大学出版社,2015 年,第 72 页。

② 〔清〕王韬:《弢园文录外编》,中华书局,1959 年,第 132—133 页。

掣肘。特别是对经济落后的国家来说,海关税则是保护和扶植本国幼弱民族经济的重要武器。但从 1843 年开始,到 1928 年止,中国税则沦为片面的协定税则,它的制定和修订都受到一系列不平等条约或修改税则的国际会议的束缚,前后共历七十余年。

《南京条约》第十款规定:通商各口"应纳进口、出口货税、饷费,均宜秉公议定则例,由部颁发晓示,以便英商按例交纳"。这已是对中国关税自主权的公然侵犯,但条文尚无中国不能自行修订的含义,仅须"秉公议定则例"。1844 年中美《望厦条约》第二款进一步规定:"倘中国日后欲将税例变更,须与合众国领事等官议允。"这样,中国政府必须得到外国侵略者同意才能修订税则了。

1843 年依中英五口通商章程及其附粘善后条款,片面商议中国进出口货物税则。该税则分出口、进口两部分,出口部分 12 大类,68 个税目,进口分 14 大类,104 个税目。清政府参加税则谈判的代表耆英、黄恩彤等,他们只注意于清朝中央的关税收入不致减少,按"增大宗、减冷货"的原则,仅求出口茶叶、进口棉花等大宗货物的关税不比战前法定税率降低,不顾国家主权,签署了贻害无穷的第一个片面协定税则。该税则从整体上看,基本上是"值百抽五",但当时还没严格限定中国关税税率只能是"值百抽五"。

由于 1843 年税则表的税率是按货价折成从量税的(便于征收),随着货价变动,税则表应随时修订,否则从量、从价之间就会出现不一致。《望厦条约》《黄埔条约》规定以十二年为修订期限,《天津条约》又重新规定以十年为税则修改期限。19 世纪 50 年代,输华商品货价下跌,原定税率实际有了增高。故各国早在 50 年代初期即纷纷要求修订税则,第二次鸦片战争后签订的《天津条约》,满足了侵略者的无理要求,使中国进一步丧失了关税自主权,确定了"值百抽五"的协定、低税原则,并据此修订税则。

1858 年对 1843 年的税则进行修订,在基本内容上还保持原来项目,格局却有了如下改变:进口税则与出口税则换了位置,列在出口税则之前;船钞自进口税则中删去,不再附列;进口税则仍为 14 类,品目则增加 83 项,共为 187 项;出口税则仍 12 类,增加 105 项为 173 项。此外,洋药于药材料项下进口,从量每百斤课税 30 两。并于通商章程善后条约第二款规定,扩大免税范围。[1]

中英《天津条约》之后几年中,德国、丹麦、比利时、意大利、荷兰、西班牙等国分别与中国缔订商约,皆以 1858 年税则为张本。至 1869 年十年期满,签订中英

---

[1] 叶松年:《中国近代海关税则史》,上海三联书店,1991 年,第 51—52 页。

新订条约并修改税则。进口税有 9 项变动,如洋药增税为每百斤征银 50 两,出口货有 3 项变动。同年中奥亦签商约。1871 年中日缔结修好条约,复订通商章程及税则,征税仍按 1858 年则例,但进口货中少 1 洋药。

《辛丑条约》签订巨额赔款后,为筹出财源,1902 年 8 月清政府与各国议定税则。为进口税切实值百抽五,税则由 14 类增为 17 类,货物品目共为 637 项。同时原来免税的项目,除米粮、金银、外币,皆改列于值百抽五项下。新税则的税率也有相当的调整,在 637 项中,明确值百抽五者共计 117 项。其余仍从量课税,税率略有增加,货物价格以市价估定。进口洋货未核载者,按值百抽五之例完纳。此次重商税则之后与英国签订的通商行船条约,英曾提出裁厘加税之议,但未实行。

船钞是关税的组成部分,鸦片战争后同样受不平等条约限制,逐步丧失自主权。1843 年 10 月的《五口通商章程》中规定:凡英国进口商船,应查照船牌,开明可载若干,定输税之多寡。计每吨输银五钱。同时签订的通商附粘善后条款和 1847 年清政府与瑞典、挪威签订的通商章程均规定:小船不及一百五十吨者,每吨纳钞银一钱。由此意味着废除粤海关丈量船身征收船税的旧例,按货船大小,计吨收税,故又称吨税。1858 年《天津条约》第 29 至 31 条,对 1843 年通商章程所定标准有更详细的修订:凡船在一百五十吨以上的,每吨交纳船钞银由五钱降为四钱(不及一百五十吨者,仍每吨纳银一钱)。天津条约还进一步规定:交纳船钞后,四个月内如转往其他通商口岸,"毋庸另纳船钞"。近代海关建立之后,主要依此条款作为船钞课征作业的依据。

船钞税率不但由条约规定,而且使用权也受到限制。《天津条约》的附约《通商章程善后条约》,对船钞的使用作了原则规定:各口分设"浮桩、号船、塔表、望楼等经费,在于船钞下拨用"。此项船钞,除自 1862 年起提拨三成作为同文馆经费(至 1902 年同文馆移交京师大学堂为止)外,均由海关经收,作为办理海务、港务经费,不得移作他用。这样,船钞也打上了半殖民地烙印。

西方侵略者为了使其商品顺利进入中国国内市场和廉价搜刮内地原料,除在不平等条约中对货物进出口税和船钞作了限制外,还进一步破坏中国内地税制。《南京条约》第十款规定:"今又议定,英国货物自在某港按例纳税后,即准由中国商人遍运天下,而路所经过税关不得加重税例,只可按估价则例若干,每两加税不过某分。"

《南京条约》只是规定内地税关不得加重税例,还没有只许征收一次内地税的限制。在《天津条约》订立以前,中国内地的商品流通"逢关纳税、遇卡抽厘",

洋货进入内地,或洋商从内地收购土货出口,都不能例外。为了改变这种情况,英国侵略者在《天津条约》第二十八款中对中国内地税做了苛刻限制,其主要点为:凡洋货进口后运往内地,及洋商从内地承运土货出口,除缴纳值百抽五的进出口税外,可向海关再纳一"子口税"(2.5%,亦称"子口半税"),即可"遍运天下",不再缴纳常关税和厘金等内地税。子口税的施行,促使外国商品席卷了中国的国内市场,同时外国资本家在中国内地的原料搜刮,也就更为广泛与深入。它对中国社会经济的危害,仅次于值百抽五的片面协定关税。

此外,在 1861 年与英、美、俄等国签订的《长江及各口通商章程》中规定了复进口税,又称沿岸贸易税,用外国轮船往来口岸之间贩运土货,至卸货港所课征的进口税,税率当为协定税率进口税之半即 2.5%。

近代陆路边境关税的减免是从中俄贸易开始的,俄国借口陆路通商运费较高,不能按海口一例,通过 1851 年的《伊犁通商章程》,1858 年的《瑷珲条约》《天津条约》,1860 年的《北京条约》,1862 年的《中俄陆路通商章程》和 1881 年《重订陆路通商章程》等一系列不平等条约,不仅强占了中国大片领土,而且把东北三省、蒙古、新疆的广大地区变为俄方免税贸易区域,开放了黑龙江、松花江、乌苏里江的水路通商,开放伊犁、乌鲁木齐、库伦、张家口等处为通商口岸。上述条约还允许俄国货物内运至肃州、天津者,只纳正税的三分之二,再往内地发运,则补交其余三分之一。1897 年更允许俄货经满洲里、绥芬河二处铁路进出口者,亦减免正税三分之一。

俄国之后,英、法、日各国也相继通过订立通商条约获得陆路边境关税减免特权。根据 1885 年《中法条约》和 1886 年的《中法商约》(1887 年修订),中国开放龙州、蒙自、思茅、河口四处,进口税按税则减十分之三,出口税减十分之四。藏印方面,依 1893 年中英《藏印续约》和 1908 年《修订藏印通商章程》,亚东、江孜、噶大克(阿里地区首邑)开为商埠,免税五年,但以后从未征税。滇缅方面,依 1894 年中英《续议滇缅条约》,腾越、思茅开为商埠,自缅甸输入之货,减税十分之三,自云南输出之货,减税十分之四。日本并吞朝鲜后,于 1913 年和中国订立朝鲜南满往来货物运减税试行办法,规定可减进出口税各三分之一,但如运出满洲,则须补交三分之一正税。[1] 从历史上看,陆路边境减免关税,由来已久,主要由于交通不便,贸易额有限,故特予减免。但鸦片战争后从对俄国陆路贸易减免税开始,却是不平等条约的产物,特别是到了 19 世纪末,各处铁路先后通车,货

---

① 童蒙正:《中国陆路关税史》,商务印书馆,1926 年,第 71 页。

运量实与海运无异,而各国仍得享受减免关税,这是对中国关税自主权的进一步侵犯。

"约开""自开""租借地",意味着中国沿海沿江的良港深湾已经对西方殖民者全方位开放。李鸿章在给朝廷的奏折中悲哀地叹息道:"凡属生意码头,外国已占十分之九。"盛宣怀、张之洞、刘坤一等人也说:"凡天下险要精华之地,皆为各国通商码头。"外商在各通商口岸按民价买屋租地,同时不平等条约规定所有进出口货物,除鸦片、丝、茶三项外,均规定"值百抽五"的较低税率,各口岸后来陆续建立起聘用洋人所管理的海关,并逐渐确立符合国际惯例的各项贸易管理措施。1869年苏伊士运河的开通和1871年欧洲与香港、上海海底电缆的连接,均促使通商口岸的进出口贸易进入快车道。据海关统计,1931年中国通商口岸进出口贸易是1872年的16.15倍,六十年间整整增长了15倍,足见晚清民国时期进出口的增长速度之快。

二、上海划设租界与外人介入江海关管理

1842年后,西方列强通过《南京条约》等系列条约,取消了只准在广州进行中外贸易和由广州特许的公行垄断商人来进行中外贸易的限制,执行新税则,使外国商品只需缴纳极低的进口关税,就可以畅行天下,目的是建立一种新的半殖民地贸易秩序。在没有十三行协助估税、报关、管理外商的情况下,如何应对不断扩大的中外贸易和控制外商,成为官场腐败、建制落后、弊端丛生的清朝海关面临的难题。《南京条约》最初把十三行体制改为领事报关制,但该制度固有矛盾无法维持正常贸易秩序。经过十余年的中外冲突和商议,1854年在上海形成了外国人帮办税务的新式海关体制。第二次鸦片战争后,该体制扩展至其他通商口岸,并形成中央垂直统一的管理体系。至清末沿海、沿边、沿江等通商口岸全面开放,大小46个新式海关陆续建立起来,落实不平等条约条款,维系半殖民地贸易秩序。

(一)上海开埠与初设"西洋商船盘验所"

1685年清政府设立江海关,管理江南地区的沿海和对外贸易,至鸦片战争前,衙署设在上海县城小东门外。1843年11月8日晚,英国驻上海首任领事巴富尔乘小型轮船,在上海城墙下的黄浦江边下锚,他根据《南京条约》来打开上海对外通商的大门,中方派定苏松太道宫慕久、海防同知沈炳垣会同办理开埠通

商。双方于 11 月 9 日会晤，11 月 12 日在城内租定一所房屋作为英国领事馆，并商定于 11 月 17 日先行开市，当时有货船七只进泊。泊船码头随之选定在上海城北，黄浦江西岸与吴淞江（即苏州河）交会地带。之所以选定此处，依据的是英方此前对地理形势的考察了解。上海城大、小两东门外，黄浦江滨为旧有中国船只停泊上下货物的码头，主要由于靠近城边的方便。此次开埠，另选下游深水处，这里水深可达十一寻。①

通商码头所在位置自然决定了外人集聚地区，也就是英国商民居所必然同时选定上海城北的黄浦江西岸。在中英双方未商定外人住地之前，因为码头所在的关系，英商已开始租地居住。经英国继任的最高商务代表德庇时（Sir John Francis Davis）考察之后，确定将上海北门外临黄浦江边码头，选为英人住区，同时把初步考察报告到英国政府，这时所勘定的地区不过 9 英亩，约相当于 60 华亩。这是上海开埠起始，最早的商埠区界范围。按照中英《南京条约》的条款，1843 年 11 月 14 日，上海道台贴出官府布告，宣布上海开埠。11 月 17 日，上海道台又宣布，江海关在洋泾浜以北设立"西洋商船盘验所"，专门管理外国商船货物的进出口稽查与征税，这是江海关对中外贸易商船分别管理的开端。

（二）划设租界和开设江海新关

1845 年上海道台宫慕久拟定了《上海租地章程》，允许英国人在一片面积为 832 亩（约合 56 公顷）的地区居住。到了 1848 年，这块土地的面积扩大了三倍，达 2 820 亩（合 188 公顷）。该地区位于上海城以北和郊区之间，沿着黄浦江边，北面和南面以苏州河和洋泾浜为界。②

英国国家档案馆收藏有《上海租地章程》首份中文文书③，其中有两处条款出现了"新关"字样：在第三款，"商人租定基地内，前议留出浦大路四条，自东至西，公同行走，一在新关之北，一在打绳旧路，一在四分地之南，一在建馆地之南。……其新关之南桂花浜及怡生码头之北，俟租定后仍须酌留宽路两条"；在第十三款，"新关南首房屋地基价值，比北首较贵，究竟应该多少，须仿照估价纳税章程，由地方官会同管事官派公正华英商人四五名，将房价地租迁费垫工各项

---

① 王尔敏：《上海开关及其港埠都市之形成》，载《五口通商变局》，广西师范大学出版社，2006年，第 307 页。

② ［法］白吉尔著，王菊、赵念国译：《上海史——走向现代之路》，上海社会科学院出版社，2014 年，第 16—20 页。

③ 郑祖安：《英国国家档案馆收藏的〈上海土地章程〉中文本》，《社会科学》1993 年第 3 期。

秉公估计,以诏平允"。① 1845 年随着租界正式确立、范围的扩大及周边四至的明确,所以在租界中心区域出现了新关。

新关是中国政府在外国租界内设立的第一个行政机构,而原来的江海关则被称作"江海大关"。自此,江海关的机构和职能划分为二:华商在大关纳税,夷商在新关完纳。至于设立江海新关的起因,有防止广州公行制度在上海复活、英国驻沪领事为监督海关的诱迁阴谋、英国领事为起到监督纳税义务等看法。日本学者冈本隆司分析,五口通商后,中国对外贸易的中心迅速地由广州转向上海。上海临近著名丝产区湖州,从前经由江西到广州出口的丝货,现在都改由上海出口。由于丝货出口改道上海,从前由内地常关——浙江的北新关、江西的赣关、广东的太平关征收的船税,都为上海江海关所夺,三关的税收锐减,无法按定额上解,因此由两江总督耆英奏准:"嗣后凡内地客商,贩运湖丝前赴福州、厦门、宁波、上海四口与西洋各国贸易者,均查明赴粤路程,少过一关,即在卸货关口补纳一关税数。"②据此规定,则丝货集中出口的上海,便由江海关代向商人征收原经三关应纳常税,以资弥补。江海关为完成这个征收任务,把征收工作包给一些丝商代征,并颁给执照。这个办法以后也推行到茶的征税上。丝茶是当时出口主要的国际商品,随着丝茶出口转向上海,许多广州商人也跟着从广州集中到上海来了。英国领事巴富尔害怕从前在广州实行的公行专利制度被带到上海来,乃于 1843 年 12 月会见苏松太道宫慕久,要求制止这种制度在上海复活。宫慕久答应收回商人执照,另行设置收税官员开征丝税。③ 这便是江海关征收洋商关税的盘验所以设立的起因。

张耀华提出,1845 年英国驻上海第一位领事巴富尔向当时清政府的海关道宫慕久耍弄阴谋,提出由于已开辟租界,外国商业区分布在外滩一带,外国商人到海关来缴纳税款,办理手续需要走好几里路,很不方便,要把办理进出口税务的海关关署搬到英租界的中心区——外滩。清政府无奈,于 1846 年在现在的上海海关所在地(汉口路外滩)设立"江海新关",专门办理外国商人的征税事务。

---

① 王尔敏:《上海开关及其港埠都市之形成》,载《五口通商变局》,广西师范大学出版社,2006年,附注道光二十五年十一月初一日《上海地皮章程》中文本,第 339 页。另据郑祖安《英国国家档案馆收藏的〈上海土地章程〉中文本》一文分析,《上海土地章程》是以中文为原本,也即中文本是正本,英方是根据中文本再译出英文本的。1870 年一场大火将英国领事馆的建筑焚毁,馆内所藏文件均付之一炬,它也是至今在世唯一堪称真本的文本。

② 道光二十三年七月十六日耆英奏折,载《筹办夷务始末》(道光朝)第 5 册,卷六十七,中华书局,1964 年,第 2679 页。

③ 陈诗启:《中国近代海关史》,人民出版社,2002 年,第 29 页。

因为它在原来官署以北,所以又称"北关",而在外马路和环城马路之间的原海关则称为"江海大关",主要办理国内沿海航线船舶的征税事务,并引巴富尔在1847年关于《对中国等国家商务关系专门委员会报告书》的材料,"坚持搬官署的真实用心,是为了能够对海关实施监督,以遏制那些肯定有害于我们一般利益的行为"①。陈诗启也简略提及,上海开埠之后,英国驻沪领事巴富尔为了更好地处理条约规定对华贸易征税问题,诱致上海道把设在上海县城东北的江海关迁进租界的外滩中心区,这就使江海关实际上处于英国领事监视之下。尽管如此,他还只是从外部加以干预而已,他的力量还没有打入江海关内部,江海关管理权仍在清朝海关官员掌握中。②

与陈诗启、张耀华看法不同,魏尔特提出巴富尔在租界中设江海新关的目的,不仅是要为商人们提供一个最所祈求的便利,而且还要中国当局和负责其事的领事本人,能够实施监督并"遏制那些流弊以及那种不但肯定有害于我们的一般利益而且也有害于公平买卖的老实商人们的腐败行为,同时为中国政府保证我所最注重的正当税课的照章完纳"③,因为《南京条约》第二款规定了英国领事有保证商人清楚交纳货税钞饷等费的义务。

以上三种说法,实际上它们都强调了英国驻沪首任领事巴富尔的所想所为。在该问题中,当时中方监督江南海关苏松太分巡道的宫慕久并不是完全被领事所牵制的一方,他在签署设立租界条约及分设江海关外滩盘验所中,也有自己的考虑及作为。

宫慕久出生于山东省的东平州,生长在一个传统的文人学士家庭。在《南京条约》签订后不久被任命为苏松太道道台,此时并没有与外国人交涉的精力。1843年3月,宫慕久来到上海,在与巴富尔商谈贸易规章及居住问题时,他采取的是一种隔离政策。④ 他希望通过减少中外接触而避免中国人与西方人之间的冲突,1845年他与巴富尔共同签署《上海租地章程》,清楚地界定了英国租借地范围,据梁元生的研究,其中宫慕久的主张多于巴富尔的意见。这一章程首先是在中国城由道台宣布,然后再送往领事馆,用英文发表。

宫慕久隔离政策背后,梁元生从文化和历史两个方面来予以了分析。从文

① 张耀华:《旧中国海关历史图说》,中国海关出版社,2005年,第61页。
② 陈诗启:《中国近代海关史》,第13页。
③ 〔英〕莱特著,姚曾廙译:《中国关税沿革史》,生活·读书·新知三联书店,1958年,第85页。
④ 梁元生著,陈同译:《上海道台研究——转变社会中之联系人物,1843—1890》,上海古籍出版社,2003年,第42—45页。

化方面来看,宫慕久担忧"夷"的生活方式会玷污他所信仰的儒家规范,或者尽可能多地限制外国人的活动。从历史方面看,宫慕久为了有效的控制,建议为外国人指定城外的居住地点,源头则是在鸦片战争前旧有的广州制度。巴富尔很快接受了这一政策,只是后来不料想"被租用的土地",转变成一个在外国人影响下完全豁免中国法律的自治区域即"半殖民地"。

综上,1843年上海开埠,既有因为中外船只吨位、规模的不同,根据黄浦江水文条件而划定了中外船只分开停泊区域,也有为使华夷贸易管理事务各自分开的考虑,监督江南海关苏松太分巡道的宫慕久于1844年在县城外顺应增设江海关盘验所,它还属于江海大关的派出机构。到了1845年,宫慕久和巴富尔有了租界之事的明确商议后,进而把派出机构变成分支机构,即由盘验所改为江海新关。除英国领事巴富尔的诱导外,这也是海关道宫慕久一贯秉持的"隔离政策"下的一件随之自然而然发生之事。

(三) 上海小刀会起义与成立"税务管理委员会"

上海开埠后,迅速发展成为中国对外贸易第一大港。虽在租界设立江海新关,但它却关政紊乱,无能力管理迅速发展的中外贸易,当时大量涌入上海的西方冒险家与不法商人勾结,走私舞弊,猖獗至极,条约规定的税则和外贸管制名存实亡,严重地干扰了半殖民地贸易秩序的建立。英国驻沪领事抓住江海新关腐败放私的问题,向江海关道和清廷发难,要求整治海关。

1851年9月,上海道台在英国商人联名要求的压力下,被迫委派尼古拉斯·贝利斯(Nicholas Baylies)担任理船司,成为外国人进入中国行政管理的开端。在贝利斯的主持下,江海关公布了一套管理船舶和港口的口岸章程。但英国侵略者并未满足,上海英商的喉舌《北华捷报》鼓噪舆论,须建立一个"诚实而有效的海关",渲染中国海关管理的不善,中国关吏素质的低劣,中国海关必须从内部改革,宣扬外人管理海关的必要性和将西方海关制度同东方的原则、惯例相结合的紧迫性,主张必须"把忠实而精干的成分引入海关,使海关拥有一批有主动性、理解力和得力的人员"。

1853年3月,太平军攻占并定都南京,建立起太平天国政权。各地反清武装纷纷起义呼应,1853年9月7日,上海爆发小刀会起义,占领上海县城和小东门外的江海大关,道台吴健彰跑进了租界。9月8日,江海新关也被不明暴徒抢掠。其后英国领事出面,以实行"租界中立""保障租界安全""中国政府不能在租界内收税为由",以武力逼迫江海新关的人员撤离,并从停泊在黄浦江中的"斯巴达人号"军舰上调集士兵,武装占领了江海新关。此后吴健彰曾多次尝试恢复海关收税,由于外国侵略者的一再干涉和抵制而终告失败,江海新关始终陷于瘫痪状态,上海几乎成为自由港。

在局面濒于完全失控后,英国领事阿礼国(Rutherford Alcock)纠合美国、法国领事,提出将江海关的关税征收"置于三个缔约国对海关行政有效管理之下"的主张。他说,江海新关可以在租界重设,但有先决条件:中国当局应聘用可靠洋员掌管海关事务,寻求一种以诚实和精干的外国成分和中国官员相结合的办法。在清朝地方当局的同意下,到1854年6月29日,英、美、法三国领事与上海道台吴健彰达成了会议纪要,主要点为海关引用外籍人员作为道台征税的"助手",这是外籍税务司制度追源溯本、改变中国海关历史的一份至关重要的文件①,兹摘录如下:

英、法、美三国领事会同接待吴道台阁下。为求提高关税征收效率,吴道台表示愿与各国领事商讨组织中国海关之最佳方案。经过充分考量商讨,道台及领事已就提升海关行政管理效率及执行条约中征税条款的最佳方案达成一致并拟定下列几条内容,其中包括改良海关行政的所有关键因素。

一、海关监管之前所遇到的主要困难,在于无法罗致诚实、精明且熟悉外语的关员切实履行条约并执行海关章程。唯一足以解决该问题的办法是向海关引入外国人才,由道台慎重选择任用,通过其高效勤勉的工作来弥补这些深以为苦的缺陷。

二、实施方案的有效方法应是由道台方面指派一名或多名诚实可靠的外籍人员作为税务监督(司税),配备包括通事、文案及钤子手等中外僚属组成混合班底;配备一艘缉私巡船,由一名精明可靠的船长指挥并辅以外籍水手。这一机构的全部开支应由道台从税款开支,并应从优给酬,俾能为该职缺物色到品行能力最优的人选。上述各项薪俸应由海关总监督按月支付。

三、在税务监督的任用和整个辅助机构的组织方面,兹商定为防将来出现困难及怨言,并为求深知其为人以保证选用得宜起见,各有约国领事一旦物色到合适人员,应立即选定并提名一名人选,以备道台任命,并由此三

① 〔英〕魏尔特编:《中国近代海关历史文件汇编》(Chinese Maritime Customs; Documents Illustrative of The Origin, Development, and Activities of the Chinese Customs Srvice, Vol. Ⅵ, pp.51~55)第6卷,海关总税务司署统计科,1940年印行,第51—55页。

名税务监督组成税务管理委员会，一致对外行动。至于其他中外各属僚的选用，一律委由该委员会负责。关于华籍职员选用，道台方面应给予一切便利及协助，道台阁下将凭由各税务监督的呈请分别委任。至于支薪标准，则应按第二款规定的原则办理。兹经一致同意，不宜以任何分工办事的章程束缚税务管理委员会。……薪俸标准、人数、所雇佣人员办公地点等，在本纪要签字之后由道台阁下尽速定夺，并以正式备文合咨三国领事。

四、若税务监督被控勒索、贪污或玩忽职守，此类案件一律由领事负责审判。凡事关行为不当的指控，外侨可直接向各国领事提出，领事应在照章通知中国当局及其他有约国领事后再采取行动。如果该指控证明诸案情原委确属合理，则案件应由道台及三国领事会同审理。根据各税务监督于其提名时签订的合同，该混合法庭的裁判，对于被告及任命他们的中国海关监督都同样有拘束力。裁判以投票方式决定，道台有两票。除非各领事一致同意变更整个制度，以致税务监督的工作已无必要，或已无益处，否则不得以其他任何程序解除或免去监督的职务。……税务监督以下所有属员，凡品行端正者不得无故解职，且只有税务监督可以建议将他们免职，当仅有一名税务监督时，则由其定夺，当有三名税务监督时，少数服从多数。道台一经收到建议，应即负责予以解职，不得拖延。

五、税务监督辅助部门应负责监督海关章程的奉行以及条约中有关航运和关税条款的遵守。各税务监督一致对外行动，并且他们将奉有充分权力并可采取一切必要手段，俾使他们能够审查报告、舱口单、装卸准单、税款完纳及结关准单，从而查出各方面处置有无错误、违章或欺瞒情事。他们每个人都要在接受任命时单独宣誓忠诚执行他们的职责，断绝一切贸易上的个人利害关系并对颁发委任的道台和三个有约国领事负有法律上尽忠职守之义务，且自愿接受由这些官宪组成的混合法庭的约束。他们有义务向海关监督和三个有约国领事随时揭发一切偷漏和违章情事、获取诉讼定罪所需的证据、在海关监督的授权下采取一切必要措施检举任何违章或企图偷漏之行为。一经坐实，道台须毫无例外、不加区分地严加惩罚，课以罚金或查抄入官，并且他应该进一步把他的处置布告周知。在接到举报而进行的抄查案件中，海关监督应以充公货物的一定百分比，发给有助于发现偷漏或违章情事之当事人以资鼓励，该百分比则将依据嗣后照会各领事的标准办理。应在海关衙署内为各税务监督设置办公处所，他们可随意调阅衙署的册籍公文。税务监督还须负责保存一套完备明晰的中、英文海关册籍，详细反映有关航运和征税事宜全部管理过程。这类册籍应该随时,或在日后规定的一定期间,在道台和三个有约国领事的监督下与监督衙门所保存的册籍和案卷留心核对,如果有任何不符之处,应即严行调查。道台或任何一位领事皆可随时提请发起这种官方的集体审查。为促进整个海关机构的管理和行动划一,海关监督须保证不单独向外国船舶或运货人签发任何装卸准单、税款号收、结关准单或其他正式文件;该类文件须有税务监督的副署和签章,否则不得生效。所有这类文件应一律妥为存档,以备查阅。此外更进一步商定,一切外国船舶必须依照本规定经由公认的外国领事申报入埠、停留港内或装卸货物,该点尤为关键。凡是和外国惯例与法律有关的地方,或是它们在中国条约体系下的实施情形,各税务监督应随时准备向海关监督提供参考资料和意见。若海关监督和有约三国任一领事提出官方要求,税务监督还须向他们提供其所掌握的一切有关船舶和关税征收方面的资料,相关册籍和档案也可供其自由检阅,除此之外不可准许其他任何人检阅这些册籍和档案。

　　六、一艘由外籍船长指挥,建造精良且人员齐备的武装缉私巡艇是必不可少的。其船身的大小,应以既能在内河中动作灵敏,足以追捕未得许可离埠的船只,又能在必要时安全驶往大戢山为佳。

　　七、为与条约规定切相符合,有必要对1851年8月的《海关章程》做一次周密修订。修订后的章程应以中、英文重新广为布告周知。

　　八、道台愿意并保证根据此次会议一致同意并通过的上述各条改组海关机构,并于十日内将组织与建制详情以正式公文送达各签字国领事,征求彼等根据条约所能提供的赞助及支持。领事方面则声明他们愿在职权范围内尽力促成该公正有效的海关机构,并随时准备在接到照会后择期宣布海关监督恢复一切职权,并要求各国货主船主谨遵《海关及港口章程》,违者将依照条约规定处以罚金或将货物查抄入官。

　　根据以上协议规定,1854年7月12日,由三国领事各指派一名税务监督(司税)组成"税务管理委员会",介入江海新关的管理。各级中外属员由委员会选用。船舶进口仍继续由领事报关。海关置办武装缉私船一艘,由外籍船长指挥。江海新关的人事权、行政权、缉私权、行政处罚权、业务管理和审核权等,已牢牢处于三国领事的控制之下。由此开始,近代中国由外国人控制建立的第一个半殖民地海关,已与原江海关完全脱离。原设于上海县城的"江海关",又称为江海大关（老关、常关），仅能管理沿海贸易和国际贸易的中国籍民船及其货物，新的历史阶段开启。

江海新关首届税务管理委员会由英国人威妥玛（Thomas Francis Wade）、美国人贾流意（Leuis Carr）、法国人史亚实（Arthur Smith）等组成，其中英方势力最强，威妥玛掌握了江海新关的实权。由于改进了海关行政，新关仅19名人员，报酬优厚，工作效率较高，查禁走私甚严，关税收入因采用"尽征尽报尽解"而迅速增加，半殖民地贸易秩序逐步稳定。经过一段时间的实践后，外商们普遍表示满意，并以达到五个口岸"公平公正地征税，维护老实商人"为由，要求将这一制度推行到走私仍在泛滥的其他四个通商口岸。

三、江海新关模式向其他口岸的推广

西方侵略者并不满足于侵占上海租界新式海关的管理权，而且设法将上海的制度推广到其他口岸。1855年李泰国（Horatia Nelson Lay）被英领事指派代替威妥玛任江海关税务监督。1858年李泰国随英法侵略军到天津，参加中英《天津条约》起草谈判工作。1858年修订的通商章程第十款中规定："各口划一办理"，"任凭总理大臣邀请英（美、法）人帮办税务"，这就是把上海的外国人管理海关的制度推向全国的条约依据。

1859年春，五口通商大臣何桂清札委江海关税务监督李泰国为总税务司，推广上海的新关制度。李泰国接到何桂清的派令，立即于1859年5月间赶往英法联军占领下的广州，10月开办广州新关。次年（1860年）在汕头开办第三个新关。

1861年1月总理衙门成立后，全国新关事务统归总理衙门管辖。奕䜣正式委派李泰国为总税务司，但该时李泰国因伤请假回英国养病，总理衙门便暂派江海关税务司费士来和赫德代理税务司。因赫德通晓汉语，办事谨慎，深得外国侵略者和清政府大臣的信任，在他的精心策划下，起源于上海的半殖民地海关制度，迅速推广到两次鸦片战争后开放的大多数口岸。在同治四年（1865）之前签订条约开放的15个口岸中，除琼州（海口）因为来往洋船极少而暂未设关外，其余均已陆续开设新关，中国沿海地区及长江流域初步形成了一个新关体系。

19世纪70年代至80年代末，随着沿海、沿江及西南边疆一些城镇的陆续开埠，清政府随之增设新关。此外，为实行香港地区鸦片税厘并征，光绪十三年（1887）清政府设立九龙关，同时撤销原由粤海关监督和广东省厘金局在香港周围设置的关卡。同年，还在澳门附近设拱北关，开始征收鸦片税厘并代两广总督代征百货厘金。截至中日甲午战争之前,全国共增设十一处新关:琼海,1876年;芜湖、宜昌、瓯海、北海,1877年;九龙、拱北,1887年;蒙自、龙州,1889年;重庆,1891年;亚东,1894年。连同1865年以前设立的14处,该时新关共达25处。

甲午战争爆发后,日本侵占台湾,打狗、淡水、台南三关相继被迫关闭。自甲午战后至辛亥革命的十余年中,全国先后增设新关22处:1896年杭州、沙市、苏州,1897年梧州、思茅、三水,1899年金陵、岳州、三都澳,1901年秦皇岛,1902年腾越,1904年江门、长沙,1907年南宁、奉天、黑河、安东,1908年满洲里、绥芬河,1909年哈尔滨,1910年珲春、龙井。除岳州、三都澳、秦皇岛三处系清政府自行开放设关(亦由洋税务司管理)外,余均系根据不平等条约开放设关。

四、新关常关二元并存格局

近代以后,西方国家国纷纷废弃内地关税,而寻求以海关税作为保护本国经济发展的重要举措,这是历史必然趋势。因中国海关及关税受不平等条约及外人管理,常关和厘卡是中央和各地政府财政的重要来源,虽受到海关的冲击,但其根本性变革迟缓。

(一) 常关的延续

清初各税关继承明代钞关,康乾盛世之后继续发展,数量渐增,不仅水路、海路要津,且陆路要地也有设置,即由明代钞关主要分布在大运河、长江下游一带,而不断延伸到广大内地和边疆地区。从类别来看,有户关、工关之分。1854年在通商口岸上海租界形成外籍税务监督制度之后,该新建的专门负责征收夷税的机构始称为新关(或洋关),原有的、专门负责征收民船之税的机构则称为旧关(或老关)。

1901年《辛丑条约》签订后,西方国家强行规定由中国海关税和盐税摊付赔款,不足部分由常关税项下补足。为保证常关税项下补足赔款,西方列强又规定以通商口岸海关为中心的五十里内常关由海关税务司兼管,代征常关税。1904年,外务部移交21个常关由海关税务司兼管。至此,管理常关有三种形式:一是通商口岸五十里内常关,划归税务司兼管,如津海、牛庄、胶海、闽海等关;二是通商口岸五十里外常关,由海关监督管理,如芜湖、宜昌等关;三是内地常关,如临清、凤阳等关,仍由海关监督管理。具体数目与地点详见下表6-1。

表 6-1 《辛丑条约》后的常关

省名	距海关五十里内常关（括弧内系管理海关名）	距海关五十里外常关（括弧内系所在地名）	内 地 常 关
直隶	津海关	津海常关（天津）、山海常关（秦皇岛）	崇文门税局、左右翼税局、张家口税局
奉天	山海关、大连关		
山东	胶州关、东海关	东海常关（芝罘）	临清常关
江苏	江海关	江海常关（上海）、扬州常关（扬州）	淮安常关
安徽	芜湖关	芜湖常关（芜湖）	凤阳常关
江西	九江关		赣常关
福建	闽海关、厦门关	闽海常关（福州）、厦门常关（厦门）	闽安常关
浙江	浙海关、瓯海关	浙海常关（宁波）、瓯海常关（温州）	
湖北	宜昌关、沙市关	荆州常关（宜昌）	武昌常关、新堤常关
广东	粤海关、琼海关	粤海常关（广东）、潮海常关（潮州）、琼海常关（琼州）	太平常关
广西	梧州关		
山西			杀虎口税局、张家口税局
湖南			辰州常关、宝庆常关
陕西			潼关常关、嘉峪常关
四川			夔州常关、成都常关、宁远常关、雅安常关

  组织上,常关由各省总督、巡抚、将军等依照中央政府之令而设海关监督管理,办理常关税银征收、奏销、报解等事务。其内部机构设置,清末设有总局、分局和验单口子。如津海常关总局内有五个科,即:船料科,负责计算船舶吨税税款,并定期将其汇到海关监督账上;税房,负责计算关税税款和签发税票;总解科,负责将税收汇到北京;落地科,负责对地方产品征税;正税科,负责对一般货

物征税。津海常关一般在总局进行征税及文字记录工作,货物的查验一般是在总局完税后而在分局进行。

常关本征收货物税,分为衣物、食物、用物、杂货四项,并于通行舟船之地,兼收船税。除此外,还因地制宜,兼收房税、牲畜税、车驮税、船契税、牙税、铺房税、盐税、木税等。自设置海关后,常关所征收的货物税及船税,限定在民船及其所载货物。清初征收常关税,实行定额制。各常关征收税额,每年一定,解送其定额于中央。达不到定额时,由监督赔偿。清末因中央财政窘迫,改为实征实解制,有定额以上的实收时,一并报告于中央,然而始终未能实行。

常关税率,依据户部则例,雍正乾隆年间所定,以从价5%为标准,但此税率未必实行,各关采用特定税率,甚至有属于同一常关而分关分局税率各异者。常关税率本规定刻于木榜,公示于商民,以便令其纳税,并避免不正当税吏的苛征,然而此制度多不能实施,加之正税之外,征收若干附加税,如盖印费、单费、验货费、补水费、办公费等,其中办公费有规定附加征收正税十分之一者,其他则由税吏擅自规定,税率名目依各关而不同,有的附加税达到正税数倍者。因常关税率不定,中外商人受其损害。1842年《南京条约》要求常关税率应确定且公开,但没有实行。其后创设厘金制度,征税更加苛重,因此1858年《天津条约》第28条规定,约定制定通过税率,免除常关税、厘金税而支付子口半税,以其为代偿。

常关税收入,在乾隆至道光年间,达四百万两以上,但其后设置海关,收入减少,光绪年间不过二三百万两而已。1894年海关税收入为2 252万余两,常关税为277万余两,约相当于海关收入的八分之一。另外,工关收入在道光年间为40万两,1892年为50万余两。1910年工部撤销,工关移归度支部管辖,与常关合并,于是延续明清两代的工关最终消亡。

(二) 厘卡的兴设

1851年太平天国运动爆发后,清政府为了镇压而军费开支浩繁。最初三年,每年开支军饷约1 000万两。为了筹措军费,清政府开征一种新税,名叫厘金。最初是在1853年,在扬州帮办军务的副都御使雷以诚创办的。他以一种名为捐纳实为征税的办法,在扬州城附近的仙女庙、邵伯、宜陵等镇,劝谕捐厘助饷,收入较大。这种厘金起初是一种通过税性质的税收,即向日用必需品抽收1%的税款,名曰抽厘,厘金之称由此而来。从1854年起,清政府将此办法加以推广,江苏总督怡良效仿其例,课之于米、油、炭、布、杂货等。接着推行于广东,

1855 年更由曾国藩、胡林翼、左宗棠等推行于安徽、江西、湖北、湖南等省。①

当时这些地方因战乱而常关多封闭,事实上不至于重复征税,并且厘金专以充用军费名目而征收,因此规定时局稳定后即撤废。税率以 1% 为原则,商民受困累也较少。但战乱平息、常关恢复以后,这些省份仍以财政窘迫为理由,不仅不撤销,而且到处增设厘金局卡,征税范围不断扩大,税率增加至 3% 或 5%,厘金税额不断增长。其他省份也纷纷效仿,光绪年间全国厘卡遍设,税收范围几乎无物不课,因此又被称为百货厘金。

厘金与中央政府没有关系,系地方省份直辖,其组织关系是厘金总局(厘金总办)—各地方局(委员)—各分卡(董事)。厘金总办由巡抚于其下属候补道员中选任,掌握该省征收厘金全权。委员由总办任命,董事再由委员任命。委员、董事均用承包制度,一年征收有定额,有余额时可自由处理,不足时则赔偿。设厘局最多的地方,是中部及南部依赖水路运输货物的省份,如晚清江苏省有厘金本局及分卡 430 余所,沿运河自宿迁至镇江一段,有厘金局与常关 20 余所,每通过一个局关,就得纳捐。有些贩运零碎货物的小商民,通常因无银钱纳捐,就以部分货物代纳,经过数局卡而达目的地时,甚至有的已失去大部分货物。

厘金于正税之外,还有种种附加税,各地名目繁多,不尽相同,如兵饷、塘工捐、河工费、赈捐、河防费等。此外,还有公然不依规定,任立名目,随意强征者。根据光绪、宣统年间户部报告,1887 年厘金数额为 1 674.7 万两,相当于全部租税收入总额 8 400 万两的 20%,1911 年为 4 318.7 万两,相当于该年收入预算总额 29 600 万两的 14%。

厘金种类名目,各省各地不相同,极为繁杂。1894 年以后,普遍呼吁废厘,同时也有省份更改名目,以求整顿。如 1900 年起,江西省的厘金称统捐,限于木材、夏布、土靛、瓷器等货物,纳税一次后,再通过其他税局,只进行检查而不再重复征税。此后湖北省也实行这种统捐,奉天省称出产税,于出产地征收一次,销场税则于贩卖地征收。这是地方省份整顿厘金税收的开端。

厘金本征收于百货,但其中有些重要产物,如盐、茶、酒、烟、糖等,形成独立厘金制度,再继而形成特种税收。近代铁路兴建以后,厘金制度亦推广到铁道。如京汉铁路,1905 年直隶河南两省合同厘金局设于安阳,河南、湖北两省联合厘金局设于汉口,税率为从价 2.5%,依从量税者,每百斤征收六十五文,课税货物包括煤炭、日用品等十五种。这种铁路厘金只限铁道线路,经过其他厘局,仍须

---

① 罗玉东:《中国厘金史》,商务印书馆,2010 年。

纳税。沪宁铁路分为九区段,每一区段征从价税 1.5%,通过全线货物,合计征收 13.5%,因此该线路几无运送货物,而只运输旅客。

清末厘金制度严重阻碍国内产业的发展,清中央政府亦认同废除厘金的必要,但厘金为地方各省主要财源,没有新设税种来代替厘金,则不能轻易废除。但当时新设税种,殊为不易,因此政府想提高输入关税来代偿废厘,要求各国赞同此办法,这就是所谓裁厘加税问题。1902 年修订税则之时,裁厘加税问题由盛宣怀向各国提议,没有得到列强认同。因此清政府分别一一征求各国意见,1903 至 1905 年间,分别与英国、美国、日本、葡萄牙、德国、意大利等签订通商条约。1908 年清政府根据条约来交涉裁厘加税问题时,英国和日本均借口拒绝,至清亡终未能实行。

中国近代海关与有完整国家主权的西方国家完全不同,受西方国家的冲击,近代中国处于一个从宗主之国向主权国家转型的痛苦时期。在这个特殊的过渡时期,出现了海、常两种内外类型税关体系并存的格局,典型反映出了近代中国半殖民地半封建社会特征。日本学者高柳松一郎总结中国近代关税制度特点,认为它由内外二重制度所组成,即受不平等条约所限制的外部关税与基于财政目的的内部关税并存。外部关税由洋人掌管的海关机构,按条约所订税则征税,内部关税由常关负责,其制度沿袭古代未变。中国关税既有旧制度之固有弊害,也有新制度之先天缺陷,此不良税制特点在世界各国家中独特无比。[①] 对中国近代海关问题,需要有双重视角,须既从外部不平等条约所规定的国际关系,也从内部行政两方面来综合观察。20 世纪初年,中外有识之士讨论改制关税制度时,陷入两难困境。从外国角度而言,欲增加外部关税,有先废除常关和厘卡内地关税之必要;从中国政府而论,欲废止国内关税,又有先增进口税的必要,完全废除内地关税,必须根本改革中国行政组织与财政制度。没有彻底的民族解放和民主革命,就难以解决中国近代半殖民地、半封建并存的海、常两关问题。

(本讲第一部分开埠通商,摘编自《沧澜航程——中国近代航海史话》第三章《近代港口》,上海书店出版社,2021 年;第二部分上海划设租界与洋人介入海关,摘编自《江海新关考略》,《上海开埠 180 周年研讨会论文集》,2023 年)

---

① [日]高柳松一郎著,李达译:《中国关税制度论》,商务印书馆,1926 年。

第七讲　清末海关的中央集权化管理与扩张

　　清政府原有的海关,一般有钦派海关监督或督抚辖下的海关道主持关务,各关各自为政,互不统属,全国也无统领各关的行政机构。因此,在税则章程的执行、人事安排、财务监察以及关税纠纷处理方面往往因地而异。鸦片战争前清政府没有形成统一的海关行政系统,分散落后的局面必然使海关效率极低。1854年江海新关形成外籍司税制度,1859年李泰国被两江总督兼各口通商大臣何桂清任命为总税务司,并在其他口岸推广上海新关制度。1861年赫德署理总税务司时起,他决心改变这种状况,筹设一个统一管理各口海关的行政机构——总税务司署,并从西方借鉴近代海关人事和业务管理制度,建成了一个由总税务司集中统一领导的、由总税务司署和各关税务司署组成的垂直海关行政管理体系。利用第二次鸦片战争后清政府发起洋务运动契机,海关扩张职权,兼办海务、港务、气象观测、邮政、教育、博览会、商标注册等多种事务,甚至包揽购买军火、参与外交谈判等,远远超出了正常意义上的海关职权范围。

一、外籍总税务司制度的产生与中央集权化运作

(一) 外籍总税务司的产生

　　1856年第二次鸦片战争之前,外籍司税协助海关征税办法,仅在上海一处实行。其他通商四埠如广州、厦门、福州和宁波,仍由关道自行办理。外籍司税介入江海新关事务后,原江海关征税所采用的定额制(包税制)被废除,规定所有税款应尽收尽解,使得江海关征收的关税数额比以往有所增加。1858年6月,清政府与英、法、美三国《天津条约》,同年11月《通商章程善后条约》签订后,原本仅限于上海一口聘用外人帮办税务的制度,得以推广到其他各口岸。

　　在《天津条约》中明确规定:通商各口收税,如何严防偷漏,自应由中国设法办理,条约业已载明。然现已议明:各口划一办理,是由总理外国通商事务大臣或随时亲诣巡历,或委员待办。任凭总理(外国通商事宜)大臣邀请英人帮办税

务并严查漏税,判定口界,派人指泊船只及分设浮桩、号船、塔表、望楼等事,毋庸英官指荐干预。其浮桩、号船、塔表、望楼等经费,在于船钞项下拨用。至长江如何严防偷漏之处,俟通商后,查看情形,任凭中国设法筹办。这个条文,内涵有三:第一,各国放弃了"领事担保"制度,将收税、缉私等责任"推还"给了清政府。第二,各国吸取清初各海关各自为政的历史经验,要求"划一办理",为统一的、受控于列强的总税务司体制奠定了基础。第三,虽然条约中载明邀请三国中何人帮办税务并不受领事"指荐干预",但这仅仅是各国摆脱由此可能需要承担的责任的一种需要,事实上列强各国中受聘任职于海关的人员依旧受到领事裁判权的保护,而且清政府依旧必须在受聘人员中寻求平衡。

1859年1月31日,两江总督何桂清奉命为"各口通商大臣"。何桂清对李泰国比较信任,随即于1859年5月任命李泰国为"总管各口海关总税务司",札令全文如下:

> 兹派令(李泰国)帮同总理各口稽查关税事务,准其会同各监督及本大臣所派委员总司稽察,悉照条约画一办理各口,新建税务司可统归钤束。设有未能尽善之处,随时报候查办。酌定五年为限,议给薪俸准由江海关支给。李总税务司膺此重任,自宜一秉大公,尽心办事,毋负信任至意,是所切嘱。

李泰国从此取得全权管理各口税务司的权利,负责在所有通商口岸按照上海江海关司税方式设立海关。1859年7月,李泰国指派英国人德都德(H. T. Davies)为江海关司税(后美、法司税离开,英方司税改称税务司,独掌海关行政管理权),税务司制度开始在通商口岸实行。1859年10月24日粤海新关开办,1860年1月1日又开办了潮海新关。李泰国以新办各口海关,如果没有中央政府的委任札敕,恐怕被各国商人轻视,导致办理不顺畅为理由,向何桂清的继任者薛焕要求清廷的正式委任状。1861年1月16日,清朝发出廷寄上谕,总税务司由总理衙门直接任命和管辖。该年3月2日,总理衙门的任命书送达李泰国手中。李泰国未作官方回答,他大概没有把它看作是新的任命,只不过是对何桂清前次任命的一种迟来的确认而已。① 同月,李泰国告假回国,推荐时任粤海新关副税务司的赫德与江海新关税务司费士来(George H. Fitzroy)一起署理总税务司,为赫

---

① [加拿大]葛松著,中国海关史研究中心译:《李泰国与中英关系》,厦门大学出版社,1991年,第92页。

德的前程做了极好的铺垫。

1863 年因"阿思本舰队"事件,清政府解雇了李泰国,同年 11 月 15 日,恭亲王奕䜣札谕赫德为总税务司。1864 年 7 月,在赫德拟订的草案基础上,总理衙门发布了《海关募用外国人帮办税务章程》。在此章程中,前三款规定了总税务司与总理衙门的关系:

　　一、总税务司凡有应申陈本衙门事件及更换各口税务司,务即随时申报本衙门查核,仍一面分别申陈南、北洋通商大臣,并知会各关监督。

　　二、总税务司系总理衙门所派。至各口税务司及各项办公外国人等,中国不能知其好歹,如有不妥,惟该总税务司是问。

　　三、各关所有外国人帮办税务事宜,均由总税务司募请调派,其薪水如何增减,其调往各口以及应行撤退,均由总税务司作主。著各关税务司及各项帮办人内,如有不妥之人,即应由该关监督一面详报通商大臣及总理衙门,一面行文总税务司查办。

以上条款表明:总税务司唯一的上级机关是总理衙门,对于一些较大的事件,总理衙门保留审核权,而南、北洋通商大臣及各海关监督拥有知情权。在海关内部,总税务司对税务司人员拥有全权,由其管理负责全部事务,各税务司不受各关监督的管辖。

1901 年总理衙门改为外务部,海关遂改由外务部统辖。《辛丑条约》后,朝野各界对总税务司"包揽海关、扩展邮政、接管常关"极为不满。在此情形下,1906 年 5 月清政府实行新政,任命户部尚书铁良和外务部侍郎唐绍仪为税务大臣,管理洋关、常关事务。总税务司的隶属关系从外务部转至税务处,以便削弱海关日益扩张的权力。

(二) 总税务司署及各关行政组织体系

总税务司署作为统领近代中国各地海关的主管机关,以外籍总税务司为首领。总税务司署自设立起,虽上级机关如总理衙门、外务部、税务处等屡有更迭,但它在清末从未有过间断,名称及主要职责也未有变动。

1. 总税务司署的变迁　1859 年,清廷依《天津条约》划一海关制度,任命英国人李泰国为总税务司,他还没有提出一个详细、成文的总税务司署设计方案,该时总税务司经管的事务委由江海关经理。1861 年,赫德与总理衙门大臣初次见面后,提出一个目前所见到的最早的总税务司署规划方案,但组织规划极为粗疏,整个总署内部没有分工。

1861 年 6 月 30 日,总理衙门委任江海关税务司费士来和粤海关副税务司赫德两人共同署理总税务司职务。是日,赫德在北京以总税务司名义向各关签发总税务司署第 1 号通令。但当时总税务司在北京并没有设立固定的官署,其办公地点仍设在上海江海关内。赫德在北京签发的总税务司署第 1 号通令也是通过总理衙门颁发的。1863 年,总理衙门委任赫德正式担任总税务司,准许其将官署设在上海,总税务司常驻上海处理各项事务,但在必要时须"赴京呈报"。赫德在上海英租界内另觅办公场所,将原在江海关内办公的总税务司官署迁往新址办公。该时仅有属员稽核文案一人,协助总税务司处理日常事务和稽核各口税款及收支账目等。

1865 年,总税务司署为靠近清政府的中枢,从上海迁驻北京,同时随着权力扩张而扩大人员编制,增设总理文案、管理汉文文案等职位。1868 年,总税务司署组建船钞部门,总部设在上海。1873 年 10 月,总税务司署在上海设立造册处。1874 年,在原先由总税务司设在英国伦敦商务代办处的基础上,总税务司署正式设立"中国海关总税务司署驻伦敦办事处"。到 1876 年时,总税务署的编制已有较大规模,情况详见下表 7-1。

表 7-1　1876 年总税务司署的编制

地点	编制	职　位	职　　　责
北京	内班	总理文案	掌管总税务司署内一般行政管理事务,协助总税务司处理日常公文(英文)事务
		稽核文案	逐步脱离署内日常管理事务,改为稽核账目文案,专门负责巡视稽查各口岸海关财务管理
		汉文文案	负责协助总税务司处理汉文公文等事务
	杂项	煤气营造师	负责后勤管理
上海	内班	造册文案	负责海关各类贸易统计的汇编和印刷出版,以及供给海关专用账册、表格和办公用纸等事务
	外班	海务文案	负责海务、港务管理事务
伦敦	内班	驻外文案	负责承办总税务司署交办的专门事务

1879 年,总税务司署内设置录事司,负责保管及代总税务司签发机要文件,并担任总税务司的私人秘书。1888 年,同文馆归入总税务司署编制。1896 年,总理衙门饬令由总税务司赫德兼任总邮政司,管理邮政事务。1897 年,总税务司署在北京另设额外邮政总办,由驻上海的造册处税务司兼任,后改为委派税务司专任邮政总办负责管理。至 1899 年,按照海关职责划分,总税务司署所设机构可分为 4 大部门:(1) 属于征税部门内班编制的主要有总办、机要(秘书)、汉文、审计、统计(造册处)、驻外(驻伦敦办事处)等职位或部门,各有一名税务司分管;(2) 属于船钞部门的灯塔处、营造司(处)和理船厅,由海务巡工司(税务司级别)主管;(3) 属于教习部门的同文馆,由总税务司兼管;(4) 属于邮政部门的邮政总办,负责管理邮政事务,由一名税务司专管。1902 年,清政府将京师同文馆并入京师大学堂,同文馆脱离总税务司署,署内原有教习部随之取消。1911 年,清政府邮传部接管邮政事务,原总税务司署所设的负责管理邮政事务的邮政部门被撤销。

2. 各关行政组织　各关办事机构称税务司署,也称为税务司公署,为总税务司署的派出机关。早期没有完整的办事机构,仅配备有税务司、副税务司、帮办、写字、钤字手、通事、书办、差役、水手等办事人员。

从 1875 年起,总税务司署将设在各口海关税务司署的征税部门划分为内班、外班和海班,其中附设有华属。另外,部分较大口岸的海关还设有理船厅(属船钞部门),一些未设理船厅的口岸海关则根据实际需求由头等总巡(外班首领)承担理船厅工作。各口海关还未设有实质机构,部门划分只是人员职位分类。

19 世纪 70 年代末,部分海关的税务司署开始设置机构,如厦门关税务司署内设有大公事房、账房、总结房、洋文文案房、汉文文案等机构。

(三) 总税务署的中央集权化运作

海关系统是一个高度集权的机构,权力的核心是总税务司署。各地税务司署不过是总税务司署的派出机构,无论在人事权和经济权方面,都没有独立性。总税务司署的职责和功能,具体如下:在人事方面,关员的进退、升降、调遣,全归总署统一管理,各关税务司如遇业务发展,添加人员,只能呈请总税务司署加派,没有自行任用的权力。反之,倘遇业务减少,总税务司署即可核减员额,调往其他需要人员各关服务,健全人事制度,维持工作效率。在经费方面,各关经费一概由总税务司署核实审计,调盈济虚,实事求是,在保持现有行政效率之下,力图节省开支。在统核货物估价方面,审订税则分类,税收关系至关重要,而与商艰民困,亦颇多影响,对此项工作,海关向来由总税务司署集中审核办理,使各关有所依循,趋于一致。助航设备有关乎航运安危,至为重要,向来归海关总税务司署办理,所有沿海沿江灯塔标桩等事,经常管理,随时整补,对于国家航政,商旅运输,关系巨大。在编制贸易统计方面,根据各关进出口货物确实数字,总税务司署造册处以科学方法编制分类贸易统计,按时刊印,以备政府及企业参考,为当时国内最精准的贸易统计。

为保证总税务司署和各口岸税务司署之间的有效运转,海关主要通过内部公文等方式,保证集权和效率。海关内部公文相当复杂,据经办过海关文书工作人士记载说:"海关公文书以英文为主,与总税务司署及其他关区来往公文均使用英文,即内部签注意见亦用英文。其他机关来函及民间申诉书件,则由文书课人员简要翻译,以便税务司披阅处理。"海关文件分为:"1. 总署发各关之令文,及各关对总署之呈文,均称为 Despatch。2. 总署遍发各关之通令,称为 Circular。3. 副总税务司编发各关之通函,称为 Printed Note 或 Circular Memorandum。4. 总署各科税务司遍致各关之通函,称为 Memorandum。5. 总税务司与各关区税务司间往复文件,除正式之 Despatch 外,尚有半官式之 Semi-Offical Letter(简称为 S/O Letter)。各关税务司每月至少应有两次将当地发生之重要事情或关务不便正式而以 Despatch 呈报者,缮写 S/O Letter 报告总税务司了解或请示。6. 总税务司遍发各税务司之 S/O Letter 称为 Circular S/O。另外,总税务司遍发各关之通令,如采用 S/O Letter 方式撰写者,则称为 S/O Circular,与 Circular S/O 又有不同。7. 总税务司与各关税务司间往复函件,内容如涉及机密者,另称 IGS/letter,以便加强管制,严防泄密。8. 总署与各关间往返电报,均采用海关自编之密码(名称为 Jordan Code)拍发。另有属于代电性质之 Memo. Telegram,系使用电报之简洁文句,惟以航空邮寄。"①

1. 总税务司通令　总税务司下发各关税务司遵照执行的普法性公文——通令,是海关公文中的重要核心部分。1861 年赫德署理海关总税务司之后,创设了这一公文制度。自赫德上任开始至 1949 年外籍税务司制度在中国大陆消失,历任外籍总税务司均沿用了此通令制度。在长达八十余年的时间里,总税务司通令是各口岸海关了解上级具体意图、执行上级指令的重要依据,是总税务司与口岸海关及海关各部门有效沟通的重要渠道,是海关实现垂直统一管理的重

---

① 卢海鸣:《海关蜕变的年代——任职海关四十二载经历》,台湾雨利美术印刷有限公司,1993 年,第 13—14 页。

要基础。通令中既有海关组织机构、人事管理、关产管理、财务管理、船货监管、税收稽征、缉私禁毒、贸易统计等行政管理与具体业务方面的内容,也有海关办理的海务港务、巡江事务、海港检疫、气象观测、邮政、同文馆、商标注册、世博会参展事务等方面的内容,还包括国际条约、进出口税则、内外债与对外赔款及部分对外交涉事务的内容,对于研究中国近代海关史及政治、外交、社会都具有重要参考价值。

2003年起,海关总署办公厅曾组织整理、翻译、出版了《旧中国海关总税务司署通令选编》(1—7卷),但这套丛书仅收录了部分比较重要的总税务司通令,譬如第1—3卷选择了1861—1942年先后八十二年中具有重要历史价值的总税务司通令757件,仅占此一时期通令总量的12.4%。[1] 为向学界提供一套完整、系统的近代海关历史档案,2013年海关总署办公厅又编辑和出版了42卷、9 530件的《中国近代海关总税务司通令全编》丛书。[2]

《中国近代海关总税务司通令全编》分为四编,第一编为"总税务司通令",共36卷7 840件,是《通令全编》的核心部分,完整地记载了自1861年6月至1949年5月共八十八年间,近代海关在不同历史阶段的隶属关系、机构设置、人事管理、薪酬待遇、财务状况、业务范围等方面的发展过程,从中也可以清楚地看出中国近代海关管理权从逐步丧失到逐步收回的艰难历程。第二编"总税务司机制产品通令"共4卷1 340件,其内容全部为总税务司通令各关执行清政府、北洋政府税务处或南京国民政府财政部关务署有关机制洋式货物减免税厘的指令,详细记载了不同历史时期各届政府为鼓励国内手工业向工业化机器生产转变、减少洋货进口、鼓励国货出口的具体措施。第三编"总税务司机要通令"1卷200件,属机密性质的公文,内容多为与海关有关的重大事件的报告及总税务司的评论与指令等。这部分通令虽然数量少,但多为不便公开的敏感内容,故价值极高。第四编"汪伪政府总税务司通令"1卷150件,是1941年底至抗战胜利期间南京汪伪政府海关总税务司岸本广吉签发的通令,通令的体例及内容与第一编通令基本相同。

2. 机密函电 总税务司与各税务司的机密函件,以赫德和金登干二者之间的往来书简和电报为最。《赫德、金登干函电汇编》原是总税务司署所藏的一份密档,中国海关学会和中国社会科学院自1982年起,至1996年,共组织翻译成

---

① 海关总署《旧中国海关总税务司署通令选编》编译委员会编:《旧中国海关总税务司署通令选编》,中国海关出版社,2003年。

② 同上。

《中国海关密档》九卷本丛书。[1] 该套丛书共收入赫德与金登干来往信件 3 528 份,电稿 4 496 份。金登干(James Duncan Campbell,1833—1907)是赫德的亲信和挚友,1874 年被遴选为海关驻伦敦办事处主任。他担任这个职务历时三十四年,是赫德插手清政府外交及各项涉外事务和进行情报活动的得力助手。赫、金两人除 1900 年 6—8 月因义和团运动期间通信一度中断外,三十四年间一直保持定期的函电往返。在这些机密通讯中,赫德把中国政局、中国政府的对外政策、海关事务和各地情况以及他本人的私事都告诉金登干,同时指示金登干在英国和欧洲开展各种秘密活动,为清政府办理外交,商借外债,采购军火舰只和为他本人经办投机事业以及购置产业。金登干则把他在英国及欧洲大陆打听到的政治经济情报,以及外国报纸对中国的评论,详细报告赫德。

　　除赫德与金登干的私密函电外,目前西藏亚东关及福建厦门关的税务司与总税务司之间的私函、电文也有部分整理、翻译和出版。西藏自古以来就是中国领土的一部分,但是,从辛亥革命至 1951 年,西藏地方政权与中央政府在近半个世纪中处于不正常状态,最根本原因是英国为实现其把西藏从中国分裂出去的阴谋。1888 年和 1903—1904 年,英国两次武装侵略西藏,并迫使衰落的清政府签订一系列不平等条约,是英国实施其分裂西藏阴谋过程中的重要环节。《西藏亚东关档案选编》一书,辑录了自 1889 年 1 月至 1914 年 3 月间 1 401 件档案,其中相当大的一部分就是与英国阴谋分裂西藏重要环节相关的外交档案。[2] 如此大量系统地反映这段历史的史料,其对于研究西藏近代史的价值和作用,是不言而喻的。

　　3. 半官式函　自赫德担任海关总税务司起,他要求各海关税务司"每双周以半官方性函或私函方式,以补充公函向我报告发生于海关或其临近地区之有关或重大事件,尤其是注意应使我注意而不宜以公函形式上报之事",因此遍布全国各地的海关,除了公开业务外,还犹如一张情报网,长期而广泛搜集中国政治、经济、外交、社会、文化等诸多领域的信息。这些情报除了部分地记录在各地海关的年度贸易报告和十年报告外,集中收录于各海关税务司与总税务司的来往信函中,尤其是半官函和密函。

　　《厦门海关历史档案选编》(1911—1949 年)一书,选编了部分厦门关税务司与总税务司之间的半官函和密函,其涉及的内容相当广泛。少部分涉及当时一

---

　　①　陈霞飞主编:《中国海关密档》,中华书局,1990 年。
　　②　中国第二历史档案馆、中国藏学研究中心合编:《西藏亚东关档案选编》,中国藏学出版社,1996 年。

些全国性的问题,如辛亥革命后中国海关税款保管权的丧失问题,民国初期的军阀混战和局势演化问题,20世纪30年代的废除常关、厘卡和开征新税种问题,币制改革问题、白银的进出口问题,东南沿海的走私与反走私问题,以及民国后期的海关人事制度、财政制度改革等问题。当然涉及最多的还是厦门及附近地区社会政治、经济、文化等。如民国时期各路军阀势力在厦门的消长变化及厦门政治、经济所受到的影响,厦门国内外贸易及近代航运业的发展变化,在厦外国洋行的活动,厦门商会的活动和商界的变化,鼓浪屿万国租界及工部局的活动,厦门教育事业的发展变化,厦门城市建设的发展变化,日据台时期日本势力在厦门的消长变化,日籍浪人在厦门的活动,闽台的经贸关系等等。① 总税务司与各地税务司间的私密函电,对中国近代政治、经济、社会、外交乃至地方史研究等均有着重要价值。浙江省影印出版了《浙江省档案馆藏中国旧海关浙海关税务司与海关总税务司署往来机要函》10册,②但相比各地海关贸易统计和报告,目前整理、翻译和出版的仍然相对较少。

4. 近代海关内部出版的各类报表　近代海关内部出版的各类报表,指由海关总税务司署造册处刊印,或由总税务司署请人撰写的出版物。近代海关的出版业务,始于1859年的"进出口贸易辑要"。1863年赫德接任海关总税务司后,努力整顿关务,建立起严格的贸易统计、汇总制度,并于1865年在上海设立印书房,专门印刷各关的贸易统计和报告。随着海关统计与报告的逐渐增多,设在上海的印刷与表报部门文件数量骤增,1867年10月,江海关的印书房与表报处合并后独立出来,成立造册处,归总税务司署管辖。造册处向各海关提供统一的表格、条目,编印海关贸易报告、统计、文件、书籍等正式或非正式出版物,逐渐形成一套完整、规范、有序的编印、发行和保管制度。海关造册处一直高效运行到1941年12月8日太平洋战争爆发,抗战胜利后恢复工作到1949年。

近代海关内部出版物内容丰富多彩,涉及中国社会的各个方面,系统极其复杂;海关造册处在编辑出版时按其内容归类为七大系列专题丛书,在此七大系列之外,还有70余本任何系列都未收入之书(简称"系列外书")。七大系列之下,还有不同的小系列,即定期出版的专刊,所用的文字主要是英文,也有中文。

第一系列统计丛书,主要包括贸易统计日报、月报、季报、年刊、十年报告、常

---

① 厦门海关历史档案室编,戴一峰主编:《厦门海关历史档案选编(1911—1949年)》,厦门大学出版社,1997年。

② 周彩英、赵伐主编:《浙江省档案馆藏中国旧海关浙海关税务司与海关总税务司署往来机要函》,广西师范大学出版社,2023年。

关贸易统计等。

各通商口岸贸易月报最初刊于 1866 年,1868 年改为季报。月报停止出版六十余年后,1932 年 1 月又重新出版,名为《中华民国海关进出口贸易统计月报》,是全国性的进出口货物、金银的进出口价值以及往来商船数量按月详细统计。就分海关月报而言,自 1932 年 1 月起,江海关进出口贸易统计月报开始出版,大连税关统计科也曾发行过伪满洲国《贸易统计月报》。

《海关贸华洋贸易统计册》自 1869 年开始出版,1920 年后停止编号,共印行了 248 期。因按季度出版,故常被简称为"季报"。内容主要反映一季度的贸易、关税、罚金、税捐规定、关税规定等情况。1920 年后季报不再整卷出版,改为每季结束后,立即将各口岸统计印成单册出版。

在统计系列丛书中,内容之丰富,资料之完整,时间之长久者,首推贸易年刊。除 1942—1945 年抗战期间,上海统计科(即造册处)编印的贸易年刊有过停刊外,它是近代中国近九十年间最具权威性的长时段贸易统计资料。年刊是从半年刊演变而成,1858、1859 年粤海、江海两关将各自半年的贸易数据统计汇编成册,公布中外,其他关亦先后刊行贸易资料,至 1863 年全改成年刊。但在1864 年前,各关的统计在分类、方法、货物单位、货物价值等方面还没有统一制度,亦无全国统计。自 1864 年后,年刊除有贸易统计(returns of trade)外,还增有文字性的贸易报告(reports of trade)。自 1875 年起,贸易统计开始刊行中文本。1882 年起贸易统计和贸易报告合二为一。在 1904 年之前,统计价格、范围及造册方式等方面,因随时作必要的更改,年刊仍较为散乱。1905 至 1931 年,年刊为较统一时期,每年度的贸易统计和报告装订成两大册,含三卷,名称虽有时略异,但内容、性质大致相同:(一)上卷系就通商海关华洋贸易情形做整体的论述;(二)中卷涵括全国各关口华洋贸易全年清册;(三)下卷记载通商海关进出口货物分别产销情形。1932 至 1948 年为机算时期。

年刊中的贸易统计部分,1864 年之前编排杂乱。自 1864 年因赫德的整顿而趋一致。1867 年统计分为两册,第一册为全国贸易税收辑要,是为有全国贸易统计之始。第二册为各关贸易统计。贸易统计这种年度性的报表,准确地记载了晚清、北洋、南京国民政府、汪伪政权及伪满政权各统治时期全国及各关口的税课(包括海关税和常关税)、航业(出入口船只)、贸易货值、出入内地之贸易(包括输入内地之洋货和由内地输出运往外洋之特产)、金融(经过海关进出之货币)、旅客(经过海关之往来旅客人数)及其他专项统计等。海关的这种统计数据资料,极为具体详尽地反映了当时中外贸易的情况,对于研究近代经济史很有利用价值。

对于年刊中的贸易报告部分,总税务司赫德于1865年第3号通令对该编写提出明确规定和要求。规定各关口每年须将发生在本地区的重大事件上报,并对本关的贸易状况做一个总结性的概述,对影响贸易状况的因素一一分析陈述。在1882年之前,总税务司要求报告中写明本口贸易总体情况、贸易值、进口、出口、内地转口贸易、航运、税收以及所在地社会政治经济等方面的内容,篇幅没有严格的限制。从1882年开始,总税务司要求年报内容重点放在与进出口贸易有关的事务方面,篇幅限在四页纸之内,出版时与海关年度报表合并为同一册。1890年,总税务司进一步要求各关税务司上报1889年年报内容时,依次写明本口贸易情形概况、税收、外洋贸易、沿海贸易、内地税则、船只、旅客、金银、药土(洋药、土药)、杂论等十项内容,篇幅不得超过四页纸。从1889年始,除英文本外,还出版中文本年报,主要是满足中国方面的需求。到1913年,出现中英合璧版本。造册处在出版中文年报时一般分为上下两册,上册名为某某年通商各口华洋贸易情形总论,由造册处税务司撰写;下册名为某某年各口华洋贸易情形论略,汇集了各关税务司的年报。1930年版式改为中华民国某某年通商各口华洋贸易统计报告书,报告内容所列项目基本变化不大。各关税务司在编写中文年度报告时,力求做到清晰完整,易于让中国一般读者读懂,编排的格式也适合中国人的阅读习惯,用宣纸竖排这种中国传统印刷方法,不至于使中国读者产生厌倦感。贸易报告内容非常丰富,记载了大量正史和地方志中所没有的原始调查资料,特别是数据性的资料。

十年报告,是时间跨度最长的一种海关报告。海关最早编制的十年贸易统计是1874年为维也纳博览会而编纂的贸易统计(1862—1872年),1890年总税务司第524号通令,正式规定各关于限期内完成十年报告的编纂工作,全国统一执行。大多数海关有1882—1891、1892—1901、1902—1911、1912—1921、1922—1931,共计五期的十年报告。前四期十年报告以英文本出版,第五期除英文本外,还专门出版了中文本。十年报告内容非常广泛,格式和篇幅均有统一要求。1890年的第524号通令明确要求十年报告按26个标题性项目进行撰写,主要内容涉及本省本口岸发生的重大事件、贸易发展情况、税收增减、鸦片贸易与种植情况、货币金融及物价升降、进出口货值、人口变化、市政建设(如道路、警察、路灯等设施)、港口交通及助航设施、气候自然灾害及人为事故的防范措施、名人到访及官员升迁、特殊文化事业(如图书馆建设、文学俱乐部、文学奖励等)、秀才举人数及受教育比例(如妇女教育情况)、本省特产及工业和交通工具、民船经营及担保、本地钱庄及其运作模式、本地邮政运作情况、海关章程及职员情况、军事及工业、宗教与信徒、会馆及其章程、本地著名官员、本地名著、地方历史及未来前景展望等等,政治、经济、文化、社会、生活内容几乎包罗万象。报告要尽量写得让人感兴趣,每份报告篇幅可扩充到 30 页。到第三期十年报告撰写时,总税务司安格联发布第 1737 号通令指出:考虑前两期十年报告已对各口情况做过综合性的描述,这一期为避免重复,要求笔墨放在各地物质和道德进步方面,一切无关紧要的内容和表格尽量少费笔墨,因此报告项目减到 21 项,即贸易与航运、税收、鸦片、货币与金融、人口、港口设施、灯塔航标、邮政电报、各省行政和省议会、司法、农业、矿山与矿物、制造业、铁路公路、教育、卫生改善和博物馆、移民、物价与工资、饥荒水灾霍乱及传染病、陆海军、当地报刊等。总税务司安格联认为这些栏目足以描述各口岸十年内发展情况,如果还不够,针对特殊情况可以增加一些其他内容,但是除非万不得已,每一段篇幅尽可能不超过 30 行(500字左右)。第五期十年报告与前几期略有不同,在内容栏目方面又做了一次调整,主要是根据当时统计科税务司华善提出的 17 个栏目进行编写,即贸易、航业、关税、金融、农业、矿业、交通、航行设施、地方行政、司法与公安、军事、卫生、教育、文艺、人口、治安等。总之,十年报告是以外国人的眼光,用近代科学方法,翔实地记录了五十年间全中国及各地人和事的历史变迁,其记录细致、定量分析,为一般传统史料所不及。

上述月报、季报、年刊、十年报告,均是海关经手贸易。《辛丑条约》后为筹庚子赔款,将距海关五十里内之常关移归海关管辖,以增加税收支付赔款。常关税收向无完善记录,海关掌理后各关始自 1902 年刊行贸易统计,如 1902 年天津常关、1903 年福州常关及 1902—1906 年全国各常关的贸易统计。由于常关的资料和数据极为稀少,《常关贸易统计》无疑是研究晚清常关必不可少的核心史料。综上所述,国内外学者对近代海关统计及报告历来有着极高的评价,著名经济史学者郑友揆明确指出:"因其内容精确,所占地域广大,已成为研究我国经济之唯一可靠而系统的资料。"①

第二系列特种丛书,主要涉及中国某一进出口专项商品如鸦片、茶、丝、药材、大豆等的产销情况调查,以及中国音乐、医学报告、海关的航船布告等。1871—1911 年,每半年为一期,共出版了 80 期的医学报告,详细记载了各海关及其所在地区的疾病和卫生状况。自 1883 至 1938 年,为沿海及长江中的灯塔、

---

① 郑友揆:《我国海关贸易统计编制方法及其内容之沿革考》,《社会科学杂志》1934 年第 3 期。

沉船、泥沙等有关航行安全问题,1 年为 1 期,海关海务部门共刊发了 56 期布告。

第三系列杂项丛书,内容庞杂,以编辑各种海关税则、法规为主,此外还包括沿海灯塔管理,自 1873—1905 年中国参加历次世界博览会的展品目录,中外条约以及贸易统计等诸多方面的档案资料。如《1863—1872 年通商口岸贸易统计》(1873)、《中药材目录》(1889)、《中外条约汇编》等。

第四系列关务丛书,包括三类,一为一般关务的档案资料,如《海关内班诫程》(1883)、《海关外班诫程》(1883 年)等;二是总税务司通令;三是新关题名录,即海关职员名录,由海关总税务司署人事科编制。新关题名录始刊于 1874 年,每个统计年度编制一次,每年统计至 7 月 1 日截止。每次编制,印制成册,发至各地海关内部查考使用。至 1948 年,共出版 75 期。经数十年积累,成为一套全国海关系统的人事统计丛刊。每年度的题名录,开首之处均有两处统计表,(1) 该年度华洋职员人数一览表;(2) 该年度海关各项职员数目表。前者分别按照总税务司、副总税务司、税务职员(包括征税职员、察验职员、巡缉职员)、海务职员(包括巡工职员、港务职员、灯塔职员、运输职员)、杂项职员和特用等分类项目,列出各项的外籍职员和华籍职员的具体统计人数,然后进行合计。后者则按照前者之分类项目,再在各类之内依照职员等级逐次统计具体人数。例如在征税职员中,按照税务司、副税务司、特等帮办、超等帮办、一等帮办、二等帮办、三等帮办、四等帮办、额外四等帮办、未列等帮办、税务员、本口税务员的等级次序进行人数统计。在上述两种统计表之后,就是题名录的正文部分,按照上述职员分类项目及职务等级,对所有海关人员进行逐一进行具体登记:每人均列出姓名、籍贯、到关年月、升任现职年月、服务处所(即所在地方海关名称)。题名录的最后部分,还有两项附录:一是得有勋位、勋章、学位及其他荣誉职员一览表;另一是姓名索引(中英文),以便于海关系统内部检索查考之用。

第五系列官署丛书,主要为各类海关业务报告,例如有关港务、海务以及常关税、盐税、厘金等国内税别的档案资料。它们包含《灯塔、浮标和信号灯的报告》(每年编次)、《厘金:关于湖北、安徽、宜昌和九江征收工作的特别报告》(1899)、《厘金征收:安徽(大通)的盐、盐销售量和厘金征收数统计》(1904)、《福州和福建常关:关于税收、民船、贸易、财政等的报告》(1904)、《厦门常关报告》等。

第六系列总署丛书,主要收入有关海关参与长江航运章程的制定,香港协定的签订等外交活动的资料。如《关于修订长江章程的建议》(1890)、《香港与中国海关》(1930)等。此外,该系列丛书中还收入 1911—1931 年的 100 份总税务司署机要通令。

　　第七系列邮政丛书,如 1910 年出版的《邮政指南》一书,共分两部分,第一部分简要介绍中国邮政的各个方面,包括管理、邮政局、营业时间、邮票、信件、明信片、报纸、印刷品、商务邮件、样品、挂号文件、保险、交易费用、寄钱、退信、付税以及各国邮政所需付税率等各个具体方面,第二部分是各地邮局名录,详列各地邮政局、邮递所中文名称和英文译名,以及它们的等级和邮界。

　　第八系列外书,即未收入上述七大系列丛书的出版物。大多是语言辞典以及有关贸易、税务、航运、货币、银价和物价、财政等专著或专题报告,如《语言自迩集》《南京官话》《中国官话英汉口语辞典》《新关文件录》《中华民国海关出口税则(1934 年)》《中华民国海关进口税则(1934 年)》等。

　　近代海关内部出版物数量高达 600 余卷,涵盖了海关公报,海关历年贸易统计及报告,海关十年报告,常关统计报告及五年报告,尤其是有关中国近代国情的调查统计和报告,税务、财政、金融图书以及中外条约汇编等,其影响远远超出海关机构自身,今天已成为研究整个中国近代史的一座资料宝库。20 世纪 80年代以来,近代海关的各类贸易报告得到学界的高度重视。上海、山东、重庆、厦门、福州、汉口、广州、台湾、浙江等省市已翻译出版本地的贸易报告。此外,2001年在中国第二历史档案馆和中国海关总署办公厅的合作下,将 1859—1948 年近九十年来的,由中国海关税务司署造册处及伪满洲国财政部、经济部所编辑的海关贸易年刊、十年报告及伪满洲国外国贸易统计月报等,汇编成 170 巨册的《中国旧海关史料》丛书。①

　　尽管如此,《中国旧海关史料》所收入的各种报告,仍以中国旧海关内部出版物七大系列中的第一系列的年刊及十年报告为最。至于数量占海关内部出版物整整一半的六大系列以及任何系列都未收入的报告或书,《中国旧海关史料》并未涉及。为弥补此遗憾,复旦大学吴松弟教授多年来多方搜集和整理国外,尤其美国哈佛大学所存近代海关内部出版物,把卷帙浩繁的七大系列及系列外的近代海关出版物予以较完整性的影印和出版,共计 283 册。② 2019 年,中国海关学会继续出版了《中国海关档案馆藏未刊中国旧海关内部出版物》,共计 50 册。③

---

①　中国第二历史档案馆、中国海关总署办公厅:《中国旧海关史料》,京华出版社,2001 年。
②　吴松弟主编:《哈佛大学燕京图书馆藏未刊中国旧海关史料》,广西师范大学出版社,2016 年。
③　中国海关学会:《中国海关档案馆藏未刊中国旧海关内部出版物》,中国海关出版社,2019 年。

1941 年 12 月太平洋战争爆发后,在上海的海关统计科被日军占领而停止出版,至 1946 年抗战胜利后再次复工。此间,重庆总税务司署筹备成立,并于1943 年 6 月设立统计科,继续编制贸易报告和统计事项,当前重庆总税务司署的贸易表册存世极少。2011 年中国国家图书馆清点未编民国书目时,发现了一批重庆总税务司署的土货、洋货进出口贸易统计原始表册,将它们集中影印和公开出版。[①] 这些表册内容分为土货出口统计表(运往沦陷区、直接运往外洋)和洋货进口统计表(直接由外洋进口、间接由外洋进口、直接由沦陷区进口),另包括少量进出口货物总值国别表、关别表。记录时间为 1942 年至 1945 年,每月各一册,总计 96 册。除国别表、关别表外,内容皆为制式表格,栏目为统计号列、货名及来源地名、年月、本年一月至本月、值金单位。其中货名及运销地名一栏、月份为手写,统计号列、统计数字由打印机打印,其他制式部分为铅印。

总之,进入 21 世纪以来,《中国旧海关史料》《重庆海关总税务司署贸易册》《中国近代海关总税务司通令全编》《哈佛燕京图书馆藏未刊中国旧海关史料》《中国海关档案馆藏未刊中国旧海关内部出版物》等巨帙丛书已陆续影印和再出版,反映 1949 年后一度尘封的近代海关公文档案的整理和研究进入高潮阶段。近代海关内部公文档案和内部出版物是其中央集权和高效率运转的历史见证,对它们的系统发掘和深入探究,将把中国近代海关史乃至中国近代史的认识推进到历史新高度。

二、近代海关对西方人事和业务制度的移植

外籍总税务司赫德控制中国近代海关行政管理权后,既借鉴英国近代文官管理制度,又采纳一些中国传统官僚体制中的做法,充分利用清王朝和扩张中的欧洲帝国之间的隙缝,将海关打造成一个有纪律的边界政权,有着森严的等级之分、良好的人事制度、明确的责任界限以及严格的财务控制,对保障海关人员的相对稳定、提高工作效率及强化对人员的管理均发挥较强的作用。

(一) 近代海关人事制度

1864 年,总理衙门核准颁布《通商各口募用外国人帮办税务章程》,规定总

---

① 重庆海关总税务司署统计科编制:《重庆海关总税务司署贸易册》,国家图书馆出版社,2011 年。

税务司统管各口海关,任命外籍税务司担任各口海关主管,募用外国人帮办税务。1869 年,总税务司署施行总理衙门颁布的《大清国海关管理章程》,这是海关建立系统人事管理制度的最基础的纲领性文件,也是近代中国最早具有相对科学、完备和系统等诸多优点的人事管理制度。为了规范每一个关员的行为职责,提高关员工作效率,维护海关内部纪律与稳定,总税务司署在 19 世纪 70 年代中期陆续制定了各工作部门的办事细则,称为"诚程",如《新关内班诚程》《新关外班诚程》《新关理账诚程》和《续理账诚程》等。管理章程和诚程对海关人员予以专职分类,职责分明、录用、任命、薪俸、晋升、退职、奖惩、休假、福利和办事等方面均有详细规定,总税务司赫德很满意地说,由于这些"章程定的好像机器一般,办事有所遵循,不会有什么困难",保障了海关行政和业务制度的良好运作。

1. 按职分类　1869 年总税务司署将各级海关机构的征税部门划分为内班、外班和华属(华员)三部分,明确各自管理职责。

内班专门负责海关内部管理事务及办理征收关税等业务,主要由中高级海关人员组成。如以后陆续设置的总税务司署各机关以及各口岸海关的公事房等机构,均属于办理海关内部管理事务的内班组织,各口岸海关专门负责征收关税的部门(如验单台或总务课等)也属于内班。除总税务司署设有总税务司外,海关各级内班组织设有税务司、副税务司、帮办、供事等职位。较大的口岸海关以税务司为首管理关务,而较小的口岸海关则设置副税务司或帮办管理关务。

外班主要负责船舶及货物的检查、监管事务,除个别职位外,多数业务职位较低,主要由中下级人员组成。各口岸海关的外班组织内设 4 个等级的总巡职位,即超等总巡、一等总巡、二等总巡和三等总巡,其中超等总巡即为外班首领。外班总巡负责巡察,每遇船舶到港须亲自登船检查,除业务繁忙不能亲历外,不允许委派其下级代办。外班还另设有验估、验货、钤字手、巡役等职位,其中,验估、验货职位也分超(头)等、二等、三等,又各分前、后两班,须由通晓税则及商品知识的人员担当,负责根据所验货物的价值及数目确定应征税款数额。钤字手专门负责检查客商行李,一般分为超等、头等、二等、三等及试用等级。巡役则为外班最低等级,有听差、司卫、司门、司夜、排印等职位。内班人员与外班人员的职权有较大差别,外班人员的地位及待遇也远远低于内班人员。海关管理的主要权力集中于内班人员,并最终由总税务司集中掌控海关人事管理权。

1875 年,总税务司署在海关征税部门设置内、外班的基础上增设海班,负责海关巡缉船只驾驶和缉私事宜,主要由驾驶人员、管轮、水手、技工及差役等组成。其中,由洋员充任的职位有管驾官、管驾正、管驾副、管轮正、管轮副、炮手首领等,管驾官为海班的首领。海班华员不得担任上述职位,仅可充任舱面执役、机器执役和船室执役 3 个职位。海班洋员同时兼任海务部门相关职位,仅在执行海务事务时受归海务部门管理,而在执行巡缉任务时则归属海班,受归税务部门管理。

1868 年,总税务司署设立船钞(海务)部门,由总税务司直接任命的海事税务司(亦称海务税务司)负责管理,该税务司与海关税务司同级。1896 年总理衙门饬令由总税务司赫德兼任总邮政司,管理邮政事务。翌年 3 月,总税务司署在北京另设额外邮政总办,先由造册处税务司兼任,后改派税务司专任邮政总办,负责管理邮政事务。海关邮政部门洋员职位设为邮政总办、邮政副总办、邮政局司事等,而华员则充任供事、代办、文案、信差、听差等职位。自 1888 年起,同文馆归入总税务司署编制,其职员属于总税务司署的教习部门,设在北京的京师同文馆设有总教习(1 人)、教习(5 人)、署教习(3 人)等职。

华员则是作为附属人员依附于洋员,其"品级"低微。如内班的税务司、副税务司、帮办等职位均由洋员担任,而能够娴熟应用英文的内班华员则多数充任最低等的供事职位;外班的三等钤字手以上职位多由外国人担任,而外班华员则较多担当巡役职位。直至北洋政府时期,中国海关大多数高级职位尽被洋员占据,海关华员仅可担任中下阶层职员,两者之间不仅地位及待遇相差悬殊,而且在管理上也不平等,华员处于从属地位。1927 年南京国民政府成立后,仍实行外籍税务司管理制度,但推行"关制改革",设立财政部关务署统辖海关,下令停招或减招洋员,实行华洋员平等及提高华员待遇等改革措施。总税务司署遂对原有人事管理方式进行调整,取消洋、华员划分做法,修订相关人事管理规定,实行华洋平等的人事管理制度。

2. 公开招录 总税务司早期招募及任用各级海关洋员,以办事效率及工作能力为任用海关职员的标准,同时参考洋员国籍因素,一般从与中国签订条约的国家中遴选外籍人员担任各级海关职员,尤以英国人居多。后来海关职员的任用,通常都要经过考试,大致有以下三种方式:(1) 公开考试录用;(2) 经由税务专门学校训练期满,考试及格,准予毕业后派用;(3) 特种录用。所有人员在录用以后,都要经过六个月或一年甚至三年的试用期,经主管人员查明,品行成绩均属优良后,经关医体检身体合格,才予正式录用。倘若试用期满时,主管人员不满意其品行成绩,应呈请总税务司延长试用期,或者直接免职。一旦录用以后,其升迁、降调、解职,都要照关章办理,非犯有重大过失,或不法行为,不能任意撤职或免职。

3. **考核确实** 总税务司对海关所雇用的外籍税务司及其他洋员进行业绩评估和考核。《大清国海关管理章程》规定,总税务司遴选及任用税务司和副税务司的考核重点课目为:工作能力、历任职务及资历、品德性情、汉文知识、特殊资格和国籍等。总税务司还要求对税务司及副税务司以下的各级海关职员施行年终考绩报告(Confidential Report)制度,即各税务司或副税务司在每年年底须撰写年终考绩报告,对所属人员的实际工作情况进行考核,征税部门的税务司或副税务司负责考核下属内、外班人员,海务税务司负责考核船钞部门人员。年终考绩报告由各税务司根据本部门情况撰写。因各部门情况有别而有所不同,但主要涉及关员工作实绩、行为品德、工作技能、文化水平等方面,并按规定于每年年底向总税务司呈报。

1911年12月,总税务司署发布通令,制定年终考绩报告专用格式并下发各关,要求各关税务司按照规定的新格式撰写年终考绩报告,报告内容应详尽。关员考成报告的程序:先由各关区税务司依式编制,于每年12月,汇送总税务司署备核。所有关员的品性、才能、资格等,都详载在表格里面。其编制方法,必须按照总税务司通令的规定办理,总税务司接各关区呈送的关员考核报告后,由人事科税务司及副税务司逐一加以审核,把审核的结果分为五等,符号注明在一本特备的职员录内各关员姓名的下面,拿来表示该员的办事成绩。如果觉得单用符号不够表达该员成绩的时候,可以另加附注。这样审核了以后,再汇呈副总税务司复核,转呈总税务司核定。各关区税务司和总税务司署各科税务司,由总税务司亲自观察审核,并不按照上述办法编造考成报告。这种考成报告,规定只许填报一份,呈送总税务司署人事科存核,各关不得另留副本,以免给予以后编制考成报告的人员任何成见。

4. **按序升迁** 凡考核成绩优良,在本级服务满两年者,都得按照关员编制等级及薪俸表的规定,晋升一级,或加薪一次。这种晋级或加薪,通常在每年的4月及10月各举行一次。关员考核列在最优等的,可以提前一个月在3月或9月晋升。有特别成绩的关员,可以提前六个月或一年晋升,以资奖励。不过高级关员如监察长等,其擢升标准,除根据考绩外,还要看当时有无职位而定。考核成绩平庸的关员,停止升级。倘以后成绩仍无改进,人事科就用书面警告,最后予以免职处分。考成报告的内容,须作为秘密严守。但关区主管税务司,在审核或编制考核报告时,对成绩过劣的关员,面予警告,冀其改进。人事科在复核的时候,也可以用书面警告。

5. **奖惩分明** 海关对关员的奖励,除特别晋级外,还颁给奖章及奖金。奖章分海关奖章和财政奖章两种,由总税务司呈请政府核准后,方可颁发。奖章通常是发给对职务上有特殊贡献的关员。奖金分缉私奖金和酬劳奖金两种。缉私奖金,只限查验部门的关员,对缉获私货,经判处没收充公或罚款处分后,在变价收入或罚金中,按章提取应得的奖金。酬劳金的发给,是凡关员服务满七年,成绩优良,就可按照第七年最后一个月的薪额,获得等于十二个月的薪水总数作为酬劳金。

关员的惩戒有以下七种:申诫、停止晋级、降级、免职、撤职、辞退。所有关员的品行及办事效能考核,政府责令总税务司负完全责任,各关区税务司是对总税务司负责管理属员之责。关员品行不端或犯有过失,税务司须用口头或书面,单独或在全体关员面前申诫,或呈报总税务司,或先行予以停职,呈候总税务司核夺。但报告书应先给关员阅读,饬具辩诉书,呈由税务司,连同报告书一并呈请总税务司核办。

关员不得经商,直接或间接办理进出口贸易。不经上司许可,不得兼任别项薪俸职务,不准公开发表对于公务上的意见,或对于政府的措施任意批评。海关当局提倡并扶助关员组织以联络感情为目的的社交团体,但不准组织带有政治色彩的结社,如工会或类似团体。对关员的廉洁风气非常重视,总税务司为根绝贪污起见,曾通令各关税务司,注意关员的私生活。见有举止阔绰、生活糜烂的关员,必须特别提防,如觉有可疑之处,当密报总税务司,以凭处理。税务司以及同事知情不报,也要受到处分。关员应行防范的其他各项过失及其惩罚办法,也有规定。

6. 专业训练 有学校训练、实习训练和特种训练几种方式。海关人员,民国以后大都是税务专门学校毕业生,在入关以前就受到严格的训练。修业期满,经考试合格后,分配各关服务。内勤班毕业生派充为试用四等税务员,外勤班毕业生派充为试用稽查员,海事班毕业生派充为候补驾驶员。入关以后,在试用期内,轮流派在各有关部门实习,获得业务上的基本知识和工作经验。为适应各部门业务上的特殊需要,海关随时选派关员给他们一种特殊训练,例如验估班、射击班等,还有考选优秀关员,赴外国研究关政,以资镜鉴等。

7. 定期迁调 海关关员定期与不定期迁调是海关人事制度的主要特色之一,其目的是增加关员见识和业务经验,同时防止关员久处一地,结党营私,达到防微杜渐的作用。对一般关员的调遣,随时可以调派至全国任何关区服务以增加各关员的经验。这种调遣通常在每年 5 月及 11 月举行。总税务司署人事科根据各关区的业务需要并参照各关员个别情形,决定应予迁调人员名单,编订任调公报特刊,呈请总税务司核准刊行。其因临时需要或适应特殊情形的调遣,则随时以总税务司训令发表。关员在同一关区内的调遣,以各关区税务司命令行之。至于关区主管人员的调遣,为郑重起见,一般由总税务司呈税务处或关务署等核准颁发委任令。

8. **高薪待遇**　海关为保留优秀并富有经验的人才,鼓励关员久任及以终身任职海关为荣,因此待遇优厚,如《大清国海关管理章程》所定海关内班、外班和华员的薪金等级,远较中国旧式海关人员薪酬丰厚。此后,又制订给关员发酬劳金的制度,凡列题名录的关员,服务海关届满七年得领等十二个月底薪的酬劳金一次,未列题名录的员役,每年得领一次年终赏金。1920 年,海关在全国各行政部门中最早建立发给养老(退休)金制度,关员服务满三十五年或年满 60 岁,办理退休并给予养老金、酬劳金、回国或回籍旅费等;服务满二十五年以上,可自请退休,给予比例养老金、酬劳金等;因病退职或海关辞退人员,给予比例养老金、酬劳金等。因公伤残或殉职的,核发抚恤金。除薪金外,海关员工福利优厚,如实物或配购证的领发、员工医药生育补助、兴建关员宿舍、开办进修小学和夜校及补助员工子女学费等。

(二) 近代海关业务制度

近代中国与西方国家订立的约章有 1 100 余件,这些约章包括中国政府与它们订立的条约、协定和被称为"条款""条规""专条""来往照会""换文"等文件,如《南京条约》《天津条约》《辛丑条约》《续议通商行船条约》等条约,还包括《陆路通商章程》等边境贸易减免税章程、《长江各口通商暂订章程》等长江贸易章程、《内港行船章程》等贸易章程。英、法、美、俄、德、日等国是这些约章的主要缔约国。上述约章尤其是清政府与西方列强签订的约章,多为不平等约章,其中或直接或间接、或完全或部分涉及近代中国海关管理事务的有 362 件。上述西方列强与中国政府签订的条约和贸易章程,是近代海关履行职能所依据的法律、法规。在近代海关的发展过程中,遵循上述条约和章程,逐渐形成较为规范和统一的征税、监管、统计、缉私、检疫等业务管理体系。

1. **通关监管**　近代海关监管,包括运输工具、进出货物和行邮物品三类。自 19 世纪 40 年代起至 1949 年中华人民共和国成立的百余年间,船舶运输始终是中国连贯东西、沟通南北的主要运输方式,因此中国近代海关对运输工具的监管以船舶为主。

1840 年第一次鸦片战争前,中国的水上运输主要依赖帆船、划船等木制民船。经过两次鸦片战争,清政府被迫与西方各国签订条约开放通商口岸,外国商船(包括轮船)纷纷涌入中国各通商口岸开展贸易。1858 年中英《天津条约》签订后,一批以税务司制度为核心的新关(洋关)相继在各通商口岸设立,专门负责对从事贸易的外籍商船进行监管。清政府原设的各地海关机构则改称常关,承担对国内民船的监管事务。1873 年,轮船招商局在上海成立,中国轮船开始从事航运并被纳入新关的管辖范围。

1878 年,总税务司署制定《海关总章程》颁行全国各海关,统一各关对船舶监管的做法,确立进出口申报、挂号领照、船舶检查和货物查验、停泊及装卸监管、缴纳船钞等基本制度。各关结合口岸情况,根据《海关总章程》的规定制订或修订口岸关章,对进出口船舶及其所载货物进行监管。除对往来港、澳与珠江三角洲地区的船舶制订有特殊的管理办法外,各关还分别依据清政府与各国签订的《长江通商章程》《西江通商章程》《内港行轮章程》等贸易章程,对从事贸易的中外进出口船舶进行监管。自 1901 年起,通商口岸五十里内常关改归海关税务司兼管,通商口岸五十里内常关管理民船办法由税务司制订,国内民船管理事务仍由常关负责办理。

各地新关设立前,进出口货物由清政府设立在中国沿海的闽、粤、江、浙四海关以及设立在沿江、沿运河、沿边的户(部)关、工(部)关监管。自 1859 年外籍税务司制度在各通商口岸推行后,中国海关逐步形成两大货物监管部门:海关监督或各地方官吏管辖下的常关,负责对华商民船所载货物实行监管并征收常关关税;总税务司署管辖下的新关则对进出通商口岸的货物实行监管并办理对外贸易关税的征收。19 世纪 50 年代末,随着子口税制度的建立和沿岸贸易税的开征,海关对货物的监管范围由进出中国国境的外洋贸易货物,逐步扩大到往来中国通商口岸的沿岸贸易货物和往来内地与通商口岸的内地贸易货物。海关按政府间签订的条约、章程,在沿海、沿江、沿边通商口岸建立起划一的货物申报、验估、放行制度,并实行利于洋商的存票制度、派司制度、免重征制度等,形成中国近代海关对进出口货物的基本监管制度。1901 年,总税务司署接管通商口岸五十里内常关,通商口岸各常关征收常税及货物监管事宜也一并改归新关税务司兼办。

中国近代海关在对进出口货物实行监管的同时,对经海关批准注册的保税关栈、报关行等事务也进行监管。19 世纪 60 年代,随着新关的开设,专职报关行在各通商口岸随之出现。总税务司赫德参照英美两国惯例,于 1873 年制定报关行管理办法,通令各关对报关行的注册登记及报关事务进行管理。1887 年,总税务司署批准在上海设立保税关栈,准予进口洋货入栈后暂缓付税。海关对关栈的设立及进出关栈的货物进行管理。

第一次鸦片战争后,随着通商口岸的开设,进出境和来往通商口岸人员增多,海关开始制订专门的管理办法,监管进出境人员及其携带的行李物品。1843年,中英签订的《五口通商附粘善后条款》以及随附的海关税则,未制定专门的行李物品税则,海关对旅客所携带的属免税货品的物品,以及非出售的、在自用合理数量内的非免税货品的物品予以免税放行。1898年,海关开始对进出境旅客采取书面申报方式,防止口头申报易发生的伪报情事。至20世纪30年代,已逐步形成近代海关旅客行李物品申报制度。

近代海关监管的邮递物品包括进出境国际邮包和来往通商口岸及内地的国内邮包。1858年,海关税则规定邮递物品需征进出口税。1865年,海关开始办理邮政事务,依照清政府有关章程及总税务司署通令实施监管。1902年,海关改进邮包监管办法,实行邮包收寄放行单制度。翌年,总税务司署制定《邮递包裹章程》,管理进出境及国内邮包。

2. 货物估税　海关系以货物的完税价格及其税率作为征收关税的主要依据,而货物价格存在多样化的普遍现象,如何估定进口货物的价格,有赖于海关验估人员的专业知识。

据《南京条约》及与英国议订五关进口税则,采取值百抽五的课征关税的税率,不久,美、法两国依据最惠国条款,也比照办理;当时,对经常进出口或比较重要的货物,大部分采取从量课税,进口货物中除与欧美没有直接关系的亚洲特种产品按从价10％课税外,其余均按值百抽五的原则课征关税。1901年清朝被迫签订《辛丑条约》,明定从速改正税则,以期关税征收确实做到值百抽五的数额。1902年签订《通商进口税则善后章程》,第一条即规定从价核估关税的原则性规定,以输入口岸的批发市价作为进出口货物估价的主要原则,起岸价格为辅助价格,凡进口洋货不载在进口税则者,应按值百抽五之例完纳。惟估价之法亦需明订,以昭公允。后关于估价的规定要点如下:

第一,最初以输入口岸的货物市价(1919年改为批发市价)作为估价的依据,只是此项市价(批发价格)应该包括五两税银、洋行经手各色七两的使用费在内,也就是说,它包含了5％的税金和7％的洋行使用费在内,12％的税金超过了完税价格的百分比数,应自批发价内除去。

第二,进口货物在尚未报关前,即已定价售于国内进口商,如定价为运抵本国口岸的价格,即起岸价格(CIF),如买卖合同或合约所载为真实,即可按其抽税，也就是以真正起岸价格为完税价格。

第三，该货如按某国出口价值，并加盘运、水脚、保险各费，照此价值售于进口商，也可以当做市价，按其价值抽税。也就是进口货物如果按照离岸价格申报，可以在增加保险费、运费等项后，当做输入口岸的起岸价格来作为完税价格。

第四，货物在未报关前，尚未售于国内进口商，应由海关查明以决定其价值的多少、货色品质的高下。即该货物的完税价格由海关依照来货的品质、规格等，比照同类货物价格斟酌核估，倘货主不服海关估价的价值，由海关指派一人、外商所属国家领事选派商人一人、领袖领事官指派与该商人不同国籍的商人一人，由三人共同审查，在半个月内由多数决定其价值，此项决定即为最后决定的完税价格。

第五，海关责令进口商提供价值凭证，也就是发票或其他的商业凭证，商人应该遵照办理。

3. 查缉走私　鸦片战争后《南京条约》等系列条约规定：洋商船只进口不在规定时间内将船牌缴存领事官，船长呈送的舱单有误或系伪造，未经许可擅自开舱起卸货物，未经许可将货物非法转船，以及在非通商口岸从事贸易等行为，海关均可在领事参与下予以查处。但由于外国领事对本国商人的偏袒与纵容，加上清政府设在通商口岸的海关内部腐败，纪律松弛，对违章走私行为查缉不力，致使各通商口岸鸦片等走私活动日趋严重。

1854 年由英、美、法三国司税组成的江海关税务监督委员会，接管江海关夷税征收业务，增设盘验所并建造一艘专门用于缉私的海关巡艇，配置外籍船长及钤字手、水手等担当巡查人员。自 1859 年起，各通商口岸陆续设立新关。1869 年，据《大清国海关管理章程》，总税务司署正式将海关征税部门划分为内、外班。各关征税部门的外班巡查、验货人员担负主要的查缉走私职责，部分口岸海关还指定专人专司关区缉私事务。1875 年，总税务司署在海关征税部门增设海班，由管驾官、管驾、管轮及水手、差役等组成，主要负责海关巡缉船只的驾驶和沿海巡岸缉私。至 1907 年，全国各口岸海关共有海班人员 500 余人，各种巡缉舰船（艇）44 艘。1910 年，全国海关外班人员共计 4 000 余人，海班人员 700 余人，各种巡缉舰船（艇）增至 60 艘。民国初期，总税务司署曾要求各通商口岸海关自行设立缉私机构，缉查处理走私案件，但各关除于 1913 年起根据总税务司署指令，将本关征税部门所属外班、海班分别改称为稽查课、巡缉课，继续承担海关缉私工作外，并未单独设立专门的缉私机构。

晚清海关查缉走私的重点放在货运渠道上，在设立海关及分支关所的沿海、沿江、沿边各口岸或其他地方,通过对运输工具及其所载进出口货物的监管,查缉违章走私行为。除货运渠道外,海关亦在行邮渠道查缉旅客行李物品和邮递物品的违章走私。对未设关区域,尤其是各沿海海域的船只走私,海关采用巡缉的方式进行查缉。

从新关设立之初,即运用情报开展缉私工作,利用探子(线人)察访告密获取走私情报及动态,并在主要口岸建立情报工作网,定期收集走私情报或线索。为鼓励线人举报及海关缉私人员缉查私货,总税务司署制订缉私奖金及线人赏金发放办法,从罚款和私货变卖款项中按比例提取一定数额的奖金或赏金予以奖励。

走私、偷漏等违法行为应受相应处分,这在任何国家的海关都有明确的规定。海关对进出口货物的检查、搜索和处分的权力,属于国内海关法的范围,不容任何国家、任何商人的干涉,这是各国公认的原则。各地新关设立前,走私案件的处理主要由各口岸的海关监督负责,各地海关监督依据《大清律例》处理走私案件。但是,外籍税务司制度建立之后,面临的严峻问题之一就是关于缉私及其处分问题。由于条约国洋商享有领事裁判权,洋商便以遵循领事按其国家法律处理为由拒绝清政府所设海关监督的管辖。例如香港商会就曾提出要求,对涉及英国商人违反中国税法的案件,非经英国领事公开审理,海关不得自行作出处罚决定。

1863年,英美两国提议,由外国领事和海关税务司组成会讯公堂,共同审理外国商人的走私案件。在此基础上,1867年由赫德拟订了《船货入官会讯章程》草案,1868年总理衙门批准实行。该章程规定:各通商口岸涉及外国商人的海关处罚争议案件,由各国领事官与各口税务司会商处理。洋商船、货在口岸因涉嫌违章走私被海关扣留的,洋商可向本国驻口岸领事官提出申诉,领事官将洋商申诉提交由领事、海关监督和海关税务司组成的会讯公堂调查。领事官如未致函或转请海关咨请要求共同查核的,海关可直接对涉案船货予以罚没处理。会讯公堂审理的案件分为两类:入官(没收充公)案件在海关审理,安排有领事席位;罚款案件在领事官署(馆)审理,设置有海关税务司席位。如会讯公堂判定海关的入官处理正确,则商人不得上诉。会讯审理中如领事持有异议,可经由领事向公使上诉,海关如有异议则由海关监督呈报总理衙门。在会讯公堂裁决前,海关对洋商船货可按申报价值收取保结(担保)具保放行。

《船货入官会讯章程》是不平等条约有关领事裁判权和领事干预海关行政各条款的进一步具体化,也是海关包庇、宽处外商走私、漏税案件的重要法规。会讯章程实行后,总税务司赫德曾饬令各关税务司,应特别注意领事在会讯公堂审理判决入官案件中所持的反对意见,在审理判决罚款案件中如税务司无充分理由,不可对领事判决持有异议,亦不得轻易上诉,以免因缉私问题增加了海关和英商的矛盾。

4. 贸易统计　鸦片战争前各地海关监督署设有册房,负责市舶、行商、夷商、税款等商贸类统计工作,但统计项目并不固定,尚未形成固定的贸易统计机制。近代海关自 1859 年起开始编制贸易统计,并对外出版发行贸易统计刊物。由简至繁,从少到多,至 1949 年,九十年间从未有过间断。其广泛、简明、实用及权威的统计资料,对研究近代中国的经济与社会发展历史具有相当的参考价值。自 1859—1948 年的长达九十年间,海关统计从各关分散统计发展到海关总税务司署造册处(统计科)集中统计,至于作业方式,也历经从人工编制到机器编制的划时代变化。

1859 年开始,各通商口岸海关陆续开始编制本口岸的海关进出口贸易统计。各关的统计工作由各关设立的统计课(室)等专门负责,或由专门的统计人员承担,经过分类登记、汇总核算,制作各类统计表册。

赫德非常重视贸易统计的编制,他实授总税务司后,锐意改进各关的贸易统计机构和方式。由于各关并非都有足够的统计人才和印刷设备,自 1865 年起,总税务司署规定各关编制的进出口贸易统计表册须统一汇集至江海关印刷出版。1867 年,总税务司署指派江海关专门负责统计及印刷出版事务的副税务司,在上海负责对各关定期送交总税务司署的贸易统计表册进行汇总校核,再行编印出版全国海关贸易统计。

为使各关贸易统计标准统一,表格整齐划一,1873 年 10 月,总税务司又决定把原属江海关的印刷和表报部门,独立成为单独机构——造册处,直属总税务司署。各关按季度及年度将自行编制的各类贸易统计表册(关册、贸易报告等)统一送交造册处,由造册处审查、汇总并负责编印出版全国海关贸易统计季报、年报。海关进出口贸易统计的科目也由造册处统一规定并下发各关执行,各关则按照造册处要求自行将统计科目进行细目分类,由各关统计部门或专门人员编制后上报造册处。

5. 海港检疫　19 世纪中期,国际航海客轮逐渐出现,各类疫情如鼠疫、霍乱、天花等病毒也随之传播。但中国沿海港口并无实施疫情检疫的专门机构,外籍船舶驶抵中国港口时仅由船主、代理公司及船长自行采取防治措施。

19 世纪 70 年代初,国际上为预防船舶传染疫病纷纷采取联合检疫行动,海港检疫事务随之兴起。1872年,总税务司赫德要求海关对来自疫区的商船实施检疫。同年,船舶进出较为频繁的上海、厦门等港相继出现疫情,江海关、厦门关税务司随即开展海港检疫事务。

由于各港口检疫工作所需,各口税务司建议总税务司署颁布适用于一切口岸的"永久性通用"检疫章程,统一检疫标准,明确检疫官职责以及何种机构有权宣布疫区等事。但由于各口岸大多缺乏隔离场所、医院、熏船、消毒所等检疫设施,加之外国领事以享有治外法权为由,对未经其批准而拟议的检疫章程拒绝执行等因素,总税务司署仅通令各关在征得领事同意后自行起草颁行各口检疫分章。

1873年8月,江海关奉令颁行《上海口各国洋船从有传染病症海口来沪章程》。该章程规定,疫区由海关监督及外国领事共同认定;海关若被告知染疫船舶进港,则令该船在前桅梢上悬挂一面黄色旗帜;该口理船厅派港口警察在船边严密看守,并将此章程及时送达该船,由海港防疫卫生官员登船对船货进行熏洗消毒处理;若确认船内无人死于疫情,可令该船在远离泊船区3里以外处停泊1—3天;若船内有感染死亡者,则令该船在泊界外停泊3—5天;若船内有多人感染疾病,则令该船驶往界外停泊并视疫情轻重决定其停泊期限;船舶靠港后船内所有人员未经批准均不得上岸,外来人员均不得登船,船舶引水人不得擅自离船;若引水人获知船内有疫情感染者,应将引水船只拖带而行,不得旁靠该船左右;若华人违章,应送地方官查办,洋人则送交领事官等。

该章程在上海口岸颁行后,1874年初,总税务司署下令将其推广至其他各口,令各关照此执行并拟定具体检疫措施。通令下发后,先后有厦门关、潮海关、滨江关、安东关、牛庄关、津海关、胶海关、东海关、浙海关、闽海关、粤海关据此章程办理海港检疫事务。

1930年,南京国民政府决定由卫生部组建海港检疫管理处,办公地点设在上海。同年,关务署下发通知,令总税务司署自该年7月1日起将所有检疫事务移交至卫生部海港检疫管理处接收,并要求在两年时间内全部移交完毕。日本全面侵华后,国民政府卫生部海港检疫管理处处长伍连德因战乱出走,海港检疫事务处于无人过问和负责的状态。部分沿海沿江港口的检疫事务暂由该口海关接管。1941年太平洋战争爆发,沿海沿江各口相继沦陷,汪伪总税务司署掌控海港检疫事务。1945年8月抗日战争胜利后,各口海港检疫机构由国民政府行政院卫生署收回。

中国近代海关的人事和业务管理制度对中国近代社会所起的作用是一把双

刃剑,除对中国政治、经济等方面的破坏性外,还确实有科学先进之处,为中国应对早期全球化形势曾发挥过一定客观作用。

三、洋务运动与海关的繁杂职权

第二次鸦片战争后,清朝一些官员以"自强""求富"为口号,掀起了一场以强化和巩固清朝统治为目的的"洋务运动"。他们创办近代军事工业和民用工业,并在教育、外交、军事、通讯、运输、科技等领域引进部分西方先进事物,历时三十余年,客观上促进了中国资本主义的发展。近代中国海关是一个极其特殊的组织,与一般的海关不同,除遵照一系列中外不平等条约的相关规定以及海关制定的规章展开本体业务外,举凡海务、港务、邮政、教育、世博会、商标注册、华工出国以及内政外交重大事件,无不与近代海关和总税务司有重大关系。洋务运动时期,近代海关的繁杂事务和总税务司各种活动所构成的海关行政,犹如万花筒般层出不穷。其原因有二:首先,英国一向期望把海关办成英国对华关系的基石,海关承担事务越多,对清政府的影响力就越大。其次,总税务司赫德有好揽事的性格,在他发的税务司及其属员的早期通令中一再重复:"他绝不是采取狭隘的工作职务的观点,凡是促进商业、工业和地方繁荣的事都必须做。"他还认为:"我所管理的机构虽然叫做海关,但是它的范围是广泛的,它的目的是在最大可能方面为中国做有益的工作。"正因如此,近代海关行政职权极为扩张,远远超出了一般海关的职责范围。

(一)海务和港务

近代海关最基本的职务是征税,其次一项职务,就是管理海务和港务。鸦片战争之后,西方列强为便利大型轮船前来中国沿海从事贸易,要求清政府用所征收的船钞来维护航道,提供灯塔、浮标等助航设备等,以保障航行船只的安全。1858 年《天津条约》附约《通商章程善后条约》第十款规定:"……任凭总理大臣邀请英(法、美)人帮办税务并严查漏税,判定口界,派人指泊船只及分设浮桩、号船、塔表、望楼等事,毋庸英官指荐干预。其浮桩、号船、塔表、望楼等经费,在于船钞项下拨用。"这就是由海关帮办税务,同时兼办海务、港务的条约依据。

船钞的普遍征收是在 19 世纪 60 年代初期各口岸海关设立之后。初期每年约可增收 20 万两银子,其中三成自 1862 年起拨作同文馆经费,一成由总税务司赫德统一安排,六成留存各口自行办理。自 1865 年起,船钞中的七成均交总税务司集中办理。1868 年 4 月,总税务司署成立船钞部,由其主管的沿海灯塔建造、港内助航标识布设、内河航标设置、航道测量,以及引水、指泊、疏浚、港口治安、检疫、气象及水文观测事务相继展开。

1. 助航设施　19 世纪 60 年代初,随着通商各口相继增开,外籍船只开始大量进出中国沿海港口,由于沿海海区基本上无助航设施,船只在航行过程中时常遭遇海损或海难。1868 年 4 月,经总理衙门批准,总税务司署将各关所征收船钞的七成用于设置、改善包括沿海灯塔在内的助航设施,以利船只航行。船钞部(海务部门)职责之一,即建设与管理沿海内河灯塔、灯船、浮标、雾号及其他各项航行标识。中国沿海灯塔建设先自长江口开始,向南北有序展开,渤海、黄海、东海、南海海区及港澳台等海域在近代均有了近代化的灯塔设施。

1868 年,总税务司署发布通令,要求海务部门在港口水域设置航标时,对需避让的水域进行标示,在必要处设置适当数量的浮标与标桩。同时,各口理船厅须配合段巡工司定期视察段内各港口的浮标及标桩状况。通令下发后,海务部门按照这一要求集中在渤海、黄海、东海及南海海区各港口设置灯船、灯桩、浮标、岸标、导标等航标,所设浮标均参考英国制式。

除沿海海域及沿海港口航标事务外,近代海关还先后承担起珠江、长江、黑龙江、松花江等内河航标的设置与管理工作。如 20 世纪初,进出长江的船舶数量日益增多。1906 年,总税务司署在九江设立长江首个专职航标管理机构——长江巡江事务处(江务部门),专管长江航标事务。四十年后,长江水域各类航标增至 900 余座。

19 世纪末,因海关在沿海通商口岸附近的险要地点设置了大量灯塔、灯船、浮桩、浮筒、雾角等助航设备,其成效让北洋大臣李鸿章深为赞赏:"中国海面辽阔,港湾分歧,绵万余里。经总税务司历次设立警船、灯塔、浮桩等二百六十余处,如北洋之大沽、曹妃甸;辽河口之莫邪岛、成山头……等处,均属险要地方。自设置灯塔后,即遇风雾,不致迷向触礁,于水师商船人货,获益匪浅。现值巡阅海军,臣等顺道勘视北洋各处灯塔,船桩,深为合法。该总税务司赫德尽心筹办,不无微劳,因此拟请传旨嘉奖,以示鼓励。"

2. 航道测量　1861 年镇江、九江及汉口三地被辟为通商口岸后,英国修约全权公使率舰队驶入长江进行航道探测。1887 年,长江航道探测事务由总税务司署船钞部海务巡工司接手管理。自该年起,各口巡工司开始对长江航道进行探测。初期探测技术较为简单,大多采用以测量标杆定位水深、测深设标的办法对浅水道进行探测,其后发展到建立测量三角网。1911 年,总税务司署设在九江的长江巡江事务处开始将水道测量成果绘印成蓝晒图,向航运界提供或出售。与此同时,海务部门也开始对外出版海图。

1868年船钞部设立后,各关及时发布航道讯息。1876年,总税务司赫德发布通令,规定由沿江各口以税务司的名义发布本口《航船布告》,内容广泛,主要包括标志异动,如航标的设置、撤销、移位及灯光的变化等;航道状况,如航道水深、沉船与碍航物的地点方位、航道淤塞及新辟航道情况等;航行规定,如航行指南、航行规章及船只吃水、夜航限制等内容。由于航道讯息对航运安全至关重要,海务部门采取多种方法发布、传播航道讯息,告知中外航商。

3. 港口引水　1843年10月,中英《五口通商章程》规定,凡英商货船进出广州、福州、厦门、宁波、上海等通商口岸,须由引水员引领,方准航行。所有引水事务均由停泊在通商五口的英船管事官负责,由其雇募引水人员并按水程远近、水况平险等因素发放引水费。翌年,英国驻沪领事向在沪英籍船员和退休船长签发上海港引水执照,开外国人充任上海港引水员的先例。1851年,上海港已有4名英籍引水员。其后,美国、法国、瑞典、挪威等国纷纷效仿这一做法,逐渐形成由各国领事共同管理引水事务的局面。

各口岸外国领事争夺引水权,影响港口秩序。为统一中国水域的引水管理,1867年5月,总理衙门委托总税务司赫德代表清政府与英、法公使协商起草《各海口引水总章》。翌年4月,该章程正式颁布施行,共十款,规定引水事务由海关约同各国领事馆等共同管理,具体引水事务则由总税务司署船钞部设在各口的理船厅负责。该部门同时还负责制定港口内外不同船只引水费的收取标准。非经海关准许任何人不得引水,中国人及有约国人经海关批准后均可充任引水工作,引水员一律由考选局选拔录用,秉公考试,择优入选,一旦入选即发给引水执照,以证明其引水资格。

《各海口引水总章》颁行后,上海、宁波、福州、厦门、牛庄、天津等口岸海关相继制订引水分章。此后各港口引水事务有章可循,秩序稳定。1870年初,各通商口岸已有正式引水员203名,其中中国籍引水员103名。

20世纪20年代初,世界航海运输方式发生巨大变革,早期进出中国沿海各港口的帆船被大吨位轮船所取代。由于引领此类船舶需具备大吨位轮船驾驶经验,所以缺乏此类引水经验的华籍引水员数量日益减少。1922年,北洋政府海军部发觉了引水权旁落的危害性,呼吁重修引水章程。同年,时任总税务司的安格联提议,由各口海关理船厅组织该口引水公会招用华籍学员并对其进行训练。随着华籍学员引水熟练度的提高,各口理船厅对引水员资格进行调整,逐步扩大华籍引水员人数比例。1931年,各口引水职位基本由华员充任。南京国民政府成立后,民族意识空前高涨,国家主权观念更为深化,引水问题受到更大重视。财政部会同交通部,于1931年10月制订《中华民国各口引水暂行章程》,1933年正式发布《引水管理暂行章程》,但终因日本的逞强阻挠而告失败。1945年9月,国民政府颁布《引水法》,确立交通部为全国引航管理领导机关,下设全国引水管理委员会。

4. 河道疏浚　港口河道关系到外国船舶能否畅通进出口岸,如果堵塞,通商贸易就无法进行。自19世纪50年代始,轮船逐渐成为进出中国通商各口的主要船舶。与此同时,中国部分港口航道因泥沙淤积而逐渐变浅,严重影响轮船进出。如上海港的黄浦江、天津港的海河等均因淤浅严重,影响轮船航运。同治七年(1868),船钞部下各口设理船厅,具体负责所在港口的航道疏浚。从淤积较为严重的港口开始实施,由该口税务司、海关道会同有关部门共同负责,其所需经费由海关附征的浚浦捐支出。1912年后,总税务司署船钞部改称海政局,原船钞部承担航道疏浚事务改归总税务司署新设的工程局负责,各港口疏浚机构随之调整。

1936年,上海、天津、营口、福州等各港口疏浚部门在海关关税资金的支持下,已先后开展多项疏浚整治工程,效果显著。如上海浚浦局组织实施复兴岛吹填及陆家嘴锐湾填底两大黄浦江工程,黄浦江航道最低水位已由1912年的19英尺(5.8米)增深至1936年的26英尺(近8米)。川江打滩委员会则先后完成崆岭炸礁、柴盘子导流堤和青滩纤道等工程。1937年日本全面侵华后,各口疏浚船只大多被日军毁坏或劫夺,航道的疏浚工程即告停顿。抗日战争结束后,海关不再参与航道疏浚事务。

5. 港口安全　第二次鸦片战争结束后,通商口岸增开,船舶进出数量随之增加,外籍轮船为抢夺泊位锚地,经常无视港章规定,导致碰撞事故时有发生。同时港内还出现货物被偷盗现象,港口秩序混乱。此类情况在上海港尤为严重,货商纷纷要求海关采取措施,维护港口安全。

1868年5月,总税务司赫德下令在江海关设立港口警察,由江海关理船厅统一管理,其职责为维持港口治安、执行港口船只管理章程、管理水上交通、保护海关水上财产及防止窃盗等。翌年3月,江海关港警正式建立,设英籍警官7人,华籍警员38人,均配备武器,并赋予港区范围内缉私和逮捕人犯权,成为港口水上武装力量。之后,厦门、广州、天津等口也因安全需要相继设立港口警察,由各口理船厅统一管理,其职责与江海关相同。至此,各口治安事务均由理船厅管辖下的港口警察负责。与此同时,总税务司署要求各关根据具体情况制定各口港章,对港口实施安全管理,并规定港口船只管理均由该口理船厅管辖下的港警负责。

20 世纪 20 年代初,进出中国沿海港口尤其上海港的船舶数量大增,港警承担的港口治安事务范围随之扩大,除管理水上交通、保护海关水上财产等事务外,还负责港口的消防安全、航道畅通等。具体包括:港警在沿岸码头设立警戒,防止船只过多并靠;检查夜间港内停泊船只是否悬挂航灯,防止事故发生;负责调查港内船只碰撞事故,并将调查报告报送理船厅。此外,部分港口的港警还设有武装保镖,以护送各大银行运输的金银财物及贵重货品。在此情形下,上海、广州、天津、厦门各口港警纷纷增加警员,扩充警力、更新设备。

日本全面侵华后,中国沿海、沿江地区先后被日军侵占,部分海务、港务事务因战事而中断,抗日战争胜利后重又恢复。1949 年 5 月 27 日,上海军事管制委员会接管总税务司署驻上海办事处。1950 年 10 月 25 日,海关总署在北京宣告成立。1950 年 11 月 16 日,海关总署根据政务院决定,将海务、港务事务全部移交至交通部和省市港务局,中国近代海关历经 90 年规划、经办的海务、港务宣告结束。

6. 气象与水文观测　19 世纪 60 年代初,由于航行船舶缺乏相关气象预警,船只因恶劣天气在中国沿海触礁或沉没。1869 年 11 月,总理衙门委托总税务司署承办气象观测事务,向航行船舶提供气象服务。同年,赫德发布通令,称所设新关大多分布在中国沿海、沿江等广袤水陆地域,各关在无须增设机构及人员的情况下,可从事气象观测,并令各关自次年起设立海关气象站并挑选合适人员担任气象观测及记录工作。

1870 年起,沿海、沿江各关陆续设立气象测候站,为航行船只提供气象服务。如江汉关气象测候站设立后即对风向风力、气压、湿度、降雨量等进行观测和记录,使航船尽早获知气象情况,早作预防。江汉关气象测候站附属于江汉关监察课,由总巡兼理船厅负责此项事务,外勤人员则兼任具体观测工作。1879 年 7 月,总税务司署船钞部与上海徐家汇观象台(天文台)正式合作,由海关设在沿江、沿海灯塔站内的测候站向徐家汇观象台拍发电报,提供各种气象信息,徐家汇观象台则根据海关所提供的测站记录为航海船舶提供气象预报。

19 世纪 60 年代初,长江行轮逐渐增多,为航行安全,总税务司署令江汉、江海两关对长江水位进行观测并发布水位信息。自 1868 年起,各口理船厅相继设立,长江水位观测事务由沿江各口理船厅负责管理,重庆、万县、宜昌、沙市、长沙、九江、芜湖、金陵、镇江等沿江各关仿效江汉、江海两关做法,先后在江边设立水尺以判断航道深度。未设关的沿江各要点如宜宾、城陵矶、湘阴、沅江、南通等处也先后设立观读式水尺。

1918年5月,沿江各关的水位观测事务已初成规模,凡设水尺的海关均设有水位站,由专人将每日定时观测的水位记录报告江务部门。如江海关将有关水文观测数据印制成潮汐表,提供给航运部门。江汉关则定期测出长江洪水的最高水位点,为治理长江提供宝贵的水文数据。自该年起,沿江各关相继将有关水文观测数据印制成水文潮汐表,供港口部门参考使用。抗日战争期间,水文观测事务因战事而停顿,抗日战争结束后重又恢复。1949年,长江水文观测事务改由长江水利委员会工程局接办,该局仍沿用海关所设的水尺观测水位。

(二)兼办邮政和教育

19世纪60年代起,中国近代海关在总理衙门授权下,除办理税务、海务外,还先后办理邮政、同文馆、税务专门学校办学等事务。

1. 兼办邮政 1858年中英《天津条约》第四款中规定:"大英钦差大臣并各随员等皆可任便往来收发信件,行装囊箱,不得有人擅行启拆,由沿海无论何处皆可送文,专差同大清驿站差使一律保安照料。"1860年,外国使节派驻北京。1861年,刚刚成立的总理衙门负责各使馆信函传递的安全事务。来往文件改由总理衙门代寄。由于总税务司署邮件与驻京各国使馆邮件大多以外文书写,属外文官函,为便于邮件的封发分送,1866年,总理衙门遂将使馆外交邮件及海关官函邮件的邮递事务交由总税务司署办理,由海关设邮寄处所(亦称海关书信馆),具体负责邮件的封、发、分、送。自该年起,海关开始兼办官方邮件的邮递业务。

1876年,海关扩大邮递范围,除办理官方外文信函外,还负责商民外文信函的寄递。为处理数量繁多的中文信函,1878年,经总税务司授权,津海关税务司德璀琳同意天津大昌商行提出开设海关邮务代理机构的申请,批准其在北京、牛庄、天津、烟台和上海开办华洋书信馆,作为海关书信馆的代理机构,专门从事中文信函的收寄、投递业务。它依照欧洲办法试办邮政,并于同年7月,在上海印制了中国第一套近代邮票(习称"大龙邮票",面值1分、3分、5分),开始收寄华洋公众邮件。

1879年,总税务司署发布通令,要求各海关书信馆统一改称"海关拨驷达局"("Customs Post Office"的音译),负责官函、民信的邮递业务,由各关税务司统一管理。翌年,赫德下令在津海关暂设邮务总办事处,指令津海关税务司德璀琳为邮务负责人,统管各地邮务。与此同时,赫德还下令拨发专款,用于设立和维持海关拨驷达局的开支。

19世纪80年代中期,在海关拨驷达局办理邮递业务的同时,还有英、法、美、日、德、俄等国在中国部分通商口岸私设的办理外洋邮件的邮局(也称客邮),亦有承担民间信函寄递的各地民信局。对此,海关渐有统一管理中国邮政的设想。赫德经过长期活动,终于在1896年4月获光绪皇帝批准,海关正式代办大清邮政即国家邮政,总税务司兼任总邮政司,海关拨驷达局统一改作邮政局。翌年总税务司署另设额外邮政总办,受辖总邮政司,负责总邮政司署各项邮政事务。各口岸邮政局均由海关外籍税务司兼管,并向中国内地推广。至1903年,海关已开通邮路达8 200余里,邮政总局共计33所、邮政分局共计309所、支局及邮政代办所共计388所。

1905年,清政府设立邮传部。1908年,清政府决定由邮传部从海关接管国家邮政事务。1911年5月,邮传部正式接管邮政事务,帛黎调任邮传部任邮政总办。海关向邮传部共移交邮政总局、分局、支局及代办所共计4 800余所,移交海关邮政人员1.2万余人。

2. 京师同文馆 赫德深知文化教育的重要作用,在总理衙门成立之初,积极建议筹办培养办理外交事务人才的学校。为培养中国的翻译人才,以应对日益增长的外交事务,咸丰十一年(1861)总理衙门设立后,清政府即采纳署理总税务司赫德的建议。1862年,中国第一座专门培养翻译人员新式学校——京师同文馆(简称同文馆)成立。馆内设各级管理人员,依次为总管大臣、专管大臣、监察官、提调、帮提调等。总税务司赫德奉总理衙门之命担任同文馆监察官。同文馆办学经费从海关所征船钞的三成拨付,其外籍教习均由署理总税务司赫德统一聘任。

1865年,总税务司署迁驻北京后,赫德向总理衙门提议扩大同文馆教学范围,即由单一培养翻译人员的学校转向开设自然科学和应用科学等门类的综合学校。翌年,总理衙门采纳赫德建议,批准同文馆设立天文算学馆(格致馆),并同时开设自然和社会科学等课程。为解决新开课程的教习聘任问题,1866年,经总理衙门授权,赫德利用其回英国休假的机会招聘教授化学、数学、天文学等学科的教师。1866年,在赫德的建议下,同文馆招生方式发生变化,所招学生的年龄放宽至20—30岁之间,并且不限在八旗子弟中招收。同时实行考试录取方式,而非保送入学。对通晓算学人员,可不限年龄,破格录取。

1869 年,经赫德推荐,总理衙门任命英文教习丁韪良(William Alexander Parsons Martin)为同文馆总教习。1876 年,因海关拨付的办学经费充裕,同文馆逐步扩大办学规模,相继添设化学实验室、科学博物馆和一所印刷所。自该年起,同文馆学制从开办之初的三年增加到五年,若同时学习外文及其他各科的,则延长至八年。1888 年,同文馆规定学生除修正课之外,须为总理衙门兼任译员。为此,同文馆自该年起增设翻译处,先后选拔优秀学员任总理衙门翻译官,参与总理衙门外交活动。

因同文馆教习的聘任及其教学的安排等均由总税务司署统一管理,故 1888 年,同文馆教习正式纳入总税务司署编制,其名单编入《新关题名录》。1900 年,同文馆遭焚劫。1902 年京师大学堂开办后,将同文馆并入其内。至此,同文馆脱离由总理衙门改设的外务部,总税务司署教习部门随之取消。

3. 税务学堂　20 世纪初,清政府中的一些有识之士,主张采取改革措施来削减洋员控制海关职权。为此,以唐绍仪为代表的有识之士开始筹办税务学堂。1908 年税务学堂(1912 年更名为税务专门学校)宣告成立,赫德得知该校成立的消息后,感慨"结束外国人管理中国海关的日子不远了"。

税务处派陈銮为学校总办(校长),赫德推荐蒙自海关税务司邓罗(C. H. Brewitt-Taylor)为洋总办(副校长)。税务学堂成立之前,税务处曾和赫德商定,毕业生前四名,进入海关即任命为帮办。但在 1913 年 1 月第 1 期学生毕业后,当时总税务司安格联借口毕业生尚不熟悉海关业务而不同意任命为帮办,须待进关试用再考核。

从 1908 年建校后,各期学生积极参与争取关税自主的斗争。1929 年元旦,北平税务专门学校隆重举行成立 20 周年纪念大会。同年税专海事班在上海开办,定名为税专第一分校。后又开设外勤班,定名为税专第二分校,1937 年税务班、外勤班、海事班合址。抗战期间,曾由上海先后迁往香港、重庆等地,抗战胜利后返迁上海。

(三) 承办博览会

1867 年,法国举办巴黎国际博览会并邀请中国参展,清政府委托总理衙门全权负责筹展、参展事务。总理衙门随即通知总税务司并建议由总税务司组团赴展,总税务司赫德派法籍税务司美理登出国参展。1873 年,奥匈帝国举办维也纳国际博览会,邀请中国参展,总理衙门将筹展、参展博览会事务正式授权总税务司办理。

此后至 1905 年,清政府授权海关统管出国参展国际博览会共计 28 次。在海关统管参展博览会的 32 年间,赫德拟订和签发有关博览会事务总税务司通令计 53 份,海关总税务司署造册处印刷博览会中国展品目录(英文、法文本)11本。海关负责筹备参展博览会,对促进中西文化交流起到一定作用。1905 年由于海关在圣路易斯博览会的参展展品大多展示中国落后面貌,被认为"举腐朽之状态,视华商为下等国民",从而引起清政府的不满,故列日世博会成为海关筹展、参展的最后一届博览会。之后,清政府将此项事务交商部办理。

(四) 受理商标注册

20 世纪初,随着中国进出口贸易的增长,商标仿冒事件发生频繁。为维护外商权益,1903 年,清政府设立商部,并在商部内设立商标注册局,为中外厂商办理商标挂号和批准使用商标备案。1904 年 8 月 4 日,清政府颁布了中国第一部经光绪皇帝钦定,由海关总税务司亲自起草拟订的商标法规——《商标注册试办章程》,规定商部设立注册局办理注册事务,并在津、沪两地海关设立商标挂号分局,以便挂号者就近呈请。同日,商部专门向津海关、江海关海关道下发"会同税务司办理商标挂号分局由文",要求在津海、江海两海关设立挂号分局;商部同时又向外务部递送咨文,请知照总税务司转札津沪两关办理商标挂号。自此开始,津海关、江海关挂号分局成立并受理中外厂商的商标挂号事务,形成了商标挂号分局制度。

1906 年 10 月,清政府将工部并入商部,改称农工商部,原商部管辖的商标注册事务改由农工商部接管,具体商标注册仍由津海、江海两关负责。1907 年 3 月,津海关停止受理商标注册,其辖区内华、洋厂商商标注册改由北京商标局办理。民国成立后,北洋政府将农工商部改称农商部,商标事务仍由农商部统一管理,部分区域的商标注册登记仍由江海关负责。1923 年 5 月,北洋政府成立农商部商标局,正式公布施行商标法。同月,江海关挂号分局撤销,其商标注册业务随即终止。在近二十年的时间内,上海、天津两地海关挂号分局共受理商标注册 3 万余个,其中江海关挂号分局办理的商标注册居多,而且大都是办理外商的商标注册。

(五) 代为采购军火

第二次鸦片战争后,以赫德为首的一批海关洋员在组建海关机构及其业务制度获得成功之后,凭借他们"双重身份"的特殊地位,取得清政府中洋务派首脑如奕䜣、曾国藩、李鸿章、左宗棠等人的赏识和信任。赫德从此成为清朝总理衙门的重要顾问,各地税务司一般也成为各省督抚的外事顾问。这批海关洋员以海关为据点,参与了中国内外债赔、军火采购及外交谈判等活动。

为围剿太平军,1861年清政府特令总理衙门购置外国军火,用于清军水师的装备,总理衙门委派署理总税务司赫德参与军火的购置。赫德遂向总理衙门呈报购置方案,由海关关税中拨款,到外国购买兵船枪炮。为速办此事,赫德向总理衙门建议由在英国休假的总税务司李泰国代为办理。1862年4月,赫德受总理衙门委托致函李泰国,请其在英国代为购买兵船并筹建舰队,同时在英国招募英籍人员充任兵船船驾、炮手和水手,邀请熟悉船务并且诚实可靠的英国海军军官充任训练官。赫德还将购置炮船、筹建舰队的书面许可及费用寄送李泰国。

李泰国购置组建的舰队(共八艘舰船,即阿思本舰队),于1863年驶抵中国。因李泰国擅自任命英国人阿思本(Sherard Osborn)为舰队司令,并在舰队指挥权问题上触怒了中国当局。本来恭亲王奕䜣就因李泰国桀骜不驯"屡欲去之而不能",正好借"办船贻误""虚靡巨款",解除了他的总税务司职务,并决定遣散舰队。这支舰队未能参与镇压太平军,却白白耗费了近百万两银子。

19世纪70年代中期,日本蓄意侵略台湾,并吞并琉球群岛。清政府遂加紧筹划水师装备的采购,并授权总理衙门办理。1874年,总理衙门委托总税务司赫德代为购置炮艇。同年9月,赫德向总理衙门建议从英国购置海军炮艇。该建议获批后,赫德即通知总税务司署驻伦敦办事处税务司金登干,指示其了解英国炮艇详情及报价。1876和1877年,金登干向阿姆斯特朗公司订购了排水量分别为319吨和400吨的炮艇各两艘,1879年又购到四艘炮艇。

为加强海防力量,1879年清政府决定筹建北洋水师。总理衙门受清政府委托,委派赫德办理大型军舰订购事宜。赫德指令金登干向英国订购两艘巡洋舰,并借此向总理衙门提出设立总海防署,由他担任总海防司,但因遭到薛福成、沈葆桢等许多高级官员的反对,未能如愿。1882年,赫德转而向清政府推荐英国海军军官琅威理(Lang William M)担任北洋水师总查,挂副提督衔,负责北洋水师的组织及操练,并直接向直隶总督兼北洋大臣李鸿章负责。

1888年,北洋水师正式建立,其舰队规模为亚洲第一,其中包括巡洋舰、炮艇、训练舰和鱼雷艇在内的12艘军舰均由总税务司署驻伦敦办事处从英国订购。另外,海关所征关税亦成为清政府筹建北洋水师及建设海防的主要经费来源。

(六) 参与外交谈判

自1865年起,赫德应总理衙门之邀留驻北京参与商议外交事务。总理衙门把赫德作为"可以信赖的顾问",要他"不但在税务和商务问题方面,而且在外交和内政事务方面",特别是在"新颖而困难的国际问题上提供情报和建议"。金登干是赫德的亲信,自 1873 至 1907 年病死,长期担任海关驻伦敦办事处税务司,是赫德探听英国及国际社会信息,参与清朝外交的重要人物。此外,还有其他洋员也参与了清政府的外交事务。如德璀琳(Gustav von Detring)自 1872 年起长期担任津海关税务司,因天津是李鸿章的北洋大臣驻地,德璀琳借机接近李鸿章并取得信任,从而参与清政府的外交活动。下文简要介绍晚清海关总税务司赫德曾参与过的中法、中英、中葡以及辛丑议和等外交谈判。

1. 中法谈判 自 19 世纪 60 年代开始,法国先后占领越南各省,在滇越边境与中国对峙。1883 年中法战争爆发后,总理衙门将中法交涉事务交由总税务司赫德办理。1884 年,赫德指示总税务司署驻伦敦办事处税务司金登干赴巴黎进行外交活动。1885 年,赫德委派金登干为专使,让其代表清政府与法国外交部官员在中法《停战条件》上签字。《中法新约》造成了中国不败而败,法国不胜而胜的局面。从此,法国侵占了整个越南,中国西南边境的危机加深了。

2. 中英谈判 赫德参与调解"马嘉理案",1876 年清政府签订中英《烟台条约》。其中进一步侵犯海关主权的条款有:增开宜昌、芜湖、温州、北海四处为通商口岸,长江沿岸增加六个轮船停泊处,租界内洋货免收厘金,洋药(鸦片)进入内地的厘金和关税在口岸一并交纳,华商运洋货进内地可享受子口半税待遇等。

中法战争后,英国加紧谋图插足云南及西藏边境,这样就发生了中英缅甸问题和西藏通商问题交涉。1885 年,英国发动了第三次侵缅战争。清政府令出使英法大臣曾纪泽和总税务司赫德,分头向英国提出交涉。1886 年,中英签订了《缅甸条约》,承认了英国对缅甸的占领。

自 1886 年起,英国又派军进攻西藏边境,侵占咱利、亚东、朗热等地,强令清政府缔结条约以保证印藏通路、边界通商。1888 年,清政府命驻藏大臣升泰在纳荡(亚东附近)与英国代表保尔谈判。因谈判久无结果,总理衙门听从总税务司赫德的建议,派税务司赫政(James Henry Hart,赫德之弟)协助办理。1889年,赫德致电赫政,令其在中国驻藏大臣升泰需要协助时担任翻译工作。1890年和 1893 年中英先后签订《会议藏印条约》和《会议藏印续约》,使英国取得了对哲孟雄(锡金)的统治和西藏通商特权(包括亚东设关,免收进出口税),英印货物从此占领西藏市场,进而远销四川、云南、青海地区。

3. 中葡谈判 澳门自古是中国领土,原属广东香山县管辖。1557 年葡萄牙人通过贿赂广东地方官员得以在澳门定居。第一次鸦片战争后,长期侵占澳门的葡萄牙当局擅自宣布澳门为自由港,并驱逐粤海关设在澳门的海关办事机构(澳门总口南湾税馆)。第二次鸦片战争爆发后,鸦片被改称为"洋药",允准征税后合法进口。19世纪80年代中期,随着《烟台条约续增专条》的签订,鸦片税厘并征办法开始在各口实施,香港、澳门地区日渐成为走私贩运鸦片的基地。1886年,总理衙门委派赫德亲赴澳门,会商葡萄牙当局查禁鸦片走私办法。赫德向总理衙门提出,唯有与葡方谈判并承认葡萄牙在澳门的地位,才可解决珠江口鸦片走私问题。赫德为此建议与葡方订立条约,将澳门永租葡萄牙而不收取租银,总理衙门以增加鸦片税收为由,默许赫德的请求。1887年,总理衙门根据赫德建议委派总税务司署驻伦敦办事处税务司金登干和葡政府谈判,以由葡萄牙"永据"澳门为条件,换取葡澳殖民当局协助洋人控制的中国海关征收洋药厘金,先后签订中葡《会议草约》和中葡《和好通商条约》。

4. 参与拟定《辛丑条约》对外赔款方案　1900年义和团运动发生后,八国联军攻占北京并向清政府勒索赔款。在清政府急于求和的局势下,总理衙门要求总税务司赫德出面调停,维持和局。赫德应允参与清政府与各国公使有关赔款数额的谈判。

谈判过程中,俄、美等国以解决中国财政困难为由,主张以借款方式进行赔付,并提出联合贷款的要求。赫德对此竭力反对,提出将赔款转化为债款,由中国政府加保后分期摊还。1901年3月,赫德向北京公使团赔款委员会提交有关赔款问题的意见书。根据其对中国财政的调查结果,提出具体赔款方案:盐税、常税等为主要赔款担保,关税(已作外债担保)为次要赔款担保,将通商口岸五十里内常关归入新关管理,提高税收。与此同时,赫德还根据中国财政每年收支状况,提出偿付赔款"还本带息每年少则二千万两,多则三千万两"。1901年9月签订的《辛丑条约》,不少条款就是按照赫德的建议制定的。根据和约,中国赔偿数额共计白银4.5亿两,年息四厘,本金分三十九年清还,利息每半年给付1次。清朝统治者因赫德居间调停、主张保存清王朝而把他视为救命恩人。

外籍税务司管理下的中国近代海关,是适应不平等条约的需要,构建和维持半殖民地贸易秩序而建立的。英国在争夺晚清中国各项权益时一直占有优势地位,为了保障在华的最大利益,英国把中国海关建成了中英关系的基石。赫德为缓和列强各国对海关管理权的猜忌和争夺,维护海关的稳定和正常运作,提出所谓"国际性"原则,确定进入海关洋员国籍比例、职位平衡主要依据各国对华贸易总额和侵略势力的强弱的原则。在使海关人员构成上成为"国际性的组织"后,赫德又以"国际官厅"为名,声称中国海关政治"中立",强化海关的独立王国性质。海关机构的设置随着不平等条约规定的口岸开放而增加,海关的业务管理以服从服务于列强侵华的利益需要为轴心,便利外国商品和资本输入,海关行政人事掌于外人之手,陈诗启认为近代海关是列强在华最得力的工具和侵略基石,费正清认为它是清朝和英帝国的共治,方德万认为它是一个"边界政权",总之,在实质上它已不是中国的一个普通政府机构。

　　(本讲第三部分洋务运动与海关的繁杂职权之海务港务部分,摘编自《中国近代海关的航海知识生产及其谱系研究》,载《国家航海》第 16 辑,2016 年)

第八讲　辛亥革命前后海关半殖民地程度的加深

　　近代海关作为一个税务行政机关,其主要任务就是征收关税等。在中国近代海关发展史中,海关与财政的关系一直占着最重要地位,它沿着两条道路发展,一是不断扩展其征税范围和权力,二是不断密切其与外债和赔款的关系。前者使它愈来愈多地囊括中国的税源,成为中国财政收入的支柱。后者则使它愈来愈紧地与侵华资本相勾结,极力操纵中国近代财政经济命脉之能事。海关总税务司安格联自辛亥革命起,逐渐认识到中国政府软弱可欺,遂利用所掌握的关税保管和支配之权,傲慢专横地干涉中国内外债券事务,使海关形成"国中之国"的异常局面。他自视为海关独立王国中的国王,凌驾于中国政府之上,采取依靠西方列强的错误路线,到了 20 世纪 20 年代,在民族主义浪潮的影响下,最终遭到被中国政府所抛弃的下场。

一、关税抵押债赔

　　据《粤海关志》记载,从 1820 至 1838 年,关税收入通常在 140—150 万两。[①]《清史稿·食货志》载 1842 年政府岁入银为 3 714 万两,以此推算,关税占国家财政收入为 4% 左右,所占分量不重。从五口通商而后到新关局部建立再发展至正式建制,厘金洋税逐渐跃为收入大宗,但具体数字资料不详。自外籍税务司制度在全国确立,海关业务渐入正轨后,税收激增,至 1862 年已增至 663 万两。据海关的报告,至 1872 年虽不包括船钞也已超过 1 000 万两。随着第二次鸦片战争后通商口岸的连续增开和洋药厘金的征收,至 1887 年则已超过 2 000 万两。由刘岳云的光绪会计表岁入总表,刊于皇朝掌故汇编者核算,1890 至 1894年关税收入约占总岁入的 20%,洋税成为逊于地丁,与厘金互为消长,为总岁入的第二或第三重要的项目。

---

　① 〔清〕梁廷枏:《粤海关志·税则三》,广东人民出版社,2014 年,第 210—211 页。

清代的海关是集税务、财政于一体的国家机构,其职能大致可以分为估税、关税收纳、税款保管和税款分配四部分。两次鸦片战争期间确立的新式海关和外籍税务制度,洋人税务司不过是承担了原本由海关监督承担的估税部分职能,尚无直接管理和收支关税的权力。那时,关税收纳、税款保管和税款分配职能依旧由各地海关监督办理。监督处理税款时不必问税务司或总税务司,总税务司必须奉命令并向税务司下达时,税务司才能动拨税款,总税务司只是督促各关税务司呈报税收数字和审核纳税收据而已。也就是说,晚清的海关是一种特殊的二元体制:税务司("夷人")直接和外国商人交涉,确定应缴税额,并管理港务、分析经济情报等;海关监督负责与财政更为直接的职能,而外人是无法直接探究中国财政收支情况的。①

自 19 世纪 60 年代起,借着一系列战争赔款、外债偿付等历史契机,外籍税务司逐步参与并掌控了部分海关税款收支保管权。1860 年《北京条约》规定,新增税收的洋税,财政支付的原则是分成十成,其中四成解交部库,其余用做扣还洋款即赔款和外债所用。偿赔英法两国税款的征收、保管、会记诸事宜由海关外籍税务司监督,归总税务司主管,有关账册还须交英法领事审核。由此,海关建立了定期汇解赔款税款,集中汇付外国银行的工作制度,外籍税务司拥有了部分关税收支管理权。至 1865 年,原应赔缴洋款已经扣完,即除解交部库的部分外,其余仍留在各关,以备支应各种重要拨款所需,如海防经费、出使经费、同文馆经费、河工、京协各饷等。还有海关本身经费为一笔大数,经常占到关税总收入的十分之一左右。海关行政费用太高,主要高在洋员待遇。但依最早将海关行政权委之于外人的决策者的想法,仍是合算的,因为待遇福利好,成本虽高,但收益也高。去掉大约一成的"成本费",其余部分悉入国库不入私囊,从收税充裕中央财源的观点来看,还是划得来的。有清一代,海关自身经费占关税收入的成数并未减少。

由于关税收入稳定,没有风险,而且一直在稳步上升,自 1853 年苏松太道吴健彰向上海洋商举债,由江海关"洋税"扣还后,海关也逐渐卷入借贷事务之中。1867 年左宗棠为平定新疆阿古柏叛乱而要筹集 100 万库平两的借款时,这笔借款原需要由粤海关、闽海关、浙海关、江汉关和江海关的税收作担保,但江海关税务司费士来以他会承担个人责任为由,拒绝会签该债券。1868 年,总税务司赫德曾就海关所征关税用于担保及摊还外债一事发布通令,规定凡以各关关税作

---

① 任智勇:《晚清海关再研究:以二元体制为中心》,中国人民出版社,2012 年,第 117 页。

为地方小额借款担保或偿还各项债务的,必须要有清政府谕旨、总税务司批准、各关税务司画押才能生效的原则。非经同意,各关不得自行将所征税款用以地方借款的担保或擅自签署借据。①赫德的目的就是使借款变成清政府的正式债务,海关拥有了控制以关税抵押外债的权力。即便如此,海关税务司仍会签上"无权追索",意味着他们担保此项贷款已遵循正当的程序,但税务司个人不会为此担负责任。

在中日甲午战争之前的几十年里,海关以及汇丰银行早已使一个对中国贷款的小型市场在英国诞生。鉴于海关的信誉及良好准时的还贷记录,中日甲午战争期间,清政府为筹集军费4次举债,其中由赫德经办70%,向汇丰银行借了2 865万两白银。甲午战败后,根据中日签订的《马关条约》等不平等条约,清朝须在短期内付给日本2.3亿两赔款和赎辽款项。由于战后清政府财政极度空虚,无力偿付巨额赔款,清政府先以4%的利息向俄法银行财团借款1 600万英镑,后再由赫德牵线,按5%的利息向英德借款1 600万英镑及按4.5%利息续借款1 600万英镑,其中除确定海关关税和长江沿岸七处盐厘货厘用做借款的担保外,还附有破坏清朝主权的政治附加条款,在四十五年的贷款偿还期内,海关的管理不能变更,只要英国对华贸易高于其他国家,总税务司就必须是英国人,这是抗衡俄法等国乘借款之际争夺海关控制权的关键步骤。自此,海关关税由清政府的"国用"转变为向列强赔款和借债的抵押品。

义和团运动之后,赫德担心中国不要像埃及那样,千方百计地"阻止成立一个国际管理委员会管理中国的财政"的方案,当各国接受海关按年分摊的办法后,赫德感叹"据闻各使馆终于发现不能忽视海关,因此,我们在承担此项任务下,将比过去的权力更为强大了"②。1901年10月7日,中国与英、法、德、俄、美、日、意、奥八国正式签订《辛丑条约》。根据条约,中国需支付巨额赔款共计4.5亿两白银。由于无力偿付巨额赔款,清政府被迫将赔款改为保票(定期公债券),分三十九年偿清,每年需追加剩余赔款的4厘年息,按当时签订时的金银汇率计算,至少赔款9.8亿海关两。赔款条款规定,中国以关票(关税)支付偿还,须有外籍税务司参与经办。庚子赔款由海关、常关所征税款作为担保。海、常关税仍不敷担保,又不得不加上盐税和部分百货厘金。连同作为抵押品的部分盐税、

---

① "内债由关税担保:相关各口税务司予以落实",总税务司署通令第18号,1868年1月22日,载中国海关学会编译:《旧中国海关历史文件选编》上册,中国海关出版社,2021年,第144页。
② 1901年5月9日、5月12日赫德致金登干新字第608号电,Z字890号函,载《中国海关与义和团运动》,中华书局,1983年,第20页。

厘金和常关税款,都定期汇解到海关,由税务司代为存交西方列强指定的银行。

为筹赔款,海关的制度、关税的税率税则等方面有所改变。综合马士、赫德所做的财政统计,1901 至 1905 年清政府岁入为 1 亿两上下,岁出则为 1.3 亿余两,赤字年年增长。其中海关税收激增至 3 511.1 万两,占岁入三分之一以上,比向为"国课"首位的地丁多出近千万两,遥领第一。关税激增的原因,除因进出口贸易额激增外,通商口岸五十里内常关改归海关税务司管理,其所征税费并入海关税款统计,进口各货核实值百抽五、金银货币行李以外的物品列入值百抽五项下等,也使关税增加。至清亡前的 1911 年,清政府的关税年收入为 3 617.9 万余两,而外债及赔款在 4 100 万之上,大部分靠海关税担保。海关税务司成为清政府借款还债的保证人和执行人,同时作为债权国和债务国之间的经理人,海关税务司基本上控制了中国关税收入的支配。

二、海关税款收支权旁落

辛亥革命之前,海关总税务司对关税收纳、保管和支配还没有直接的控制权,负责这些事务的是海关监督而非税务司。但 1911 年辛亥革命爆发后,在武昌起义前 9 天刚被正式札派为总税务司的英国人安格联(Francis Arthur Aglen),凭借统辖各口海关税务司、统一全国海关行政的庞大权力,利用各省纷纷起义和清王朝统治瓦解的混乱局面,夺取中国海关税款的保管权,完成了对中国关税从征收权到保管权的全面控制,进而为总税务司垄断中国财政打下了基础。

1911 年辛亥革命爆发后,帝国主义列强非常关心以关税作抵押的借款和赔款偿还问题。1911 年 10 月 14 日,在辛亥革命刚开始后的第三天,安格联为保全债权国,特别是英国的债权利益,维护清朝的垂死统治,就电令江汉关税务司苏古敦(A. H. Sugden):"你应当将税款想办法转入汇丰银行我的账内,等候事态发展。让税款跑到革命党的库里是不行的!"[①]九天之后即 10 月 23 日,安格联要求税务处会办大臣胡惟德把海关税款的控制权转移给他。他认为采取某种方针,确保关税不致为革命党用作军费并留供偿还外债,现在已经是时候了。

海关的行为引起了军(革命)政府的不满,并在不同程度上进行了斗争。10月 23 日,湖南都督函致长沙关税务司伟克非(C. F. S. Wakefied),声明湖南已经

---

① 1911 年 10 月 15 日安格联致江汉关税务司苏古敦函,载《中国海关与辛亥革命》,中华书局,1983 年,第 8 页。

宣布独立,并已接管海关和邮政局,要求职员们照常工作,改换旗帜徽章,并服从他们的命令。伟克非拒绝接受命令,并以罢关相威胁。安格联于 24 日和 26 日复电伟克非,"鼓励他们(关员)坚守岗位",并指示把海关税款暂交总税务司或领事团保管。① 11 月 23 日,英国驻华公使朱尔典(John Newell Jordan)给英国外交大臣格雷(Edward Grey)报告,"我在与总税务司商量后,就电令长沙领事同税务司合作,帮助税务司设法商定将税款以总税务司或领事团名义暂时保管。我向他指出,应当向革命政府讲清道理:税款实在是外国债券持有人的财产,如果革命党动用了,就可能同列强发生纠纷"②。由此可见,税款由总税务司或领事团保管的主意,是总税务司和英国公使共同策划的,他们在夺取起义口岸海关税款保管权、阻止革命政府利用税款发展革命势力的态度是一致的。

到了 11 月末,英国公使朱尔典借英德借款本利约 8 万镑因时局动荡而到期未付来进行施压,要求清政府采取措施来让总税务司掌控全部海关的税款,不但已经脱离政府的口岸海关,就是尚归政府管辖各口岸海关也要这么办。清政府面临着来自革命方面的致命打击,当然不甘心税款落入革命党手中,同时对于来自英国公使的压力,无法招架。税务处发函告知安格联,同意各海关税项暂由总税务司统辖,以备拨付洋债赔款。安格联接到札文后非常得意,他在发给各关税务司的通令中说:"政府批准这种在税务司中违反先例的事情,使得现在有可能在全中国按照近乎一致的方式进行(税款保管)了"。

1911 年 11 月,朱尔典召集公使团会议,决定向和关税担保债务有关的上海各国银行总董征询意见,组成特别委员会,提出债赔偿还方案,报经公使团修改补充为 8 条,称为《税款归还债赔各款办法》。③ 根据《办法》的规定,总税务司的权力从半个多世纪以来局限于关税征收,一跃而兼任保管税款的任务了。具体如下:

1. 此项委员会,须由关于庚子以前关税作抵尚未付清之各洋债银行与关于《辛丑和约》赔款之各国银行之总董组织成立。该委员会应决定各洋债内何款应行尽先付还,并编列一先后序单,以便江海关税务司遵照办理。

2. 关系尤重之各银行,即汇丰、德华、道胜三家,应作为上海存管海关税项之处。

---

① 安格联致伟克非函,载《中国海关与辛亥革命》,第 93 页。
② 1911 年 10 月 23 日朱尔典致格雷呈,载《中国海关与辛亥革命》,第 340 页。
③ 王铁崖编《中外旧约章汇编》第 2 册中作《管理税收联合委员会办法》,生活·读书·新知三联书店,1957 年,第 795 页。

3. 应请总税务司承认允将海关所有净存税项,开单交与所派之委员会,届中国政府复能偿还洋债之时为止。

4. 应请总税务司筹备由各收税处所,将净存税项,每星期汇交上海一次之办法。

5. 应请总税务司将上海所积净存税项,竭力筹维,于每星期均分,收存汇丰、德华、道胜三行,以作归还该项洋债及赔款之用。江海关税务司应由此项存款内,按照第一条委员会决定之先后,准其届期提拨付还。

6. 倘至 1912 年年底,情形尚未平复,届时必须算清下余若干,可作付还赔款之用。此项清单,须交外交团酌核如何分拨。

7. 该委员会应每三个月将所收关税如何拨付之处,由驻沪各国领事报告驻京各国大臣。

8. 此项办法,如有应行更改之时,得以斟酌损益。①

1912 年 2 月 3 日,税务处札行总税务司,同意列强提出的八条办法。就这样,帝国主义列强和海关总税务司安格联夺取了中国海关税收的保管权,根据上述保管办法,税款现款虽然存储于外国银行,税款的保管和动用,也须经过公使团的同意,但是实权则操于总税务司手中。总税务司署在经收各国赔款的各银行内开设总税务司赔款账户,并将所有到期应偿付的赔款事宜委托江海关税务司具体办理。

方德万深刻分析了中国丧失税收保管权的原因及严重后果,在海关夺取税款的过程中,炮舰的协助被证明是有效的。英国公使朱尔典向外交大臣格雷汇报说,汉口和长沙的革命党势力曾经试图扣留海关税款,但受"大批外国军舰停泊在长江上"的助力,这股势力已经被制服了。帝国主义的增强、清朝的虚弱和列强武力的干涉,尤其在安格联的管理下,海关自愿成为中国对外国银行欠款的讨债者。不管是袁世凯,还是革命分子,对海关接管关税都没有或没能提出反对。"外国银行获胜了,但中国并没有光荣地从 1911 年革命中蜕变成亚洲第一个共和国,反而变成袁世凯一个人的国家,而且袁世凯只能仰赖外国的善意和金援。甲午战争的赔款已经把中国带到财政行刑者所架好的断头台上,庚子赔款给中国套上了绞刑绳索,而 1911 年的革命终于把行刑的陷阱之门打开了。"②

① 《中国海关与辛亥革命》,第 549—550 页。
② 〔英〕方德万著,姚永超、蔡维屏译:《潮来潮去:海关与中国现代性的全球起源》,山西人民出版社,2017 年,第 212 页。

三、关税担保内债基金

中华民国成立后,1913 年 4 月,对华国际银行财团继续同意给予袁世凯 2 500 万英镑的善后大借款。该借款和以往一样,规定用剩余的关税作为抵押,此外还要抵押盐税,并且让外国人管理盐务稽核所。因附加的苛刻条件,善后大借款成为国民党于同年 7 月发动"二次革命"的导火线之一。1914 年的第一次世界大战,使得西方国家银行财团无法再继续贷款,北洋政府为应付日益严重的财政危机,转而发行内债来筹集资金,而且继续用海关关税等作担保。

1914 年,袁世凯在"二次革命"后设立了内国公债局。该局设董事会,由 16 名董事组成,董事分别来自财政部、交通部、海关、中国银行、交通银行及较小银行、债券持有人代表等。袁世凯为了利用海关的地位和信用发行公债,让海关总税务司安格联担任该局的经理专员,即会计协理,专门负责办理关税偿付内债事宜。除总经理签字外,均须由安格联会计协理副署才能生效,否则不能出纳任何资金。[①] 1914 年为镇压"二次革命",内国公债局发行 2 400 万银圆的第一期国债。1915 年袁世凯为复辟帝制活动的需要,又以全国未经抵押的常关税、厘金等为担保,募集了 2 600 万银元的国债。到了公债还本的时候,为巩固信用,1918 年 1 月,总统批准常关税款委托总税务司保管。海关监督管理的常关,由监督按月将征解常税交付税务司转解储存;距离海关较远的内地常关,由总税务司派员向关按月提取。

由于辛亥革命和关税收支权的丧失,海关便成了关税的"合法"保管机构,北洋政府期间又产生了关余问题。所谓关余,指的是海关税款扣除海关行政经费和由关税担保的债赔款项后的余款。世界上任何主权独立的国家,只有关税收入一语,绝无"关税盈余"一词,因为关税收入是一个国家财政收入不可分割的重要组成部分。之所以出现"关余"这一怪现象,是由于近代海关大权操于外籍税务司之手和政府腐败无能。

最初,以英国为首的西方国家侵夺关税收支权的主要目的是以关税收入抵付不平等条约规定的债赔款项。第一次世界大战期间,银价上涨,可以用较少的白银偿还中国的债贷,且随着中国进出口贸易的发展,关税收入相应增多,至1916 年海关税收达到 4 000 万海关两,盈余税款达 800 余万两,次年除偿付债赔

---

① 1914 年 8 月 1 日《财政部呈为设立内国公债局拟具章程勘定地点文》,载千家驹编:《旧中国公债史资料(1894—1949 年)》,财政经济出版社,1955 年,第 39—40 页。

各款和以盐税为担保的 1913 年袁世凯"善后大借款"外,尚有 1 000 万两盈余。此后数年盈余基本上逐年增加,大致在 1 500 万两到 2 000 万两之间。此笔关税余款本应归中国政府使用,外国无权干预。但西方国家驻北京的外交使节借口"中国关税之完全与关政之完整与各国有深切之影响",声言"中国政府应经过征求公使团同意之正式手续,方可动用关余"。这样,本应归中国政府使用的关余,中国政府也无权过问了。公使团对于庞大复杂的债赔保管、偿付、动拨和特提经费内容等茫然无知,一切都得征询总税务司的意见。这样,总税务司就得以从中操纵。安格联把总税务司地位、海关"安全"和垄断中国财政联系在一起,他毫不讳言地告诉税务司谭安(C. E. Tanant)说:"关于外国管理中国财政问题,不论采用什么形式,我总是争取通过我来进行,这样最能保障海关的安全。"①

国内公债局自 1917 年 5 月起曾一度撤销。后又有恢复的必要,1920 年,北洋政府重组国内公债局,安格联充任第一董事。1921 年,北洋政府滥发公债,本息过高,到期公债本息常常无法偿付,导致政府债信降低、社会恐慌和财政危机。安格联为此建议对国内公债基金进行清理。同年 3 月,北洋政府财政部制订整理国内公债办法,规定列入整理案内的公债本息基金均从常关关税收入及海关关税余款中偿付,并统一拨交至总税务司保管。同年 4 月 1 日,北洋政府设立经理内债基金处,任命安格联全权负责以关税为担保的内债的发行,内债基金的保管、支配及内债本息的偿付等。1922 年底,安格联将所有关余挪作内国公债基金,以偿付各项公债本息。

拨用关余充作内债,必然引发一系列内外政治纷争事件。当时西方国家只承认北洋政府为"合法"政府,当北洋政府伸手乞求关余时,还得以享受部分关余作为补偿军政费用和发行国内公债的担保品。因此,对北洋军阀政府,关余正是它们发动内战和维持运转的主要财政来源。但对孙中山领导的南方革命政府,外交公使团则阻挠拨付关余。1923 年 10 月,英、法、美、日四国公使抗议关余担保内债,要求无担保外债优先于整理公债,中国的银行业与商业界也通电抗争所谓"外债牵动内债基金"之事。广州国民政府的孙中山则为支用关余而截留粤海关关税,引起外国军舰开入广州省河示威。

安格联把管理中国的债务揽为海关的新事务,控制的权力和款项越来越多,使海关在安格联统治的十六年间,外交方面的作用相对减弱,但在财政、金融方面的作用大大加强。安格联俨然以北洋政府的"太上财政总长"自居,凭借手中

---

① 1911 年 12 月 2 日安格联致谭安函,载《中国海关与辛亥革命》,第 268 页。

把持的海关大权,特别是税款、关余、内债基金和其他各项重大款项的控制权,和银行界买办金融集团勾结起来,展现出西方帝国主义在中国的如日中天。

1927 年南京国民政府成立后,即面临严重的财政困境,为缓和财政危机,国民政府延续北洋政府时期的借债政策,以江、津海关所征"二·五附加税"为担保,发行公债。1928 年,南京国民政府实行关税自主,下令停止征收"二·五附加税",政府所发公债改由海关关税项下拨付。其后,公债发行逐年增多。1931年国民政府在上海成立国债基金管理委员会,负责保管基金及偿付到期内债本息等,时任总税务司的梅乐和(F. W. Maze)任该管理委员会委员。1937 年日本全面侵华后,海关所征关税因战争影响而锐减,国民政府决定改由其他税源为内债担保。从 1939 年 1 月起,国民政府开始停付内债本息,改行拨存办法。此后,关税不再作为内债的担保。

四、海关"国中之国"的异常局面

外籍税务司制度下的海关是执行估税和征收的专门机构,在整个赫德时期,他没去改变由上海道台于 1851 年颁布的海关章程规定:商人将所有的进出口关税和船钞直接寄给由道台指定的海关银号,不再像以前那样通过领事寄给海关,即关税既不经海关税务司之手,也不经过总税务司之手,直接交到中国政府的银号。安格联继赫德担任中国海关总税务司后,没有遵循赫德奉行的任何时候不要接触关税的谨慎政策,趁辛亥革命爆发之际攫取了中国关税保管权,后来在北洋政府政治动荡的局面中,他更加忘乎所以,视自己为海关独立王国中的国王,凌驾于中国政府之上,反仆为主。

安格联于 1869 年生于英国约克郡,出身上流社会,1888 年进入中国海关,先后在北京、厦门和广州等地任帮办。后升职极快,在 1896 年至 1908 年,历任津海关署理副税务司、金陵关税务司、江海关税务司、总税务司署总理文案税务司、江汉关税务司。赫德认为其在私交、社交和公务上都是最满意的人,曾书面记载称:"安格联是我们人员中最有前途希望的人。"1911 年,安格联升任副总税务司,10 月接任总税务司。他有着英国上等阶层的种族和道德优越感,认为对殖民地需要采取严格的管理,当时报刊评价安格联是北洋政府的财政沙皇,该时海关在外交方面的作用已相对减弱,但在操纵中国财政金融方面达到登峰造极的地步。

安格联担任总税务司后,为维护列强在中国的利益,命令将所有关税收入改存外国银行,牢牢控制海关税款保管权,产生了种种弊害,对中国财政、民族经济发展起了极大的阻碍作用。例如早在英、德、俄三大借款和庚子赔款之后,每年应付债赔两款,本息便达 4 200 万余两,其时皆存于上海各银号,平均每月有 350 万两可供上海市面的调剂。辛亥革命以后,所有海关税款都存储于外国银行,当金融奇紧之际,本国银行便失去调剂作用。于是,市场纷乱,利率奇高,这对工业的发展甚为不利。其次,本国资金归外商运用,于是外商日富,华商日绌,对外贸易为外商独占,越陷越深。再者,国际汇兑完全操控于外国银行,国库就得经受高率汇兑的损失。①

总税务司不但剥夺了海关税款的保管权,还剥夺税款的动用权,连不在债赔担保范围的税款都被囊括而去。袁世凯及其后起的北洋军阀,不但不想收回税款保管权,甚至把中国的税源如关余、常关税收等,一项一项地交给总税务司,以便凭借他所掌握的财政力量,大行举借内债。1918 年后,安格联接管了全部常关税款。此外,一战期间协约国诱劝北洋政府参战,决定自 1917 年 12 月起缓付五年赔偿庚款,并取消了德、奥庚款。安格联强迫北洋政府把这些原用于庚子赔款的海关税收都拨给了内国公债局。任何政府债券不管以何种形式作担保,必须得到安格联的同意,否则不得发售。1922 年 2 月 28 日,安格联在给伦敦办事处税务司阿其荪(G. F. H. Acheson)半官函中说:"我不否认海关是处于这种地位:'由于实质上的中央政府当局已经中断,海关发展的最后阶段已经到来,继续借款维持行政是必要的。现在海关已是一个国中之国(Imperium in Imperio),事实上独立于政府的财政事务之外,但最后解决问题所依靠的不是中国政府,而是列强。'"②海关有了列强的支持,遂成为北洋政府中的"政府"了。南京国民政府财政部长宋子文也曾直言:"有谓中国海关俨然政府中之政府","甚至总税务司一言,其效力等于财政部之成法。北京财政总长之命运,实操于总税务司之手。"③

凭借着手中握有的海关大权及其对中国财政的控制,安格联操纵经济政治,左右中国政局。1922 年 7 月由于法郎贬值,法国纠集比利时、意大利等国,要求按照条约签订时的黄金价格折算成"金法郎",以美元比价偿付庚子赔款,中国为此将损失 6 000 万元。在这场金法郎案中,安格联无理扣留 2 360 万元的关余、盐余,迫使段祺瑞政府就范。1923 年,安格联阻止了北洋政府更改内债基金办法的打算,杜锡圭内阁因安格联不肯提供"秋节库券"基金而垮台。安格联掌握

---

① 陈诗启:《中国近代海关史》,第 464 页。
② 伦敦大学亚非学院藏中国海关档案,PPMS2 Vol.5。
③ 1933 年 10 月宋子文在海关赠鼎仪式上答词,载《总税务司通令》第 2 辑(1933—1934 年),第 135—136 页。

中国的财政大权,当北洋政府急需用钱时,他却说:唯一要做的事情就是袖手旁观、保持沉默和静观其变,反正没有我的签字,别想得到我所控制的一分钱。中国政府不能违背我的意志而得到我的签字,想能够得到我签字的唯一办法就是免我的职,用其他人。如果是那样的话,就会带来诸多非常严重的后果。北洋政府存世十六年,更迭内阁25届,最短的一届只有5天,而每一届内阁上台都必须去拜访安格联,以求得财政上的支持,否则就不可避免垮台的命运。

海关外籍总税务司安格联垄断中国财政金融、权势日趋膨胀,加深了中国社会的半殖民地化程度,激起了全国有识之士的强烈反对。1927年1月,安格联拒不执行北洋政府"二·五附加税"的命令,致使当时的顾维钧内阁极为愤慨,认为安格联作为中国雇员,"无权使自己处于可以对政府施加压力的地位上",决定采取强硬手段,于30日发布大总统令,罢免安格联总税务司之职,命英国人易纨士(A. H. F. Edwards)为代理总税务司,但安格联借口事前未征得英国公使同意而拒绝卸任,后由北洋政府补发一年薪俸,并"表扬其功绩"了此事。

安格联被罢免之事后,海关总税务司炙手可热的权势被逐步削弱,其侵权扩张活动在表面上也有所收敛。海关第四任外籍总税务司梅乐和这样评论:"1927年5月4日,安格联在伦敦老同学的欢迎宴会上,他自己讲是被罢免的。他认为'海关必须独立行事',这种态度自然被中国政府视为是极大的违抗命令。他立即被解职是很自然的。你认为保留他作为中国政府的仆人地位多长时间好呢?另外,值得注意的是,1927年1月安格联又做了些什么呢?试想世界上有什么样的政府,会继续雇用一位竟然明确地拒绝执行他们命令的下属官员呢?"①

综上,正如英国剑桥大学中国近代史教授方德万所认为:"1911年的辛亥革命是一个重要的历史转折点,……在新的总税务司安格联的带领下,外交官、银行家和海关共同合作,以确保海关税款能够安稳地掌握在海关手里,这样才能保证偿还贷款及其利息。这一变化导致海关不再变成赫德想要的模式,即一个为中国服务的现代性行政机构的核心,它反而成了一个为外国债券持有者收债的代理人。由于海关转变成一个收债代理人,遂使它成了一个典型的'非正式帝国'机构。"②因为海关的疏离,对中国发展造成的严重后果是,从辛亥革命中产生的中国无法成为一个真正意义上的独立的共和国,而更像是列强的一个附庸国。为了实现"关税自主"和"改革关制",中国人民只能进行长期的斗争。

---

① 伦敦大学亚非学院藏中国海关档案,PPMS2 Vol.9。
② [英]方德万著,姚永超、蔡维屏译:《潮来潮去:海关与中国现代性的全球起源》,第176页。

第九讲 民国时期的"关税自主"和 "关制改革"

　　在不平等条约支撑和炮舰外交庇护下,19世纪50年代产生的中国海关,是一个受英国籍总税务司管理的独特的官僚机构,它代表和促进外商在华通商利益,其中尤以英国利益为甚。1911年辛亥革命爆发后,总税务司安格联趁机夺取了中国政府关税的保管和支配权,更使海关成为偿还各国列强债务的机构。西方列强的种种剥削行径,激起了中国民众的反帝情绪,助长了中国人对海关及其代表利益的不满。随着民族意识的觉醒,自北洋政府起,中国就开始努力修改不平等条约规定的海关进口税则,争取"关税自主"和进行"关制改革",固然取得了一定的成绩,终因北洋政府及南京国民政府代表的大地主、买办和民族资产阶级的软弱性和妥协性,半殖民地的外籍税务司制度并没有彻底消除。

一、北洋政府与华盛顿会议及关税特别会议

　　辛亥革命后随着民族意识的觉醒,北洋政府在1913年10月、1914年1月和3月多次向列强各国公使发出照会,提出了修订中国进口税则的正当要求。这些动议,因第一次世界大战的爆发而搁置。1917年初,日、美两国动员中国参战,北洋政府趁机向协约国公使提出了修订税则,增加2.5%进口关税及以后分两步达到切实值百抽7.5至12.5的具体要求。北洋政府参战后,于1917年12月25日制定颁布了适用于无约国的《国定进口税则条例》,其中第四条规定了国定的进口税率,这是中国近代史上第一个国定税则和第一个国定税率,象征着中国关税自主的实际起步。1918年1月5日,北洋政府成立"修改进口税则委员会"。1919年1月,中国以战胜国的资格参加巴黎和会。5月7日,北洋政府代表团向大会递交了"希望条件说帖",恢复关税自主为其中第七个单项提案,虽然最终被无理搁置,但是中国要求关税自主权的舆论宣传在国内外广泛传播,对启发民族自尊心和民族团结方面起到重大作用。

(一) 华盛顿会议

鉴于巴黎和会对中国关税自主问题未予解决,在 1921 年 11 月至 1922 年 2
月召开的华盛顿会议上,中国代表顾维钧又提出此问题并发表了《对于中国关税
问题之宣言》,除在全体委员会说明中国关税问题情况外,并提出三项建议:
① 关税自主权,应由出席各国议定,到一定时期后,交还中国;② 中国进口税
则,应自 1922 年 1 月 1 日起立即增加至切实抽 12.5%;应由中国与各国从速协
定一种新税制,俾中国对于各种进口物品,得自由征收适当关税,至议定之最高
税率为度,例如对于奢侈品与必要品等类,可有区别税率之权。① 为便于讨论,
中国代表在分委员会又提出六条具体意见:① 现行的 5% 进口税率,应即增加
至切实抽 12.5%。② 中国允于 1924 年 1 月 1 日裁厘,各国亦于同时允将 1902
年中英条约及 1903 年中美、中日条约所载进出口附加税,实行征收。并允对奢
侈品,于切实抽 12.5% 进口税以外,另征附加税,亦于同日实行。③ 自此协定
后,五年以内,再以条约商订新关税制度。对于进口货物,以 25% 最高税率为
度,在此最高限度之内,中国可自由订定税则。此项新税则实施之期,应至下列
第五节所载时期届满时为止。④ 现在适用于陆路输入或输出各货物之减收关
税制,应即废除。⑤ 凡中国与各国规定征收关税、子口税及其他税项所订条约
之条文,自此次协定签字后,届满十年,应即废止。⑥ 中国自愿声明,对于海关行
政之现行制度,并无根本之变更,亦无以业经抵押外债之关税收入,移作他用之意。

中国所提的意见,其中主要的裁厘加税问题,将进口税增至 12.5% 的税率,
是根据 1902 年中英续议通商行船条约、1903 年中美和中日通商行船条约所规
定而没有实行的。该时帝国主义国家以裁厘金为先决条件,所谓增税不过是为
了阻止清政府提高税率,实质上,裁厘加税只是列强反对关税自主的一种手段。
时隔多年,在华盛顿会议上又提出此一问题,自难获得解决。分委会虽四次开会
讨论,终不能取得一致意见,后经中、美、比、英、法、意、日、荷、葡九国于 1922 年
2 月 6 日共同议定了关于中国关税税则条约,主要内容是:① 修正税率使适合
切实抽 5%;② 召开"特别会议"会商履行加税裁厘条约;③ 在加税裁厘未实行
以前定一过渡办法,进口货普通品抽 7.5%,奢侈品 10%;④ 海关税则每七年修
改一次;⑤ 各国平等待遇;⑥ 将由"特别会议"商定海陆各边界课以划一税率;
⑦ 在第二条办法未实行以前,子口税仍将课 2.5% 之税;⑧ 未参与本约各国亦

---

① 顾维钧:《对于中国关税问题之宣言》(1921 年)。

得加入;⑨ 以前中外各约条款与本约各国规定有抵触者,除最惠国条款外,皆以本约为准;⑩ 本约经各缔约国批准后均交存于华盛顿,俟全部交到之日起发生效力。

上述条约精神不外两点:第一,中国现行税则立即改正至切实5%,第二,1902年至1903年中英、中美、中日各条约中所规定裁厘加税办法,当由关税特别会议议决。在裁厘加税之前,对进口货物普通品增加2.5%附加税,对奢侈品增加5%的附加税。由此可以看出九国关于中国关税税则条约,涉及的主要问题是裁厘加税和使税率达到切实值百抽五,而对中国要求的关税自主问题则全然置之不理。税则条约中虽规定了对进口普通品和奢侈品区别增收附加税的过渡办法,但都又推到召开关税特别会议以谋解决。不难看出,在华盛顿会议上,西方国家并不是真心实意解决中国关税自主问题,所允给中国者不过是裁厘加税的一张空头支票而已。

(二) 关税特别会议

关税特别会议已载于上述中国关税税则条约,按规定本应在华盛顿九国公约签字实施后三个月内召开会议,但由于法国金法郎案拖延签字时间,迟至1925年10月26日始在北京举行。参加会议的除华盛顿会议的九国外,还有瑞典、挪威、丹麦、西班牙,共十三个国家。

会上,对于关税自主问题,中国代表王正廷提出五条意见:① 与会国家尊重关税自主并承认解除条约中对关税之束缚。② 中国允许裁厘与实行国定税率同时进行,并不得超过于1929年1月1日。③ 在未实行国定税率前,中国海关税则照行5%税率外,加征临时附加税。普通品征5%,甲种奢侈品(烟酒)征30%,乙种奢侈品(如丝毛、五金等)征20%。④ 临时附加税自签约日起三个月后生效。⑤ 前四项问题应于签字日起发生效力。此项提案提出后,由于英、美、日等国家的阻挠未能通过。英、美两国认为中国所提要求不能超过华盛顿会议所定关于中国关税税则条约中规定的范围。如美代表马克谟(John V. A. Macmurray)曾大言不惭地说:"如果中国根据华盛顿条约提出'正当'的提案,美国自当予以同情之考虑。"英国代表麻克雷步其后尘补充说:"希望中国有一个统一、独立和有秩序的政府,具有巩固的财政基础,并以裁撤地方税(指厘金)为前提。"可以看出英、美两国代表言外之意是说中国所要求的不能超过九国公约的范围,而在中国未统一和裁厘未实行前,就根本谈不到提高税率的问题。其实早在这次会议召开前,英、美、日、法四国在伦敦会议上即确定了对召开关税特别会议所采取的共同态度,提出仅以二·五加税为限并对加税用途附有一定条件。因此日本在此次会议上极力坚持在二·五加税的原则下进行讨论,并且限制加税仅用于偿还无担保的外债。这样,北洋政府也得不到任何好处。

关税特别会议期间,由于中国人民反帝运动不断推向高潮,西方国家不敢在会议上公开反对关税自主,而在关税自主实行期限上兜圈子,日本提出在五年后实行,美国折中改为三年。到1925年11月19日,会议通过在原则上承认中国关税自主,但推迟到1929年元旦裁厘后实行,不过这毕竟是国际上第一次承认中国关税自主权。1926年4月北京政府执政军阀段祺瑞下台,各国代表先后离京回国,7月23日关税会议还没有确定中国恢复关税自主权的具体方针,就以中国政局动荡为主要理由无限期休会了。这使中国再一次认识到,通过和西方国家一起召开国际会议来讨回主权有多么困难。

二、南方政府提用"关余"和开征关税附加税

辛亥革命后,西方列强借口关税收入抵付不平等条约规定的债赔款项,进一步侵夺了关税收支保管权。1916年后,中国关税收入除偿付债赔各款外,还有盈余。西方列强驻北京的使节,声言"中国政府应经过征求公使团同意之正式手续,方可动用关余"。当时西方国家只承认仰其鼻息的北京政府为"合法"政府,因而北京政府伸手乞求"关余"时,还得以享受部分关余作为补偿军政费用和发行国内公债的担保。但对南方革命政府,西方列强阻挠拨付关余。孙中山则领导革命力量,争取分拨关余和开征二五附加税,在中国关税自主斗争实践方面迈出了可贵的一大步。

(一) 提用关余的斗争

1918年11月,孙中山领导的广东护法军政府开始向驻北京各国外交使团提出分享关余的要求。经多次交涉和当时国内外反帝斗争的形势影响,外交使团不得不同意自1919年1月起,按各口关税收入的比例,将关余的13.7%拨付广东护法军政府。截至1920年3月,护法军政府先后收到六次,计三百余万关平银。但到1920年4月,各国外交使团借口军政府内部分裂,停止拨付应拨护法军政府的关余。

1920年10月,孙中山回到广州重新组织军政府,并再次发动争拨关余的斗争,但因遭到各国外交使团的无理拒绝和武力破坏,斗争没有达到目的。

1923 年,孙中山接受了共产国际和中国共产党的帮助,于这年 10 月,发表了国民党改组宣言和党纲草案,并开始确定联俄、联共、扶助农工的三大政策。广东革命政府在革命高潮的大好形势下,多次照会北京外交使团,以关余的分配全属中国内政,西方各国不得干涉,应由总税务司将关余拨还广东革命政府。在遭到拒绝后,孙中山大义凛然,不顾恫吓,一再发表宣言和谈话,并于 12 月 21 日,以大元帅的名义,命令粤海关税务司将关余妥为保管,以听候广东革命政府指令,如不遵令,将予撤换。广东革命政府的另一主要领导人廖仲恺也一再发表演说,号召收回海关主权。

1924 年 1 月 24 日,国民党第一次代表大会通过了收回关余、收回海关的决议,大会发表的宣言也把收回海关管理权列入对外政策中。[1] 1924 年 10 月,广东革命政府平息了商团的叛乱,决定采取措施收回粤海关。9 日,向税务司发出了收回海关的训令。17 日,孙中山任命罗桂芳为粤海关监督,准备接管海关。在这关键时刻,西方列强重施武装干涉的故伎,军舰集结广州白鹅潭,对革命政府施加压力,加上当时两广地区内部尚有军阀割据,北方政局动荡,冯玉祥邀请孙中山北上"共商国是",因此,广东革命政府未能进一步采取有力措施实现关税自主,收回海关主权的斗争暂告一段落。

历时五年左右的广东革命政府收回关余和海关管理权的斗争,虽然未能取得最后胜利,但它进一步暴露了西方列强的侵略面貌和海关的本质,也反映出民族资产阶级的软弱性,显示出收回海关主权斗争的复杂进程。

(二) 开征关税附加税

20 世纪 20 年代,中国反帝的民族主义情绪不断高涨。1925 年五卅惨案发生后,广东爆发了持续一年多的省港大罢工,英国试图联合其他列强予以军事干涉的企图没有成功。随着北伐战争的胜利进展,1926 年 10 月,罢工委员会决定结束运动,同时向广州国民政府提出,建议征收关税附加税,作为安排罢工工人生活的费用和对罢工期间工人损失的补助。

国民政府接受了罢工委员会意见,制定了征收贸易品暂行内地税条例。条例规定:凡两广地区与中国各省或外国贸易的货物,一律征收暂行内地税,对进口普通货物和进口奢侈品分别加征 2.5% 和 5% 的特别消费税,对出口货物加征 2.5% 的特别产品税。条例自 1926 年 10 月 11 日起实施,由国民政府和罢工委

---

[1] 《中国国民党第一次全国代表大会宣言及决议案之海关问题决议案》(1924 年 1 月 22 日)。

员会分别派出人员,共同组成附加税征收机关——内税局,设于粤海关附近,开始征收附加税。西方列强鉴于当时高涨的革命形势和广州国民政府的坚决态度,不敢公然反对。此后,国民政府在北伐新占领地区也开始征收附加税。山东、天津、江苏、上海、浙江、云南以及东北等地军阀政府,为了他们自身的财政收入,也纷纷按例开征附加税。张作霖控制的北京政府于1927年2月开征关税附加税,安格联因拒绝征收附加税和力图加强控制中国财政金融,被免去总税务司职务。

省港罢工工人和广州国民政府不顾西方国家的反对,自行规定在广州开征关税附加税,并很快在南北各省得到推广。虽然征税机构、税款汇解及用途各有不同,但均以华籍官员为主管长官,由中央政府或地方当局为主管机构,税款用途也均自行决定,外籍税务司受到摒斥,突破了不平等条约的原有束缚,这是对半殖民地关税制度的有力冲击。英国学者布鲁诺(Donna Brunero)认为,省港大罢工的终止,反映了近代中国海关受列强保护时代的终结。近代中国海关的命运,也反映了英国等西方列强在华势力的衰落,以及外国人在条约通商口岸特权生活的终结。受此冲击动摇后,至20世纪40年代末,中国海关淡出了英帝国的视野。[①] 但是,二五附税的征收尚限于部分省份,且税率低微。它仍属于华盛顿会议关税条约的认可范围之内,并未改变不平等税则,中国依然处于片面的不平等的协定税则束缚之下。

三、南京国民政府的"关税自主"和"关制改革"

1928年6月,南京国民政府建立了对全国的统治,为增强政权的稳固和合法性,以及扩大财政收入,国民政府相继发表对外宣言和重订条约宣言,以废除不平等关税条约和领事裁判权为主要目标。南京国民政府继续重视海关,一方面精心布局、稳妥推进关税和海关改革,另一方面继续维护与英美国家的关系,不敢损害帝国主义在华的相关利益。

(一) 设立关务署和统一领导关政

近代中国海关隶属于总理衙门或外务部,是各国驻华使馆的附属物,英国对华关系的基石,不同于其他国家海关通常隶属于财政部的做法,近代中国海关存

---

① [英] Donna Brunero 著,黄胜强等译:《英帝国在华利益之基石——近代中国海关(1854—1949年)》,中国海关出版社,2012年。

在着严重的国家主权问题。早在20世纪初年清末新政时期,全国就形成一股反对外籍税务司把持海关的新势力,试图从国家机构的顶层改革上削弱海关的权力。因为甲午战争之后,数额巨大的赔款和多次政治性借款,都以关税为抵押,清政府难以从海关中取得关税收入。总税务司和各关税务司,又因为在全国城乡开办邮政和接管通商口岸五十里内的常关,损害了地方官绅的既得利益,从而加剧了他们之间的矛盾。还有洋务运动的失败,民族危机的空前严重,资产阶级维新派、革命派和爱国华侨、留学生的救亡运动,"八国联军"的入侵,以及人民群众的反帝斗争,都大大地促进了民族的觉醒。这些变化,影响到清政府一些上层统治人物,如户部尚书铁良,外务部侍郎唐绍仪和地方实力派张之洞等,他们决定对海关进行系列改革,例如1903年成立商部,由载振任尚书,接管了原由海关代办的商标注册、国际博览会等业务。1906年邮传部成立,并于1911年接管了原由海关代办的邮政。和海关权力关系更直接的是1906年成立的税务处,代替外务部(在它之前是总理各国事务衙门)管辖海关总税务司署和各地海关。接着,1908年又成立了以培养海关华员为目的的税务学堂(即后来的税务专门学校),海关控制的同文馆也于1902年移交京师大学堂(改称译学馆),并于1909年停办。这些措施在一定程度上削弱了长期由外人控制的海关的权力,带有某些积极意义。但是因为这些机构的设立和海关隶属关系的改变,都是清政府在《辛丑条约》之后为维护反动统治和适应列强需要而推行的"新政"的组成部分,因而在遭到西方列强强烈的抗议或抵制之后,它那十分有限的民族主义色彩就更加暗淡,海关的半殖民地性质自然不可能改变。

南京国民政府上台后,进行关务行政改革,于1927年6月设立财政部关税处,同年10月又将关税处改名关务署,统一领导清末以来的各项关务行政。根据《财政部关务署总则》,关务署设署长一人。署长承财政部之命,综理本署事务,监督本署职员、总税务司、全国海常各关监督、内地税关、税局长官及所属职员,自此关税行政的多头领导、各自为政、制度紊乱的现象有所改变,提高了工作效率,增加了税收。

当然关务行政改革面临的主要问题,还是海关改革。关务署明确宣布一切海关事务均由其领导,并要求海关总税务司署搬到南京或距南京政府较近的地方办公。由于国民政府一再下令重申海关机构与中国机构的隶属关系,强调海关员司的职权范围,命令海关员司不得超越职权行事,因而海关在国民政府统治时期的影响和作用,较之清末和北洋军阀统治时期相对减弱了很多,但海关洋税务司拒不执行国民政府政令,暗中纵容西方列强损害中国权益的事件仍时有发生。

(二)"关税自主"

南京国民政府于 1928 年 6 月发表"修约宣言",开始了"改订新约"运动。当时,美国为建立在华优势,利用机会,抢先于 7 月 25 日与国民政府签订了《整理中美两国关税关系之条约》,该条约主要内容有两条,最重要的第一条中规定:"历来中美两国所订有效之条约内,所载关于在中国进出口货物之税率、存票、子口税并船钞等项之条款,应即撤销作废,而适用国家关税完全自主之原则;惟缔约各国,对于上述及有关之事项,在彼此领土内享受之待遇,应与其他国家享受之待遇毫无区别,缔约各国不论以何借口,在本国领土内,不得向彼国人民所运输进出口之货物,勒收关税或内地税或何项捐款超过本国人民或其他国人民所完纳者,或有区别……"美国放弃了它们享受优惠关税的特权,但前提是与其他缔约国共享优惠待遇。

中美关税新约签订后,又相继签订了类似的中德、中挪、中比、中意、中丹、中葡、中荷、中瑞、中法、中西、中英等关税新约。由于日本的阻挠,中日关税新约延至 1930 年 5 月才行签订。国民政府在签订关税新约时,还和上述国家签订了新的通商条约。所有这些条约的共同点是都规定了缔约国家"应与其他国家享受之待遇毫无区别(最惠国待遇)"。此外,国民政府又准许对于各国货物所课最高之税率与 1926 年北京关税会议所讨论及暂时议定之税率相同。这就是说,这些新的条约中规定了,中国对于外国进口货物所课之最高税率,仍然不能超过 1926 年关税会议所定的分级税率的范围,即中国政府除依照各种货物品类,按原规定值百抽五外,只能征收不得超过 5% 到 30% 的附加税。

自 1928 年至 1937 年抗日战争全面爆发前,国民政府先后公布了四部进口"国定税则"。日本学者久保亨详细考察了 1928、1930、1933 和 1934 年四次税则修订的过程,他认为其背后以财政部长宋子文为代表的"财政外交"战略和以外交部长王正廷为代表的"革命外交"战略复杂地纠结缠绕在一起,这两个战略不是互相排斥的,对一次又一次的外交活动产生微妙影响,反映出当时中国面临的内外局势。财政外交战略优先考虑提高关税,然后据此建立财政的基础,1928 年的税则即是财政外交战略主导下的产物。其后 1930 年和 1933 年的税则,是保护关税舆论和"革命外交"战略的成果。1934 年对日本妥协,该年税则是维持向财政关税倾斜的保护关税。[1] 从国民政府成立到 1937 年全面抗日战争开始

---

[1] 　[日]久保亨:《走向自立之路:两次世界大战之间中国的关税通货政策和经济发展》,中国社会科学出版社,2004 年。

的十年中,国民政府的关税政策体系初步完备,发挥了一定的保护国内产业和确保财政收入的功能。

(三)"关制改革"

南京国民政府除整理关税外,还对海关行政进行整顿。20 世纪 20 年代末,英国在远东的势力已大大削弱,但在中国仍占有优势地位。所以在整顿关务时,国民政府依然保留了外籍税务司把持中国关政的旧制,1929 年 1 月,国民政府继续任命英国人梅乐和为海关总税务司,因他面对民族主义的浪潮,为了维护外籍税务司制度和英国在中国海关的优势地位,不得不表示"绝对服从政府命令","所有海关行政无论巨细,悉秉承财政部及关务署命令办理,在事务上务使海关成为中国纯粹机关,一洗以前假外力以自重之积习"。

在安格联被罢免后的总税务司继任事件中,总税务司和英国驻华机构出现了分歧和裂痕。由于南方国民党政府开征二五附加税,北京政府也饬安格联征收。1927 年 1 月 31 日北京张作霖政府以违抗二五附加税为由,罢免了安格联的总税务司职务。安格联控制北京政府财政大权,当中国的"财政沙皇",直接管理中国关税和控制中国关余的政策,在时局动荡中最终导致自己被罢免。英人易纨士被任命为代理总税务司,但他奉英国公使馆命暂不赴任,以此作为要挟北京政府收回罢免安格联成令的砝码。在北京政府再三催促下,安格联问题以"延期辞职"方式得到比较满意的解决后,易纨士才于 2 月 11 日赴任视事。随后又到南方活动,想脚踏两只船。在英国公使兰普森(M. Lampson)的偏袒和帮助下,易纨士被确认为南京国民政府代理海关总税务司。但他仍不满足,得陇望蜀,进而要求南京国民政府立即确认他实任总税务司,否则辞职。南京政府不惧要挟,最终确定长期和国民政府紧密合作的江海关税务司梅乐和,即赫德的外甥,接任了总税务司职位。

梅乐和就任后,关务署署长张福运决定成立"海关改革委员会",进行"关制改革"。委员会由 5 名成员组成,为了给总税务司尽可能多的机会以表达其观点,并促进任何被采纳的计划的实施,梅乐和任命两名委员会成员,张福运任命三个成员。所谓"关制改革",并非对海关管理制度的全面改革,只是对当时商民和海关华员中呼声最高的华员地位和待遇方面做一些调整和让步。1929 年 1 月,改革委员会确定了 12 项建议,得到关务署、财政部的批准以及行政院的备案,具有了海关管理方面的法律效力,被海关中外雇员视为"大宪章"(Magna Carta)。在 12 项建议中,有 3 项被看作基本原则:1. 停止聘用外国人为海关职员,只有在找不到合格的中国人的情况下,总税务司可以呈请关务署批准聘用外国专家。2. 在海关任职的中方和外方雇员均具有同等的权利和义务。换言之,中方雇员应该有资格担任海关的最高职务。3. 中方和外方雇员均同工同酬,但外方雇员可以享受居外补贴。(由于生活水准和在国外工作的缘故,外国雇员的薪水比中国雇员的要高。这项新安排只规定了薪金平等的原则,但并未降低外国雇员的收入,因为他们的基本薪水加上补贴等于他们的原有薪水)[1]"改善关制"的办法公布后,社会上和海关内部华洋待遇不公的矛盾得到了缓解,出现洋员逐年递减、华员待遇、人数上升的趋势,但海关华员升任海关要职的事例,直到抗战爆发后才开始明显增多。

以上说明,国民政府上台初期对海关行政进行的整顿,一方面保留了外籍税务司统治海关的半殖民地海关人事制度,另一方面又通过一些办法,迫使海关洋员对改善海关华员的地位做出了有限的让步,从而在一定程度上加强了它对海关的控制。久保亨认为,经过20世纪20年代中期的国民革命,南京国民政府开始第一次具备近代民族国家的面貌,通过关税自主和关制改革运动,显示它向政治独立、经济自主迈出了一大步。

(四) 海关税款改存中央银行

关于关税保管问题,在北洋政府统治时期,外籍总税务司独揽大权,所有关税集中存放于上海英商汇丰银行,并按期分拨经理外债及赔款的各有关银行,作为偿付到期债赔款本息之用。国民政府上台后,为维护其财政利益,作了一些改变。

1927年南京国民政府成立后即面临财政危机,为筹集资金,解决军费开支,南京国民政府继续维持债信,清还旧债,续借新债,并采取"预存基金、协调整理"的办法,饬令总税务司署自1929年起在关税新增项下每年提拨国币500万元作为整理债务基金(关税新增项指"二·五附加税"和按新订税率征收的关税)。同时,国民政府财政部设立税务债务处,债务拨付工作均改归税务债务处办理。1929年2月1日实行"国定税则"后,国民政府即将所收税款分为两部分处理:

第一,按旧条约规定所收值百抽五的旧税部分,用来拨付债赔各款,由各关汇交上海汇丰银行,按期拨存各债赔款经理银行。

第二,对新增关税及附税部分,不作为外债赔款的担保,则由各关汇存上海

---

[1] 程麟荪、张之香主编:《张福运与近代中国海关》,上海社会科学院出版社,2007年,第69页。

中央银行,听候处理。

以上办法实行不久,由于国民政府的政治经济不稳定,金贵银贱,以致所收百分之五的旧税收入不足以抵付以旧税为担保的外债赔款,不得不常用新增关税收入予以抵偿,并于1932年3月1日改变旧法,所有各关全部税收一律先行汇交上海中央银行收存,然后将偿付到期外债赔款所需的数额,按期拨付汇丰银行保管。同年6月,总税务司根据国民政府财政部指令下发通令,规定所有偿付赔款本息所需的英镑或美元,均由总税务司以海关金单位向中央银行购买并存入汇丰银行。

1937年日本全面侵华后,地处沦陷区的各关税收被迫存入敌伪银行,无法作为赔款开支。国民政府为维持债信,特准由中央银行先行垫付债赔开支,再以海关税收偿付。1939年,国民政府电令总税务司署,规定以关税为担保的赔款本息基金自该年1月1日起一律停止拨付,所有以关税为担保的尚未偿清的各项赔款,改按各关税收比例摊存(即按各关每年所征关税在全国海关年税收中所占的比例进行债赔数额的摊存和分配),并由各关定期拨交至中央银行专款存储。1941年太平洋战争爆发后,因无法再按年度计算税收比例,总税务司署奉令改按每月摊存债务的办法,将赔款项分配至各关,并继续存于中央银行。同年,英、美等国放弃庚子赔款,中国对日赔款也同时终止。1942年10月1日,总税务司署奉国民政府令实行公库法,规定以关税为担保的赔款本息基金等一律尽数解库,海关不再按期从关税收入中拨付赔款偿还基金。此种做法一直延续至1949年中华人民共和国成立。

四、创设现代江海治理机构和削弱海关部分职权

中国幅员广大,江海辽阔,但在1840年鸦片战争以前,因为闭关保守,所以对海岸和航海活动貌似监管周密严格,实则水师、海岸巡防及江海水道测绘和治理工程等均已落后于当时的西方国家。1854年江海新关模式形成,尤其1859年外籍税务司制度推广到全国各通商口岸以后,随着近代海关管理的机构的诞生,除承担起海务、港务等事务外,海关总税务司及各口岸海关税务司也热衷和积极推动中国近代江海治理机构的创建。例如李泰国、赫德积极建议清政府创设近代海军,后因"阿思本事件"而不了了之,但在洋务运动期间,赫德对北洋海军的军舰采购亦起了重要作用。在清末,各海关税务司也不甘落后,积极推动地方口岸的江海治理。譬如津海关税务司德璀琳倡议了海河工程局、费妥玛

(T. T. H. Ferguson)倡议了闽江修浚工程局、梅乐和参与了直隶水利委员会、海务巡工司戴理尔对上海浚浦局贡献良多等等。

在民国初期,海关总税务司安格联仍继续遵循赫德所倡导的对中国和社会"有用"的价值观,曾经在全国层面上,致力于帮助中华民国海军部海道测量局、扬子江水道讨论委员会之技术委员会和海军部海岸巡防处的创设。这些机构成立后,对中国沿海和长江的航道测量、治安和走私巡防等,均发挥过重要的历史作用。到了南京国民政府时期,随着民族主义和国家主权意识的高涨,海关的现代江海管理职能最终被削弱或取代。

(一) 创设海军部海道测量局

海洋测量与国家安全和领土完整息息相关,并且往往还是军事行动的先行步骤。随着近代英国海洋帝国的兴起,其海军部成为当时世界上测绘海图最大和最先进的机构之一。早在鸦片战争之前,为侦探中国海防,英国海军部海道测量局凭借先进的科学技术和装备,就已勘测中国沿海多处,对中国海道海门诸情况了如指掌。[1] 1840年以后,英国政府为补充海图,使海图不过时效,而开始长期在中国水域派驻测量船只。除沿海地区外,英国还曾深入到长江中下游流域进行测量活动。[2]

不过英国海军部海道测量局对中国江海测绘工作时有中断,还有相当部分海岸也从未彻底测量过。第二次鸦片战争以后,西方来华商轮日益增多,便要求清政府用船钞专门经费来进行航道测量和增设沿海、沿江导航设施等。在缺乏现代测绘人员、技术、经费等情况下,总理衙门便将此任务交给了海关办理。1868年海关设立船钞部,后逐渐承担起勘察航路、绘制图表等任务。据1898年起担任海务巡工司的戴理尔(William Ferdinand Tyler)回忆:"船钞部的功能日益增长,它现在由我单独负责,并且已经逐步接近了其原本预期的职能。水文工作在我们颁布了新的航海图,以及英国海军撤回了他们的测量船之后也开始推进了。"[3]但海关测量仍严格限于设置助航设备的港口、内河及进入通商口岸航道范围以内,对沿海及沿江测量之事,由于海关无经费而无法承担。

---

① 杨志本主编:《中华民国海军史料》,海洋出版社,1987年,第931页。
② 《中国测绘史》编辑委员会编:《中国测绘史》第二卷(明代至民国),测绘出版社,1995年,第197、204页。
③ [英]戴乐尔著,张黎源、吉辰译:《我在中国海军三十年——戴乐尔回忆录(1889—1920)》,文汇出版社,2011年,第119页。注:据海关的《新关题名录》记载,Tyler的中文名为戴理尔。

由上可见,清末中国海道测量业务长期为外国人把持,海军和商船所使用的海图都是由外国人绘制的,即使海关刊布的港区海图等,其沿海地形、水深、潮汐、气象等数据,也均使用外文,文化水平较低的中国引水员、航海员和渔民则无法使用。至 20 世纪初年清末新政时,清政府逐渐意识到海道测绘是海防建设和军事航海不可缺少的一项业务,遂有创设海军部海道测量局之意。例如 1901 年刘坤一、张之洞等提出练兵要旨十二条,其中一条为"测量绘图之法","请仿英法之总务营,日本之参谋部,于都城专设衙门,掌全国水陆兵制、饷章、地理绘图、操练法式"。至 1907 年又开始筹议恢复海军,设海军处暂隶陆军部。1908 年 6 月 17 日,候选州同朱正元禀呈南洋大臣:"中国海疆之广,非海图无以周知地势之险易,防守之缓急。"南洋大臣觉得海图为国家领土主权所系,中国向无精确海图,危害殆不可言,继于同年 9 月 14 日,上报总理衙门筹设海图局。总理衙门令文海军处,筹议振兴海军之际,设局制图实为先务之急。惟兹事造端宏大,亟宜详慎筹划,另须拟开办章程及如何分认经费。1911 年海军处咨商临海各督抚,共同商办测海制图方案。大致规划是"择一要地,设一总理绘图处,管理测绘海图各事。其余即于南北闽粤各洋,分设厂所,由各省筹认经费,实行扩充事务。近五年内海军舰队成立时期,一律办妥"。海图事关国防和领土安全,固然重要,但机构章程、人员及经费落实事非一日之功,不久清朝被推翻,此方案未付诸实施。

1919 年 7 月,英国伦敦召开了首届国际海道测量大会,准备成立国际海道测量机构。中国派海军武官陈绍宽参会,赞同建立常设的国际海道测量局,主张海图应由各国自行安排测绘。与此同时,中国的领海界线也尚未确定,海上主权经常遭受外国侵犯。为确定海界,并把海道测绘和海图刊布主权接管过来,1921 年 7 月,北洋政府在海军部设海界讨论会,由海军部派司长陈恩焘、咨议许继祥主持其事,并由总统府秘书倪文德、国务院秘书林布随、外交部参事沈成鹄、税务处科长黄厚成等会同讨论。10 月,海界讨论会"以领海界划事宜重要,应先设立测量局,遴派专员丈量经纬二线。提出议案,经国务会议议决照办"。海军部就此附设海道测量局,派军务司司长陈恩焘兼充局长。1922 年 2 月,海界讨论会经过为时半年的讨论,将中国公海、私海及岛屿领海的界线范围次第议定,并拟定海道测量局的编制。海道测量局设局长、副局长各一员,下设测量、推算、潮汐、制图、总务各课,以便分工进行测绘和划界事项①。

---

① 《海军大事记》,载杨志本主编:《中华民国海军史料》,第 1037、1038 页。

因海关自清末起就负责海道测绘事宜多年,有人才、经费、技术等方面的基础,所以在海道测量局成立伊始,北洋政府就曾派许继祥赴上海与海关税务司、海政局、巡工司等方面洽商训练海道测量人才及筹措军费等问题。后为了便于进行测绘业务及与各方面联系,决定不在北京海军部附设机关,而是迁移至上海,并改派许继祥为局长。许继祥到上海办公后,借上海吴淞炮台湾海军学校为办公之所。1922 年 4 月,许继祥拟具各种海道测量计划,商情海关协助办理。同年 9 月,海关总税务司安格联发布对海军部海道测量局予以尽力协助的通令,准许海关绘图师米禄司(S. V. Mills)副巡工司担任海道测量局副局长,专管测绘技术及教练测绘学员事项,不久又改为帮办。米禄司与许继祥磋商后,起草了海道测量局的五至十年的工作规划。此外,米禄司除继续保持副巡工司及海关海政局绘图师职务外,还以海道测量师的身份,指导海道测量局的野外或室内工作,并利用大部分业余时间训练中国海军军官学习测量基础知识[1]。关于海道测量技术经费,由海关月拨"关余"银 1.5 万两,渐次增至年拨关平银 50 万两[2]。到了1926 年 8 月,海道测量局才暂定预算总数每年 75 万元,开始列入国家预算。

海道测量局的成立,是北洋政府收复海权和加强海政建设的一项重要举措。1922 年 7 月,海军部请外交部照会外交使团,中国领海嗣后未经中国政府许可,各国不得自由测绘。9 月,海道测量局筹派测量队,开始测量南京至鸡头山水道。至 1925 年底,海道测量局已测竣长江上下游的吴淞至镇江、九江至汉口水道航路图。时任临时执政段祺瑞批准了海军总长林建章专呈,因海军少校陈志、邵钟等,督同队员,昕夕无间,勤奋从公,始克成事,特给予海军部二等银色奖章,以酬劳绩。受不平等条约的束缚,清末中国许多港埠的引港事业也为外人把持。为收回引港权,培育引港人才,1922 年 10 月,海军部还在海道测量局内附设扬子江引港传习所,海道测量局局长许继祥暂为兼任所长,这是中国政府正式训练引港人才的开始[3]。

1929 年 6 月,南京政府海军部成立。是年 11 月,公布海道测量局暂行条例,海测局直隶于海军部,局长系少将级,设总务、测量、制图、计算等课,并置技术室主任 1 员,仍以米禄司充任[4]。海道测量局于 1926 年参加世界海道测量大

---

① 海关总税务司署通令第 3339 号(第 2 辑),《为总务司对长江水道整理委员会技术委员会及海军部海道测量局成立后海关尽力予以协助由》,1922 年 9 月 30 日,载《旧中国海关总税务司署通令选编》第二卷,中国海关出版社,2003 年,第 353 页。

② 海军司令部《近代中国海军》编辑部:《近代中国海军》,海潮出版社,1994 年,第 770 页。

③ 杨志本主编:《中华民国海军史料》,第 62 页。

④ 同上书,第 932 页。

会后,负有与世界各国测绘相统一的任务。因中国向来测绘机关分歧,各项水道、图表杂出不一,国民政府遂于 1929 年向海军部提出水陆地图审查条例,"现在出版之地图水道图,如参谋本部海军部认为兵要或有兵要关系者,得通行各机关各省区行政机关禁止刊行;刊行水陆图表,备供国际通用者,除系参谋本部海军部所辖测量局承办外,非经参谋本部海军部会同审定,不得制版印刷或发行"。1930 年 1 月 27 日,国民政府正式颁布了该条例。根据该条例,海关及竣江、港务各局所拟制的水道海岸图并潮汐、信号各表,应送交海道测量局审查,转呈海军部核定,以昭划一。① 至此,中国海图的刊售权收归海道测量局主持。该时海关总税务司梅乐和致函海道测量局局长吴光宗,称海道测量局实际上依赖海关生存,海关曾给以物质援助,并且黄浦江图采用海关所测水深等数据,须注明海关测量人员姓名,海图售图款应汇交海关。吴光宗复函,重申海道测量局有完全管理中国沿海、沿江测量以及制作中国海一切海图和刊物的责任,并提醒梅乐和,海测局已不是筹建时的情况,早已与国际的海道测量机构有广泛的联系,人员训练有素,已有担负海道测量及绘图的能力和基础,严词拒绝"凡事必须与海关商讨而后实行"②。

1930 年 9 月,国民政府参谋本部又呈文海关测量有碍主权和国防,请下令将海关所办水道测量业务克日停止,移归海道测量局负责办理。10 月 31 日,海道测量局开始接收海关承办扬子江口至江阴段测量任务的"专条""流金"两船,以及承办该段测务的经费、仪器和历年卷宗等。嗣后海关总税务司梅乐和上书财政部,宋子文认为"遽令海关将测绘水道事务移归海道测量局办理,尚有应行考虑之处",国民政府当局最高领袖蒋介石最后批示缓办。海道测量局虽然并未彻底接收海关海道测量的事务,但海关总税务司梅乐和在其私密信函中感喟道:"1929 年交通部门曾想接管海关海务部门的助航设施设置工作,我予以了辩驳。去年(笔者注:1930 年)海军部海道测量局又加入了进来,企图接管海关的航道测量工作。我向财政部申陈,海军部的该主张是正确的,但现在海关有丰富的经验来胜任此工作,应该到海军当局有充裕的人才、能力和设备开展测量和绘图为止。蒋介石表示了同意。但将来这一天肯定会到来,我只是尽量延迟海务巡工司交出自己的业务而已。"③

---

① 杨志本主编:《中华民国海军史料》,第 436 页。
② 《中国测绘史》编辑委员会编:《中国测绘史》第二卷(明代至民国),第 361 页。
③ Maze to Ingram, Maze's Archives of SOAS, PPMS2, Confidential Letters and Report Volume 5,No.248,1931.1.5.

(二) 创设扬子江技术委员会

中国内河的水道整理,既不属于海关工作范围,也是海关所无法承担的责任。但由于商业的利害与交通设施密不可分,所以自清末以来,尽力支持地方有益工程,已成为总税务司署的一贯政策。在各口岸水道疏浚规划中,众多税务司在财务及政策方面居于指导地位,理所当然地成了行政管理的中坚力量。但长江水道长、适航性大,且流经地域广,涉及许多省份,沿江有重庆、万县、宜昌、汉口、芜湖、南京、镇江、上海等众多通商口岸。各关税务司在其贸易报告中一再提出长江航道整治的重要性,但各口岸海关不可能促成或做出任何的规划。

进入民国之后,随着长江航运业务的繁忙,社会各界及英国商会等不断呼吁中央政府采取行动,改善航道,防治洪水。1922 年北洋政府由内务部咨商各主管部议定,由有关部、署和沿江一些省份派员筹组"扬子江水道讨论委员会"。该年 3 月,在海关总税务司安格联的建议下,在北京正式成立扬子江水道讨论委员会,由内政部长及税务处督办分别担任正副主委,其他代表分别由各界代表担任。总税务司也被聘为了委员,应邀参加每周在内务部举行的会议。[①]

在扬子江水道讨论会员会筹组过程中,中国政府拟于 1922 年秋,邀请安格联所举荐的英国著名水利工程师柏满来华,用相当长时间对长江进行详细考察后,由他提出有关水道整理事宜的报告。而在水道讨论委员会成立后采取的首要措施,就是决定设立技术委员会及其驻沪测量处,作为常设办事机构,主要从事测量水文等前期资料积累工作。扬子江技术委员会的委员,包括曾办理直隶水利委员会工作而成绩卓著的中国著名工程师、全国水利局技正杨豹灵,以及与他共事的三名内务部、水利局技术人员。此外,上海浚浦局工程师海德生(Hugo von Heidenstam)和海关海务巡工司额得志(Eldridge, G.T.B.J)也名列其中。其后,技术委员会又决定聘请美国的史笃培(Col. C. G. Stoebe)为测量总工程师。[②]

技术委员会的专家委员,需要负责搜集并慎重研究必要的数据,为此,除在长江及其毗邻湖泊建立水文观察站、设置测潮仪器、测量若干特定地区外,还需搜集各类地图与图表,审查地方水文档案,等等。从 19 世纪 60 年代起,沿江各口岸海关便开始观测水文,1900 年后海关更有逐日水文测量记录,因此给技术

---

① 海关总税务司署通令第 3339 号(第 2 辑),《为总税务司对长江水道整理委员会技术委员会及海军部海道测量局成立后海关尽力予以协助由》,1922 年 9 月 30 日,载《旧中国海关总税务司署通令选编》第二卷,第 354 页。

② 扬子江技术委员会编:《扬子江技术委员会第一次报告书》,1923 年,第 49 页。

委员会无偿地提供了大量长江水文信息档案。后来受中国政府特邀而就扬子江水道整理问题提出报告的英国水利专家柏满(F. Palmer),曾专门致海关巡工司额得志感谢函,"多谢就所需扬子江资料如此迅速赐复,并蒙就汉口至上海决定船只吃水深度之浅滩做出说明,尤以为感"①。

技术委员会测量活动的经费,月计需洋两万六千四百元,遂向海关提出了拨款需求。总税务司安格联考虑长江贸易利益面对的风险如此巨大,且影响深远,认为此款项出自贸易税收开支,当属合法,因此他于 1922 年 4 月 6 日代外交部向外交使团提出预算,说其对优先偿付对外借款与债务没有任何影响,呼吁外交使团理应优于其他的开支而加以考虑。

扬子江水道讨论委员会之技术委员会,是北洋政府按长江流域治理所需而创设的首次覆盖长江全流域的水利工程专门机构。技术委员会及驻沪测量处创设伊始,便在上海、九江、汉口分驻测量队并购有测量船,开创了众多长江水利工程测量中的首例记录。譬如 1922 年暨技术委员会成立当年,绘制了扬子江流域全图及汉口至吴淞入海段的扬子江水道详图。随着技术委员会测量工作的全面展开,时人评论:"设置水尺,以视水位之低昂;测量流量、流速,以较江流之比率;考精确水准之点,以计江面之坡度;察河底变迁之状,以究冲刷之浅深。其余若测量地形,若统计雨量,若采验泥沙,莫不本于科学,准诸定理。"②所以扬子江技术委员会经年的科学工作,为掌握长江各地水势情况、便于航道整治而创造了前提条件。

1928 年 5 月,南京国民政府将扬子江水道讨论委员会改组为交通部扬子江水道整理委员会,委员由交通部、外交部、财政部、农矿部、工商部、建设委员会等各派 1 人组成,并邀请 3 名技术人员参加。当然首要工作,依然是从事水道测量与水文观测工作,以及个别河段疏浚工作的水下测量等。1932 年 5 月,交通部提议扬子江水道整理委员会接管长江航路标志事,认为"航路标识与国防有莫大关系,航路标识管理权操诸于外人,军事秘密难保不无泄露。总税务司梅乐和向财政部部长宋子文条陈,扬子江水道整理委员会只能搜集材料,为将来治河之计划准备,无裨于航商。最后行政院裁定,交通部依据职掌,请以长江航路标识归该部管理,固属持之有故。海军及参谋本部注意国防,赞同交通部之主张,亦复言之成理。惟财政部所举海关总税务司列举历年成绩,尚非故事铺张。现值国

---

① 柏满先生致巡工司函,1921 年 12 月 21 日,载《旧中国海关总税务司署通令选编》第二卷,第 333 页。

② 扬子江水道整理委员会编:《扬子江整理委员会第六七期年报》,1929 年,李仲公序言二。

家多事筹款紧急之时,惟海关为完整统一之机关,若遽将此水上标识事项一部分之管理予以变更,或因此发生分裂而影响及于税收,尤不能不预为顾虑"①。最后国民党中央政治会议决议结果是暂行维持原案,照旧由海关办理航路标志事务。

(三) 创设海军部海岸巡防处

中国近代沿海及河口诸多地区,海匪猖獗,在各类争权夺利的帮派武装保护下,海船走私武器及鸦片肆无忌惮。虽然时代技术在进步,但彼时的中国政府却很少利用最新科学成就,来保护中国民船贸易免受天灾人祸之害。因此在海上陆上已普遍采用无线电报、中国及邻国气象台能为追踪并发布台风消息提供宝贵服务的条件下,建立备有无线电台并与巡逻队相连的海岸巡防站也成为当时的迫切需要。

此外,海岸巡防处的创设,还以民国初年中日渔业主权之争为契机。中国沿海渔业原不属于任何省区行政范围之内事情,在没有中央专属机构的保护下,渔业主权不断遭受外国侵扰,尤以日本侵扰中国北部沿海为甚。例如 1924 年日本军舰驶入龙口、芙蓉、日照等岛,侵害中国数百万渔业生产,剥夺我国一万余里海权。顾维钧曾三次向日使提出严重抗议,日使仍以指定外海特权,与内海无涉,强词夺理。北洋政府召开内阁会议,拟设海岸巡防处,派军舰保护主权。

在内外环境发展需要的情况下,在海关总税务司安格联的呼吁下,海军部海岸巡防处奉大总统令,1924 年 6 月 26 日获得批准,1924 年 7 月 2 日于吴淞正式成立,归许继祥海军上校领导。全国海岸巡防处与海道测量局一样,直隶于海军总长,沿海各巡防分处的职能与警察职能类似,主要由以下四项具体职能组成:1. 警卫海岸,巡逻于各海岸巡防站间,以防止海盗袭扰;防止走私,尤以私运鸦片和军火为重点;2. 救防灾害,遇有紧急或重大情形时,巡防分处得照会地方水上警察官署附近盐务科缉私船只或陆军军队,协同办理;3. 传报风警,为民船航运提供气象消息,就每年多次袭击中国沿海的台风及时发出警报,采取一切可能措施救助生命;4. 辅助航术,在民船、小轮船以及按内港行轮章程航行的舟艇经常航经的沿海及内陆水道各处,设置简单航标,诸如迄今向由当地及自助设置的未列名灯塔、标桩等,负责其维修。

---

① 海关总税务司署机要通令第 90 号,《为总税务司呈复财政部长驳交通部在请求接管长江航路标志一事上之指摘并转达政府决定暂仍其旧事》,1932 年 11 月 29 日,载《旧中国海关总税务司署通令选编》第三卷,中国海关出版社,2003 年,第 205 页。

安格联经过考虑,认为海岸巡防处的建立与装备、巡逻,或者海岸巡防处的上述前三项的任何活动,海关不承担任何技术或行政责任。至于第四项,即提供内陆水道各处航标,暂由海政局代海岸巡防处承担最为便利,其经费名义上由海岸巡防处支付,海关愿意每年由船钞账户给予海岸巡防处以经费补贴,此账户系按内港行轮章程航行的船舶所缴纳的船钞。① 关于此处经费,大总统后又下令专文澄清:"原呈内称,所有经常之费,即在海关常税内民船船钞项下拨用一节。查海关并不征收常税,此项船钞,系海关税务司兼管五十里内常关所收民船船钞。呈内词义与该款事实微有不符,嗣后动拨此款,似应正名为各海关五十里内常关民船船钞,或简称五十里内常关民船船钞,以符其实。"②

鉴于中国海岸线绵长,巡防处计划分界设防,划分东三省、直鲁、苏浙闽、粤琼四个区域,每个区域设一分处,分处辖报警台、观象台与巡防艇队。1925 年 2 月,沈家门无线电报警台成立。1926 年 5 月,苏浙闽海岸巡防分处成立,该区之坎门、嵊山、厦门 3 个报警台也于该年组成。巡防处决定首先在毗邻香港的东沙岛修筑观象台,因民初曾有报纸舆论提议由港英殖民当局出资兴建,海军部以东沙岛设台观象,事关领土主权,进行刻不容缓,坚持自行修建。这个观象台限期施工,于次年告成,开始通报气象,这是中国人自己建造的第一个海岛上的气象机构。1926 年 7 月 26 日,在东沙岛举行了开台典礼,宣布东沙岛为军事区,划归海军管辖。③ 与此同时,随着海岸巡防处所属无线电及观象机关循序创设,专门人才需要增多,又先后设立无线电报警传习所和观象养成所,培育无线电报警及气象观察人员。④

1928 年 10 月间,渔船联合会禀呈,沿海岛屿不时发现盗匪掳掠,恳请浙闽海岸巡防处设法保护。于是海岸巡防处组设护轮巡防处,先在南洋航线为各商船随船保护。1929 年南京国民政府海军部重建之后,积极推广有关巡防设备。巡防舰队先后装备海鸿、海鹄、勇胜、诚胜、义胜等舰,又在舰上增设短波通信。1930 年 4 月,巡防处接收倒蹄礁灯塔,归嵊山报警台管理;并接收东沙灯塔,归东沙观象台管理。由上可见,海岸巡防处的创设,加强了中国领海的巡逻、防盗

---

① 海关总税务司署通令第 3581 号(第 2 辑)、《为吴淞建立海岸巡防处其职能及与海关之关系并应予协助之指令事》,1925 年 1 月 8 日,载《旧中国海关总税务司署通令选编》第二卷,第 397 页。

② 《公牍·杂项:咨海军部、交通部、税务处全国海道工防处现准贵部、海军部咨知改定名称为全国海岸巡防处已成奉指令照准等因分别咨行咨复查照文(七月十七日)》,载《财政月刊》1924 年,第 11 卷第 128 期,第 3—4 页。

③ 海军司令部《近代中国海军》编辑部:《近代中国海军》,第 771 页。

④ 杨志本主编:《中华民国海军史料》,第 68—69 页。

和护渔,并主持设置灯塔、浮标,在沿海岛屿和海岸建立观象台、无线电报警台等海政设施,也开设无线电报警传习所、观象养成所等培训机构,培养了大批中国海事人才。

综上所述,15 世纪大航海活动以后,世界从此进入全球化时代。进入 18 世纪下半叶,欧洲各国的经济与海外市场以及殖民地之间的联系越来越紧密,能够覆盖整个地球范围的海图成为必不可少的东西。在这种情况下,各国军队都陆续设置了水文部门,开始有组织地对江海水文进行测量及制作海图。最早的水文部门是法国在 1720 年设置的,随后丹麦在 1784 年,英国在 1795 年,西班牙在 1800 年也相继设置了水文部门。日本在明治维新之后的 1871 年设置了水文部门。从中国情况来看,郑和下西洋活动之后,中国越来越走向封闭保守,江海治理政策和机构越来越落后于欧洲国家。第二次鸦片战争后,新式海关在全国普遍创设,清政府在无近代海洋技术人才和专门经费保障的情况下,逐渐把海道测量、江河水利工程等委托给了有大量洋籍雇员的海关来办理。

较法国晚了二百余年后,1922—1924 年间,中国向西方国家学习,终于设置了独立自主的海道测量局、扬子江水道讨论委员会、海岸巡防处等近代江海治理机构,这是中国海洋和领水主权意识觉醒的重要标志和切实行动的里程碑。民国初年的中国,乍看似内外时局纷扰混乱,而北洋政府在外争国权、内部发展等方面,仍做过一些有益的工作,海道测量局、扬子江水道讨论委员会、海岸巡防处等机构就是典型事例。这些机构成立后,它们在短短几年内就做了江海航道测量、海图刊布等大量工作,并在维护渔业、护送商轮、促进航海贸易等方面,也发挥了重要作用,因此受到民间舆论的赞赏和褒扬。这些机构虽属于初创阶段,但从其建章立制、人才培养、技术传播等方面的经验和教训,对中国海洋事业的全面和深入发展有着重要历史地位和意义。

从上文海关与近代海道测量局等机构的创设关系来看,西方近代江海治理机构和技术的东渐,并不是一蹴而就的,首先是经历了海关这个"中西混合"性质的机构的媒介,最后才彻底地实现了中国化。海关是近代在通商口岸开设的、由洋人管理的西式机构,也是中国最早现代化的文官部门。它既知晓西方的优势和先进之处,也了解中国的性格和虚弱地方,是介于中国和西方之间混合机构。在清末洋务运动开展时期,海关具有很大的扩张性,兼管了海务、港务等在内的许多现代化事业,推动了中国现代化的历史进程。但海关也知道自己的局限性,就江海事务来说,海关的影响仅限于通商口岸范围之内,所以到了民初安格联担任海关总税务司时期,他倡导和帮助中国政府创设了近代江海治理机构。

随着海关对这些近代江海治理机构的创设的促进,后来到了南京国民政府时期,中国民族主义浪潮风起云涌,这些机构便又开始逐渐收回和接管海关除征税之外的事关江海治理主权的事务,并以华洋之辨的眼光来看待海关洋员。在不平等条约无法革除的情况下,新设的江海治理机构自然不愿意让外人乃至海关的洋籍雇员染指中国海洋主权。而从海关角度来说,随着海关职能范围的日益受限和缩小,对于被迫彻底交出多年负责的海务、港务等工作,并非完全心甘情愿,于是该时的海关总税务司梅乐和找出各种借口来延迟工作的移交。从这个意义上讲,海关是在培养自己的掘墓人。但海关迟早有一天得要移交出江海治理职能,这一点又是梅乐和非常清楚的,他们必须要适应一个逐渐觉醒的民族,这样才不会被完全地抛弃。

(本讲第四节的内容,摘编自《民初以来海关与中国江海治理机构的创设研究》,载于《近代中国》第 26 辑,2017 年)

第十讲　抗战时期各方势力对海关的竞夺

　　近代海关是一个外籍总税务司领导下的特殊"国际官厅"，是英帝国主义对华关系之基石，因为有西方列强支持的特殊势力背景，在清朝灭亡之后军阀割据的动荡政局中，也是唯一一个保持完整性的政府机构。20世纪30年代，随着日本加紧对华侵略扩张和英美在国际上对法西斯国家的绥靖政策，海关成为英、美、日等多方势力角力和竞逐的对象。海关总税务司梅乐和采取妥协的办法，没有跟随国民政府西迁重庆，试图让海关在中日战争间保持"中立"，一方面在海关内不断增加和扩充日籍官员，另一方面对沦陷区海关转让海关税收保管权以试图换取完整。但1941年12月太平洋战争爆发后，妥协政策彻底失败，整个海关陷入伪满海关、华北汉奸政权海关、汪伪政权海关和重庆国民政府海关等分裂并存、机构重组的局面。重庆国民政府海关一方面因英帝国势力影响的没落，转而聘用了美国人李度（Kester Knox Little）担任总税务司，另一方面因对外贸易的大幅下降而勉力维持。抗战胜利后，伴随整个国民政府的消极腐败，在接收敌占区海关中出现了严重的腐败问题，近代半殖民地海关制度走到了历史的尽头。

一、日本劫夺东北海关

　　近代日本自明治维新后，走上对外扩张道路，趁甲午战争、日俄战争之机，积极向中国及海关扩张势力，谋取对华经济侵略利益。1929年，资本主义国家出现世界性的经济危机，日本为转嫁危机，把祸水引向中国，发动对华侵略战争，控制占领区海关，使其成为经济上统治中国殖民地的有力工具。

（一）近代日本对海关权益的竞逐

　　1895年甲午战争后日本积极发展在华经济实力，对于英国控制中国海关的局面不断提出挑战。当1898年清政府总理衙门照会英国公使，保证只要英国贸易较他国为多就续聘英人为海关总税务司时，日本照会清政府，提出如果日后英国在华商务利益下降的话，清政府应考虑聘用日本人为总税务司。1899年，日本为了加强对其在华势力范围福建省的控制,提出由日本人任厦门海关税务司。赫德因为担心"每个列强分一个口岸的事会不断发生",拒绝了日本人的要求。

1905 年日俄战争后,日本将俄国在中国东北地区南部(南满)的侵略权益夺到自己手中。以后日本极力经营南满,将该地区作为它扩大侵华的基地。为了彻底控制大连海关,日本仿照德国在胶海关的做法,于 1907 年 5 月,与清政府签订了《会订大连海关试办章程》。章程规定:大连海关税务司必须是日本人,各项洋员也须是日本人,并且该关与日本国官员及商民等文函往来,均须用日文,其他则用汉文或英文。至于该关税务司如应更调,总税务司须与日本驻华公使定明另派,且总税务司应先行知会旅大租借办事大臣。在征税方面,规定由海路运进大连的货物,均不征收进口税。若货物由旅大租借内运赴中国内地,则由大连海关照约征收进口税。

20 世纪 20 年代,日本一再要求在中国海关总税务司署中占有一席之地。1927 年初,安格联曾非正式地默许日籍税务司岸本广吉任总税务司署总务科税务司。但安格联旋即被革职,于是,1927 年 2 月岸本广吉就他的任命问题面见了英国驻华公使兰普森,兰普森表示理解,并认为他的任命与日本在远东的地位是相当的。1928 年南京国民政府成立后,岸本广吉正式成为总税务司署总务科税务司。1929 年 2 月,日本驻华公使芳泽谦吉直截了当地要求梅乐和在原则上确认,假如中日关系得到改善,由日本人继任总税务司。梅乐和表示,他赞同芳泽谦吉的观点,日本有权在中国海关里占有仅次于总税务司的要职。

(二)"九一八"事变后日本侵占东北海关

随着日本在华经济势力的猛增,排挤其他列强,独占中国的野心越来越膨胀。1931 年日本制造了"九一八"事变,侵占了中国东北地区。1932 年 3 月 1 日,日本又策划成立伪满洲国,以便进行殖民统治。这样,东北海关出现危机不可避免。日方通过采取武力恐吓、掠夺税款、侵占关署等步骤,渐次劫夺东北各关。南京国民政府寄希望于国联调停,对东北海关采取等待、观望态度;梅乐和幻想通过谈判,以让出关税来达到维持海关行政的完整性,命令关员"保持中立"、工作如常;英国为保持对东北海关的行政控制权,支持总税务司牺牲关税保管权。[①] 1932 年 6 月,日本指使伪满政权发表关于"满洲国关税自主的文告",宣布东北

---

① 杨智友、李宁著:《抗战时期的中国海关》,江苏人民出版社,2021 年,第 58 页。

海关脱离中国而独立。1932 年 9 月 15 日,日本正式承认伪满洲国,东北各关悬挂伪满洲国国旗,东北海关全面沦陷,总税务司以关税保管权换取行政控制权的计划失败。

日伪当局夺取东北海关后,禁止将税款解往上海,驱逐南京政府委派的海关监督和外籍税务司,更换日籍关员占据重要职位,令其余海关职员全部转属伪满洲国。此后东北各关沦为服务于日本帝国主义的殖民地海关,对中国不承担任何义务。东北的贸易及关税也不再纳入中国关册,并对中国其他地区的贸易一概作为"外国"处理,在山海关和沿长城一带设立税关以管理所谓的对中国贸易。南京国民政府外交部抗议日本破坏东北海关事务,并通告华盛顿九国公约签字国,试图借列强势力牵制日本。当时,美国对日提出劝告,英国国会对日提出质问,但日本根本不予理睬。

近代东北由于闯关东大移民和开放开发,是中国对外贸易增速最快和唯一出超的地区。自 1907 年到 1930 年的二十四年,输入 4 100 余万两,输出大约超过 9.48 余亿两。由于东北关税被夺,中央关税收入锐减六分之一。据江海关税务司报告,1932 年 7 月份收入关税,"共计 10 070 235 两,应付各项借款及外债,共计 13 278 258 两,不足数共计 3 208 123 两"[①],由此可见东北海关沦丧带来的严重影响。

(三) 伪满税关体系

1932 年 10 月 27 日,东北各海关仿效日本海关更名为"税关"。1933 年 8 月,伪满洲国召开参议府会议,制定"税关官制",规定了税关与伪满政权的隶属关系及内部机构设置。决定在大连、哈尔滨、安东、营口、龙井村、图们、承德、山海关等八处设立八大税关,各税关除设置税关长、副税关长外,还配置了事务官、监察官、监视官及事务监察监视各官佐,自清末建立的东北海关体系自此改变。伪满东北税关开通了与日本和韩国之间飞机、列车、邮件及关务的往来,在山海关和长城一带遍设关卡,非法征收高额关税以抵制内地货物进入东北。

1933 年至 1937 年,伪满政权多次改订关税法令,一再降低日货的进口税率和输往日本的货品税率。1935 年,伪满洲国与日本缔结"关税协定",对日实行"特惠关税",满足日本帝国主义的侵略和掠夺需要。1936 年 12 月实施《保税

---

① 《国内要闻:七月份关税收入短绌》,载《银行周报》第 16 卷第 31 期,1932 年 8 月 16 日,第 50—51 页。

法》及《施行细则》，同时实行《报关代办人法及施行细则》。同年，日伪税关包揽了港湾行政、港口检疫和部分航政。1937 年 12 月，伪满颁布《关税法》及其施行规则，彻底改变了中国的海关税则和行政法规，使东北的伪满税关更趋日本化。1941 年太平洋战争爆发后，伪满各关简化了向日本进出口的纳税和税关检查等程序手续。1944 年后伪满洲国对日本免除关税，鸭绿江沿岸的税关全部撤销。

总之，日本帝国主义侵占和控制东北海关后，通过改变行政机构、隶属关系、业务制度及章程法规等，将这些海关改造成为协助日本帝国主义经济侵华的重要工具，进而在东北掠夺高额税款，用于资助侵华战争。随着东北海关的沦陷，东北成为日本对华倾销过剩商品、掠夺原料和财富的中心。

二、华北事变后的猖獗走私

1933 年至 1937 年，日本继东北之后进逼华北。1933 年 1 月到 4 月，日军占领山海关、热河和长城一线，1933 年 5 月国民政府和日方签订《塘沽停战协定》及备忘录，在长城以南设置非战区域，人为划定所谓的"停战区"，将长城沿线的实际控制权拱手相让，日军迫近平津地区。1935 年 9 月，日军提出河北、察哈尔、绥远、山西、山东等华北五省组织"联合自治"，实现华北政权"特殊化"。由于中国人民抗议日侵占中国东北而掀起抵制日货运动，以及 1933 年海关进口税则提高日本主要输华商品税率的影响，在对华贸易锐减的情况下，日本发起了震惊全球的华北走私。[1]

为把华北沦为殖民地，侵华日军和特务机关将走私作为对华侵略的先导，在冀东、华北等地区发动持续的大规模的有组织武装走私，称之为"特殊贸易"。南满洲铁道株式会社（简称"满铁"）认为特殊贸易"作为日本大陆政策的一环"[2]，意在促进华北特殊政治体系的成立并隶属于帝国势力之下。1934 至 1935 年，日本利用大量日、朝浪人进行巨额走私，中国白银大量外流，引发多起挤兑风潮，中国的财政金融受到严重冲击。与之相配合，1935 年 5 月，驻华日军以武力胁迫华北海关解除武装，停止在长城缉私及在"非武装区"行使海关职权。

日、朝浪人利用民船、机动船、轮船，由旅顺、大连从海路往山东，由陆路沿北宁线和冀东公路运往天津、冀东等河北一带走私日货。1935 年 9 月，日本强迫

---

① 连心豪：《近代中国的走私与海关缉私》，厦门大学出版社，2011 年，第 181 页。
② "满铁"产业部：《北支那经济综观》，1938 年，第 50 页。

华北海关缉私舰艇解除武装,撤至冀东非武装区 3 海里之外,声称海关舰艇若在"公海"上干涉日本走私船只,将被视作海盗行为,予以击沉。由此,北方陆海屏障全部丧失,走私更趋猖狂,在日本驻华军事当局、外交机构和日伪政权的公然庇护下,发展到有组织的武装走私,并在华中、东南沿海、粤闽等华南沿海、台湾海峡两岸及港澳地区大规模泛滥。日、朝走私浪人动辄与海关缉私人员发生武力冲突,甚至引起中日外交交涉。

由日伪推进的自华北至东南、华南的走私规模很大,数量惊人,使国家财政经济受到灾难性的打击,关税收入锐减,银元、银块大量走私出口,银本位的货币制度无法维持,贱价的走私日货"白面"(毒品)、人造丝、白砂糖、毛织品、卷烟、煤油、火柴等,占据了华北及内地市场,大批相关的民族工商企业破产倒闭,尤以糖业、纺织业、烟业受到影响最大,这些行为激起全国人民的极度愤慨。

三、英日对中国海关的非法协定

1937 年日本发动全面侵华战争,沿海、沿江港口和大城市相继失陷,华北及东南沿海、沿江的秦皇岛、津海、江海、苏州、镇江、芜湖、金陵、杭州、胶海、东海、厦门、九江、粤海、三水、江海、岳州、长沙、潮海、北海、龙口分关、威海卫分关等 21 个总关、2 个分关沦入日本的控制之中。由于英美在这些大城市中还有较强的势力,而日本与当时的英美仍处于"和平"状态,因此对于所谓"国际性"的、"中立"的且承担着中国对外债赔款国际任务的海关,日本不便一时公然独占。当时,总税务司梅乐和仗着有英、美作后台,自己又处处讨好日本,所以当南京国民政府于 1937 年 11 月西迁重庆时,他坚持留在沦陷区即总税务司署驻上海办事处继续管理海关,拒绝撤退到重庆去,海关便成为沦陷区内唯一存在的名义上的中国政府机构。

日本在完成对沦陷区的军事占领后,立即把矛头对准沦陷区海关,首先提出将天津、秦皇岛两关的海关税款存入日本的正金银行,并要求海关提升一大批日籍员司等等。对此,梅乐和认为,为了维持海关行政的完整,保全各帝国主义利益和英国对海关的控制权,必须委曲求全地予以接受,极力劝说国民政府妥协。梅乐和以对日妥协换取维持海关形式上完整的问题,后来他在给代理总税务司周骊(C. E. B. Joly)的函中解释,"1937 年,孔祥熙指示我,关于海关事务等问题,继续与英、法、美三国驻华大使进行密切接触。他要求我在任何情况下都得坚守自己岗位,努力保持海关行政完整。为了执行这一政策,我遵命与日本当局建立非正式接触的工作关系。然而,在我与他们的交往中,在处理涉及利害关系的大问题时,绝不牺牲原则,而在小问题上牺牲些利益是必要的,所以不时在这样那样的问题上做些让步,但在大的原则问题上或有条约规定的问题上,我在任何情况下都立场坚定……事实也证明,直至1941年12月之前,海关没有发生问题。同时,中外银行家们所支持的行动路线与我在1937—1941年这段不幸时期所坚持的路线是一致的。而且,关于当时的形势发展,我一直以公开或私下的形式报告财政部,我的行动是在财政部充分了解和默许下进行的。"①

日本惧于与海关相连的特殊国际关系,实行以华治华的政策,一方面对沦陷区海关委派亲日的伪海关监督,另一方面不断向海关安插日籍人员占据重要职位,把海关逐渐变成日本人的海关。梅乐和在用人问题上也予以妥协让步,他认为日本要求提升一大批日籍员司,以及要求日籍关员到日籍商船上执行关务等"不得谓无理由",坚持"海关的行政方针应该向能够取得日本支持的方向发展",因此,如青岛、烟台等地的日籍关员大量增加。

日军占领上海,同样提出仿照津、秦两关前例,将江海关税款存入日本银行。因海关的税款存储、债赔问题,涉英国等西方列强在华利益,英国和美国、法国合谋对策,由英国外交部指示驻华和驻日使馆分别在上海和东京同日本进行谈判,并通过驻华使馆向梅乐和指授机宜。1938年5月2日,英国撇开中国,以中国海关主权者的地位和日本在东京签订了关于中国海关问题的非法协定。主要内容是:沦陷区过去积存和以后所收的税款存入正金银行;自1937年9月停付的对日部分庚子赔款照付;日本"同意"从沦陷区各关税款中按比例摊拨外债、赔款,经总税务司证明的海关经费应尽先扣付。协定签订的第二天,梅乐和就指示江海关税务司按协定将以后征收的税款存入正金银行,并电催国民政府"拨付日本部分庚子赔款,最好能尽早交付"。

英日签订非法协定,出卖了中国主权,激起了中国人民的愤慨。国民政府没有明令总税务司将扣留的日本部分庚子赔款交付日本,日本因此拒绝从沦陷区税款中摊拨外债赔款,英帝国主义的如意算盘最终落空。事实上,自1938年5月以后,沦陷区所征关税一直以有关各关税务司的名义存入日本的银行,每月沦陷区各关所征关税净数为3 000万元,现总数已达94 000万元。每年从沦陷区关税中摊派给总税务司署经费的额度为1 600万元。然而,现在日本政府拒绝允许从这些资金中,按比例拨付海关总税务司署行政经费(包括海务科和统计科

的行政费用）。① 梅乐和想在沦陷区和非沦陷区同时行使职能的处境可想而知，越来越困难，连正常办公都受到了影响，但作为国民政府的雇员，他只能效忠于蒋介石国民政府，对于其他日伪政权组织一概拒绝服务，这也是后来他被关押到提篮桥监狱的原因。

四、汪伪政权海关的殖民地化

1940 年 3 月 30 日，汪伪国民政府在南京成立，驻华日军形式上将华北、华中及华南占领区移交汪伪政府。英、美对日妥协反而使日本更加猖狂，太平洋战争爆发后，国际局势及国际关系发生了剧烈变化，1941 年 12 月 9 日，日军占领了上海公共租界及天津英租界，驱逐中国沦陷区内的英美势力。12 月 10 日，汪伪政府关务署训令梅乐和，通知解除其本人及所有英美籍关员的职务，并要求其将所管海关一切税款以及档案文件等即日移交。在这之后，日本立即对沦陷区的海关实行了全面控制，汪伪海关总税务司署正式成立，以原总税务司署总务科税务司岸本广吉为"总税务司"，将沦陷区内英美籍人员全部罢免，各关税务司均由日本人担任，总税务司梅乐和也被逮捕囚禁。

太平洋战争爆发后，东南沿海、西南边界的江门、琼海、南宁、宜昌、龙州、浙海、瓯海、梧州、九龙、拱北、腾越等 11 个总关又相继沦陷，汪伪总税务司署名义治下的海关（口岸）数量要远超于重庆总税务司署所控数量，从沦陷区继续征收的关税占总税收的 80%。汪伪沦陷区海关实施了一系列举措，配合日本帝国主义对中国进行政治、军事、经济侵略。日籍关员掌控了汪伪海关总税务司署大部分岗位，以及沦陷区各地方海关的几乎所有关长职位，对华员采取不信任态度，遇事即肆行威胁利诱，不断强化对华籍关员的管控。

汪伪政权成立前，日本曾在 1938 年 1 月通过伪华北政权修改了当时施行的 1934 年进口税则，恢复实施 1931 年税率较低的税则，以便将中国农产品、战争物资运往日本补充本土资源的不足，并借机倾销日本工业品、破坏中国工业生产。汪伪政权成立初期并未对税则进行新的修订，仍以 1931 年进口税则之较低关税为基准，大量进口日本的木材、水产品、自行车配件、机器、燃料、化学及药材、布匹、罐头，朝鲜半岛和台湾的新鲜水果等；出口方面，主要为棉花、煤炭、废

---

① 孙修福：《中国近代海关首脑更迭与国际关系——"国中之国国王"登基内幕》，中国海关出版社，2010 年，第 310 页。

金属、永利化工厂生产的盐、苏打等货物,但这些货物都有日本军队运往日本的免费通行证,导致税收大幅下降。

太平洋战争爆发后,汪伪政权以日本利益为上,与英、美为敌的对外政策导致了其进出口贸易的大幅度萎缩,关税收入锐减,遂将征税重点转至国内转口税(即商品内地通行税)。利用对沦陷区海关的控制,日军进一步控制沦陷区的贸易,1942年5月,规定5类共38种货物要出入长江下游、东北、内蒙古和华北、华南沦陷区或往日本、朝鲜、台湾,必须呈验由日本陆海军签发的特别许可证,海关才可准予通过。

纵观汪伪政权统治下的沦陷区海关,制度框架并未脱离南京国民政府的税务司制度,征收税则最初也仍以国民政府旧有税则为基准,虽然对税务司体系组织架构等略有更改,但作为日本扶植傀儡政权下的征税机构,其权力实操于日本人之手,汪伪海关内部奸伪之流贪污横行,效率和纪律颓坏废弛,海关税收流失数目巨大。

五、国统区海关的困顿及对沦陷区海关的接收

国民政府迁都重庆后,为适应战时需要,先后撤退苏州、镇江、金陵、芜湖、九江、胶海、东海、厦门、杭州等关,在内地货运要冲设立关卡,实施对日经济反封锁政策。在太平洋战争爆发后,国民党政府于1941年12月28日,在重庆狮子山另立总税务司署。由于国家残破,国统区海关急剧减少,重庆的总税务司署主要依靠西南边关勉强支撑局面。海关由以征税为主要职责转而成为以缉私为主,由于战争的破坏,再加政出多门,职责紊乱,海关管理日趋式微,始终无力制止日伪对国统区的大量走私活动。

(一) 国统区海关的勉力维持

1. 总税务司改换美国人李度　梅乐和被捕后,国民政府调云南腾越关英籍税务司周骊代理总税务司职务,暂时主持总税务司署来统辖非沦陷区海关。1942年梅乐和脱险后抵达重庆,周骊辞职退休,1943年1月梅乐和复职,但他发现重庆海关总税务司署的地位形势已和此前不可同日而语,中美关系已上升至最重要地位,外籍税务司制度开始走向衰落。19世纪末以前的美国在西方列强向华扩张的过程中,仅是英国的一个小伙伴的角色。到了1899年,美国已是世界上的一大强国,该年"门户开放"政策的提出,标志着美国对华政策的新阶段,

即由追随英国政策变为奉行独立的帝国主义大国政策。20世纪头三十年,美国大力加强对中国政治、经济、文化的渗透。在经济上逐渐成为居英、日之后的第三位的在华经济大国。进入20世纪30年代,英国在华势力衰退了。但它并不甘心居人之后,力图保住在中国的主要阵地——海关。在"九一八事变"后和"七七事变"后,它都以维持中国海关行政完整为借口,对日本妥协和出卖中国利益。但至30年代末,英国在对中国进出口贸易中的优势地位还是丧失了。在沦陷区,日本占进出口贸易总值的首位;在国统区,美国则居首要地位,这也意味着英国不能再独霸中国海关总税务司一职。

面临将要失去对中国海关的控制,英国是极不情愿的。直至1941年前,英国政府仍决心维持对中国海关的影响。可是太平洋战争的爆发,使英国的愿望终成泡影。参加二战后的美国,利用战时中国有求于它的机会,以实力为后盾,以美援为交换条件,积极扩大美国在华的影响。为加强对国民政府的控制,美国不仅在经济和军事上援助国民政府,还从政治和外交上提高国民政府在国内外的地位,除把中国抬上"世界四强"之外,1943年1月11日,美国还与国民政府签署《中美关于取消美国在华治外法权及处理有关问题之条约》。同时也要求英国签署同样的条约,《中英关于取消英国在华治外法权及其有关特权条约》也同日签订。在中英条约的附件中,英国声称:"英王兼印度皇帝陛下放弃要求任用英籍臣民为中国海关总税务司之任何权利。"在独霸中国总税务司一职长达八十五年之后,英国无可奈何地做出了这样的表态。

1943年1月,72岁的梅乐和获释到重庆继续任总税务司。5月,梅乐和辞职。在梅乐和所写的题为《远东政治发展概要》的材料中,他叙述了自己辞职的原因。他说:"香港和新加坡的沦陷,使英国当时在远东的权威扫地以尽。在这两件灾难性的事件后,中国人认为'英国已被击垮了,再也不能指望它了'。1942年春,美国无条件提供5亿美元的对华贷款,一方面使美国热升温,另一方面,英国则被冷落了。伴随这种变化而来的,当然是英国对海关影响的减弱,这自然也削弱了总税务司的地位。所有这一切又显然严重影响了英国对海关总税务司署的控制。在这种情况下,我决定辞职,并据此情形向中国政府提出建议。"在该材料的最后注脚中,梅乐和又说明:"事实很清楚,中国政府更愿意有一个美籍总税务司,此外,他们也打算进一步控制总税务司署。我从这个竞技场离去,无疑将方便他们推行这一政策。"

继梅乐和为海关总税务司的,是美国人李度。他于1914年进入中国海关,历任各口帮办、副税务司、税务司等职。1938年10月日军攻占广州,李度时任粤海关税务司,太平洋战争爆发后被日军逮捕和遣返美国。1943年5月梅乐和辞职后,李度奉国民政府之召赴重庆代理总税务司,1944年4月,被正式任命为总税务司。李度是近代中国海关第一个美籍总税务司,也是最后一个外籍总税务司。他的上台,是"美国继承英国的地位成为活跃于中国的主要西方国家"的标志之一。

抗战期间,海关华洋关员人数比例及华员地位开始发生明显的变化。大批洋员被俘或回国参战,一批华员开始主持关务行政,并逐渐升迁至重要岗位,如国民党财政部于1943年11月任命了中国人丁贵堂为副总税务司。1945年1月,国民政府裁撤海关监督公署,但保留监督,和税务司合署办公。但这些变化并未能从根本上改变海关的半殖民地性质,也未能革除推行了近九十年的外籍税务司制度。

2. 实施《公库法》对海关的影响 辛亥革命时,总税务司安格联趁清朝土崩瓦解的乱局,夺取了海关税款的收支保管权,并担保中国内外债和国际赔款,在战乱年代承担"国家之信用"的重任,成为外籍税务司制度尾大不掉的重要原因。全面抗战爆发后,国民政府军费开支激增,收支失衡,财源枯竭,遂决定于1939年开始部分推行实施《公库法》,建设公库组织体系,减少中间环节而提高纳库效率的同时,也在一定程度上防止税款被吞噬挪移,遏制财政收入的流失。1942年4月21日,蒋介石发布"中央和地方各机关一律依照施行"的手令,海关也不能例外,于1942年10月1日起奉命实行。

按《公库法》的规定,所有海关税款,应尽数解库,不得提付任何款项,这给外籍税务司制度造成巨大的冲击,总税务司署再也不能像过去一样,自己掌握各海关的预算和支出,换言之,总税务司的所有财政权力几乎被剥夺殆尽。从此之后,海关的财政经费只能仰赖政府的财政拨款,财政部国库署掌握了总税务司署的经济命脉。此外,《公库法》对以关税为担保的债赔各款之本息基金也不例外,改变了原关税担保的性质,即原来以关税为担保的特种担保,变成了以国库收入总存款为担保的一般担保,海关总税务司非奉特别令准,已不能再按借款合约的规定,按期由关税收入项下拨付其所担保的各项债、赔款本息基金,自辛亥革命以来海关税款归总税务司保管的权力,至此完全收回了。实际而言,该时期随着庚款各主要大国放弃偿付,庚子赔款业已取消,外债也部分停付。相应地,海关税款承担偿付外债、赔款的功能已经消失,海关作为国际信用机构的功能在逐渐地消退。[①]

---

① 杨智友、李宁著:《抗战时期的中国海关》,第256—258页。

　　全面抗战爆发后,进出口贸易大受影响,海关税收锐减,职能萎缩,转而于1937年10月起施行《整理海关转口税征收办法大纲》,对于民船、铁路、公路及轮船运输于通商口岸与内地间,以及内地与内地间的土货,一律征收转口税。太平洋战争爆发后,为应对困难,国民政府决定裁撤转口税,于1942年4月公布《战时消费税暂行条例》,开征战时消费税。这一税种是在大后方与沦陷区交界的封锁线地区课征,本属内地通过税,但在战争时期,据《战时管理进出口物品条例》将封锁线与国界同视为进出口界线,因此财政部没有另设机构,利用海关关卡掌理。战时消费税本属战时不良税种,其弊端比如厘金,民众深以为苦,国民政府于1945年1月予以撤销,决定海关继续征收进出口税并执行所有缉私检查工作。

(二) 对沦陷区海关的接收

　　1945年8月,中国抗战终获胜利。重庆国民政府财政部立即开始了对沦陷区海关的接收工作,当月行政院训令各关行文一律使用中文。海关副总税务司丁贵堂被任命为京沪区财政金融特派员,赶赴上海接收伪海关总税务司署、江海关及华东各关,另有大批海关高级关员分赴东北、华南和台湾各关负责接收工作。在接收各地海关的同时,国民党政府和海关当局开始调整海关重心,集中发展沿海沿边贸易。内陆和长江沿岸的西安、兰州、万县、宜昌、沙市、长沙、岳州、九江、芜湖,以及广西的梧州、南宁关都在1945年底以前分三期裁撤完毕。内陆地区只保留了长江沿岸的重庆、江汉、金陵三关以及西北的新疆关。国民党海关总税务司署从重庆迁回上海以后,重庆关降为江汉关重庆分关。在沿海和延边地区,原来的分关如秦皇岛、江门、九龙、拱北、腾冲等相继成为直属海关。到1945年12月,沿海所有海关都已经调整完毕,恢复对外贸易职能。

　　战后中国海关实行较为严格的输出入管理制度,但由于国民政府的外交和对外贸易都执行向美国"一边倒"的战略,海关的关税政策明显有利于美国对华贸易。1946年11月,《中美友好通商航海条约》签订,为美国向中国倾销商品提供了便利。1947年10月,国民政府签署《关税与贸易总协定》,对所有关贸总协定成员国及当时与中国订有最惠国条款的国家降低税率,特别是给予美国大量关税优惠待遇。1948年4月21日,江海关率先对美国货的进口税先行减让,原有最高额征收70%者,改征40%;原有最高额征收30%的,改征15%。[①] 8月2

---

　　①　叶松年:《中国近代海关税则史》,上海三联书店,1991年,第366页。

日《修订海关进口税则》公布,在各地海关实施。在形式上中美虽实行互惠性的关税减让,但中国经济十分落后,经过十四年抗战,没有任何竞争能力,中国向美国出口的是美国急需的廉价原料,美国则向中国大量倾销生活用品及制成品,造成中国对外贸易连年巨额入超。不仅如此,美国还公然利用运送军火、救援物资的机会夹带私货和邮包进行走私,可以不经过海关就进入市场。战后的海关缉私虽然恢复,但由于国民党政权的腐败,缉私收效甚微。

战后的中国处于国民党统治全面崩溃的时代,由美籍总税务司李度领导的海关在不平等条约下不可能实现保护民族经济的职能,海关关员操守与效能也随生活待遇而急剧下降,贪污、侵吞、诈取、经商等舞弊现象迅速增加。随着国民党政权的溃败和逃离,最后一任海关外籍总税务司李度也于1949年4月逃往台湾。

综上所述,海关本是国家设在对外开放口岸、管理进出境相关事务的行政机构。因为抗日战争的爆发,中国东部沿海城市和海关先后沦陷,重庆国民政府海关局限于西南、西北内陆地区。此外,自清末以来,海关除贸易监管征税本体业务外,因特殊原因,还兼管航政、港务、外债、内债、邮政,甚至插手军事和外交。同样因为抗战,海关特殊行政权力赖以存续的条件发生变化,海关的船政、港务等海事业务大面积停滞,作为外债担保的沦陷区关税被日方攫夺,国民政府与英美签订了平等条约收回利权,海关总税务司署权力日趋弱化和外籍税务司制度逐渐衰落,接近实现了自清末以来仁人志士改变外籍税务司把持中国海关状况的梦想。从根本上言,这是中国民族主义空前高涨,坚持抗战到底、赢得国际环境变换所带来的必然结果。

第十一讲　中国共产党收回海关主权的斗争

近代以来，海关与国家、民族的命运紧密相连、休戚与共。中国共产党自成立之初，就始终心系收回海关主权，并坚毅地认为"收回海关主权是摆脱帝国主义统治，争取民族独立的重要方向"。中国共产党以强烈的使命担当和崇高的理想追求，为实现民族独立和人民解放，持之不懈争取收回海关各项主权，筚路蓝缕奋力初创人民海关。

一、中国共产党提出彻底收回海关主权

中国共产党的成立是近代中国历史上划时代的里程碑，成立伊始，党中央发表时局声明，关税问题列居反帝斗争纲领之首。陈独秀、李大钊、瞿秋白、恽代英、蔡和森、毛泽东等党的早期领导人，纷纷发表文章，从理论上透彻地分析了关税自主权，明确包括税则自主和管理自主两个问题，而关税自主权的实现，是要无条件和立即实行的，还要动员工农群众，致力于斗争行动之中。

(一) "改正协定关税制"被列为中国共产党反帝反封建斗争纲领之首

中国共产党是国家主权的坚定维护者，建党初期，尤其在党的"二大"之后，党中央一些领导同志，开始通过发宣言、写文章，宣传党的政策，号召收回关税自主权。1922 年 6 月，党中央发表了第一次时局主张，提出反帝反封建纲领共十一条，其中第一条强调："改正协定关税制，取消列强各种在华治外特权。"[①]1922 年 7 月，在《中国共产党第二次全国代表大会宣言》中又指出："关税也不是自主的，是由外国帝国主义者协定和管理的。这样，不但便于他们资本的输入和原料的吸收，而且是中国经济生命的神经系已落在帝国主义的巨掌之中了。"

党中央分析由于关税不自主，"外国商品如潮的输入，慢说布匹纸张之类，旧

---

① 《中国共产党对于时局的主张》，1922 年 6 月。

有的针和钉都几乎绝了种,因此生活程度日渐增高,三万万的农民日趋于穷困;数千万手工业者的生活轻轻被华美的机器制造品夺去,而渐成为失业的无产阶级",事实证明,"加给中国人民(无论是资产阶级、工人或农人)最大的痛苦的是资本主义和军阀官僚的封建势力"①。1923 年 7 月,毛泽东在《北京政变与商人》一文中指出:中国现在的问题是打倒军阀和帝国主义的问题,只有打倒军阀和帝国主义,才能实现关税自主。"大家知道,厘金和关税是商人的两个生死关头","但裁厘加税并不是容易做到的事,因为裁厘有损于军阀的利益,加税又有损于外国帝国主义的利益。"②建党之初党中央提出的关税自主主张,彰显中国共产党维护国家主权,维护人民切身利益的立党宗旨,反映了全国民众的心声。

(二) 中国共产党在"关余"事件中提出"收回海关全部主权"

1923 年 6 月,党的"三大"确定了国共合作建立革命统一战线的方针,开辟了大革命的新局面,也使收回海关主权的斗争出现新的高潮。1923 年孙中山领导的广东革命政府要求北京外交使团拨还关余和收回关权的斗争,得到中国共产党的坚决支持。中央领导人蔡和森在《向导》第 48 期发表《为收回海关主权事告全国国民书》,号召群众奋起,支持孙中山为国民革命领袖,粤海关主权斗争是反帝第一步,拥护与外国帝国主义不妥协的斗争。"中国自最近八十年以来,已无日不在外力干涉之中,无时不在外国帝国主义的压迫和宰割之下……这样早被外力占据和宰割的中国,还有什么方法可避免外力的干涉。现在中国人只有两条路可走:一是永远屈伏为奴;一是起来与外国帝国主义奋斗。而孙中山氏对于收回粤关主权的坚决表示,便是这种奋斗的第一步。"恽代英发文《收回关税主权的第一声》,把斗争直指协定关税制度和关税主权问题,他引用马君武文,指出协定关税是全世界独一无二的"降服制度",劫夺中国关税主权,是列强宰制中国最残酷的手段。"最近的好消息,是孙中山先生不顾外国领事的警告,不顾外国军舰的示威,要将广州海关主权收回来,我们不但很希望提倡民族主义的孙中山先生,能彻底的实现这个主张",而且"希望孙中山先生还不仅是索回关余来供广州的兵费政策,希望就此把关税权完全收为自主"。③ 文章最后大声告诉孙中山先生:"努力罢,革命的先锋!为民独立而作战的革命领袖!我们是中国人,我们热诚的拥护为中国民族作战的孙中山先生,这一回是我们生死存亡的战争。"

---

① 《中国共产党历史》,中共党史出版社,2011 年,第 79 页。
② 毛泽东:《北京政变与商人》,《向导》第 31/32 期合刊,1923 年 7 月 11 日。
③ 恽代英:《收回关税主权的第一声》,载《中国青年》第 9 期,1923 年 12 月 15 日。

中国共产党当时正在和国民党合作,着手加入和改组国民党,同年 12 月 25 日,党中央发出第 13 通告,主张从争取关余到全部海关主权,从广东一地发展到全国海关,"目前广东海关问题,广东政府原来之目的固然仅在关余,然相持之际已发展到用人问题,吾党此时应一面声援广东政府并督促其根本的收回海关全部主权,勿仅仅正在关余;一面主张收回全国海关主权,废除协定关税制,以排斥英货美货为武器"①。"各地同志们应尽力之所能设法联络各团体,以地方公团名义散发传单,通电全国,游行示威,发起抵货。此主张一时未必即能贯彻,然我们断然不能失去宣传的机会。"面对列强的武装威胁,广州人民在广东革命政府和中国共产党的号召下,从 1923 年 12 月至 1924 年 3 月间,纷纷组织集会,游行示威。

1924 年 10 月,革命政府准备接管粤海关,遭到列强强烈反对,英、法、美、葡等国军舰 8 艘开进白鹅潭,沙面持续增兵,实行戒严。帝国主义列强对革命政府的武装干涉,加上当时两广地区内部尚有军阀割据,北方政局动荡,因此,革命政府未能进一步采取有力措施实现关税自主,停止了接管粤海关的活动,但这是国共两党实现合作建立革命统一战线后发动的第一次重大反帝活动。

(三) 反对关税特别会议和争取无条件、无限期的"关税自主"

1925 年 10 月,中国争取关税自主权的特别关税会议在北京举行,段祺瑞控制的北洋政府和英、美、法、日等十三国代表参加,会议上就增加附加税、修订中国关税税则等问题开展谈判。瞿秋白早在关税会议的两年前,就指出华盛顿会议答应了开关税特别会议解决二五附加税的问题,如今已经预定步骤:第一步以金法郎案为条件,第二步以裁厘为条件,第三步……第四步……一步一步的紧迫,弄到结果,中国毕竟得不偿失。华盛顿会议不但根本上固定协定关税制度,而且进一步要想实行国际共管中国财政。我们更主张中国根本否认协定关税制度,只有那时中国才有真正的经济独立,本国的工商业才能发达,单单有二五附加税是不行的。单单希望二五附加税"巩固中央政府之财政基础",或希望"各国对于吾国财政之整理予以援助",终是空的!②

陈独秀发文指出,"我们所谓关税自主,具体说起来,乃指税则自主与管理自主二事"。"现在中国的海关,税则不自主,无论进口或出口,都须得外人同意,不

---

① 中国共产党中央通告第十三号《国民党改组及收回海关主权问题》,1923 年 12 月 25 日。
② 瞿秋白:《关税特别会议问题——帝国主义的进攻》,载上海《民国日报》1924 年 5 月 6 日。

但不能自由加税,并且自由减税或免税也不能;管理不自主,全国税务司等高级职员千余人中,竟至无一华人,总税务司则须任用对华贸易最优越国之人,大权外移,驯至中国政府不能够支配税务司,税务司倒可以支配中国政府;不但海关税收不存中国银行,并且拒绝中国钞票。这样不自主的海关,在名义上虽然是中国海关,实际上,简直是外国帝国主义者管理中国财政,保护外国工商业和阻碍中国工商业发展的总机关。因此,海关自主与否,的确是中国民族之经济的解放第一重要关键。"会议即将召开,他高声呼吁:"凡是中国人,都应该奋起力争关税自主。……我们所要求的关税自主,不但是无条件的,尤其应该马上实行,不加限期,有条件有限期的关税自主,便是帝国主义者一个骗局。""反对在现行关税制度下要求加税,全国的商会、工会、农会、学生会等一切人民团体,都应该立即表示一致的态度:对于在此次关税会议不承认中国关税自主的国家,加以罢工排货的长期抵制;对于只图加税不力争关税自主的中国政府,立即请他下野。"①

关税特别会议期间,中国共产党北方区委领导群众开展大规模的斗争,揭露帝国主义的侵略本质,争取实现关税自主。1925 年 10 月下旬至 11 月下旬,北京学生联合会、总工会、反宗教大同盟、反帝大同盟等团体,不顾军警阻挠和镇压,连续举行集会和示威游行,反对关税会议,要求废除不平等条约。② 其中,在 11 月 28 日这一天,北京工人、学生数万人齐聚神武门举行大规模示威运动。北京总工会率领工人臂缠红布前来参加。示威群众高呼:"无条件收回关税自主权";"释放一切反帝国主义运动的被捕战士";"打倒一切帝国主义";"拥护广东国民革命政府";"驱逐段祺瑞,枪毙朱深"③。后来事实证明,各国代表对于中国人民要求的关税自主,以先裁撤厘金为条件,采取搪塞拖延的欺骗手法;对于北洋政府关心的加税问题,亦在附加税的税率、用途、开征日期等方面故意刁难,未能达成协议,关税特别会议吵嚷半年,毫无结果。

(四) 反对粤海关税务司擅自封关和收回"海关管理权"

1925 年"五卅惨案"引发了全国范围的游行示威和"罢工、罢市、罢课"活动。同年 6 月 23 日广州"沙基惨案",更是引发了抵制英货和封锁香港。这些运动影响到了粤海关。1926 年 2 月 20 日,粤海关税务司英人贝泐(F. H. Belle)借口省港罢工纠察扣留的 8 船货物未经税关查验,擅自命令海关停止验货起卸,致使广

---

①　陈独秀:《我们对于关税问题的意见》,1925 年 9 月 25 日,载《向导》第 131 期。

②　中共中央党史和文献研究院编:《中国共产党历史》,第 143 页。

③　陈诗启:《中国近代海关史(民国部分)》,人民出版社,1999 年,第 144 页。

州口岸被封锁。张太雷发表《抗议粤海关停止验货起卸》，认为"海关照条约虽由外人管理，但是到底是中国的海关；税务司虽是外人担任，但是到底是中国的官吏。粤海关税务司虽是由人家强荐来与我们做守大门的号房，但是他绝没有权可以不得主人允许硬把大门关了起来，不许主人出入的道理。税务司此种不从命令的自由封锁广州实侵犯我国主权。广东自肃清反革命军阀后，商业已日盛一日，黄埔与白鹅潭商船密布的景象实为前所没有的。现在税务司此举意欲使我们广东商业完全停顿，并断绝我们广东人民所需粮食入口。同胞们！我们对于税务司此种伤害我国主权与广东人民利益的举动，应一致起来抗议"①。因种种关系的反对，粤海关税务司贝泐于 2 月 26 日重新开关。张太雷再次发文，强调"政府和人民不能因海关已开遂谓问题已完结，应当继续对全国及全世界人民揭破香港帝国主义的阴谋，以及宣传税务司滥用职权封锁港口的不当，我们更当团结一致进行撤换税务司与收回海关管理权的运动"②。

1926 年 4 月，在广东爆发的"省港大罢工"已坚持了近一年，沉重打击了帝国主义势力。随着北伐战争的胜利进展，省港罢工工人代表大会在党的领导下，决定自 1926 年 10 月 10 日起结束罢工。同时，罢工委员会向广州国民政府提出：为了妥善结束罢工，建议征收关税附加税，作为安排罢工工人生活的费用和对罢工期间工人损失的补助。广州国民政府接受了罢工委员会的意见，于 1926 年 9 月 7 日公布《出产运销暂行内地税征税条例》，决定于 11 月 1 日起对进口及出口货物征收普通品 2.5%、奢侈品 5% 的税，即二五附加税。征收不由海关代征，而是通过专设的专局专所办理。③

中国共产党领导的"省港大罢工"最后促使国民政府开征关税附加税，并很快推行至全国各地，这是对半殖民地关税制度的有力冲击。正如日本人大内畅三向李大钊的提问：收回关税完全自主，是否含有中国把数十年来英国所把持的海关行政（权）完全收回的意思在内？李大钊的回答是肯定的，南方政府征收附税，其目的并不在多增收入，而在当作一种内地税，由中国的自设机关征收，而不经海关的手，用意亦在打破英国所把持的海关行政权④，这是中国人民反帝斗争的一个胜利。北伐战争后期，由于帝国主义列强的干涉，国民党右派的叛变，

---

① 张太雷：《抗议粤海关停止验货起卸》，载《人民周刊》第 3 期，1926 年 2 月 24 日。
② 张太雷：《海关问题发生后之各方面》，1926 年 3 月 4 日，载《人民周刊》第 4 期。
③ 《申报》，1926 年 10 月 8 日。
④ 《给国民党中央政治会议的报告（之五）》，载《李大钊全集》第 5 卷，人民出版社，2013 年，第286—287 页。

和中国共产党领导上的右倾错误,革命大好形势终被破坏,收回海关主权的斗争随之遭受挫折。中国共产党建党之初和大革命时期的海关主权思想及斗争实践,为后来在苏区根据地创建独立自主的人民海关建政实践,奠定了坚实基础。

二、革命根据地和解放区海关创建实践

1927年大革命失败后,中国共产党开辟了"农村包围城市、武装夺取政权"的新革命道路,在敌人统治的薄弱地区先后建立起革命根据地和解放区。为保障军需,巩固根据地政权,在民主建政实践中实行有特色的社会经济管理,并成立相应机构。其中,承担出入边界管理、征收关税等职能的机构,名称不一,大多称船舶检查所、进出境货物登记处、关税处、税关、税务局、贸易局、关税局、海口办事处等,少数称海关;隶属关系各异,有的归于政府财政机关,也有的归于政府贸易、工商部门。在战争时期,这些机构都具有或部分具有海关职能,体现了海关管理的本质特征,充分运用关税、贸易及其货物的进出管制作武器来开展对敌斗争,采取措施不断健全管理组织,充实征管力量,完善监管制度,灵活管控方式,是党领导下政权建设不可或缺的重要方面。从历史上看,根据地和解放区创设的海关机构是中国人民为收回海关主权进行长期斗争的直接成果,同时它们又是新中国海关的雏形,为新中国人民海关的创建作了政策上和组织上的准备。

(一) 中央及其他革命根据地开创税关

1927年8月南昌起义后,革命军队伍转移到广东汕头地区,于11月成立海陆丰苏维埃政府,宣布废除一切不平等条约,接收辖区内汕尾海关,"海关负责人由汕尾苏维埃政府秘书彭小杰兼任,旧职员留用"[1],还对海关临时征收的进出口货物税改为固定关税,以增加收入,这是党领导下最早接管海关和最早征收国境关税。

1927年井冈山第一个革命根据地开创,井冈山边界工农兵政府为打破敌人经济封锁,从白区运进食盐、布匹、西药等根据地缺乏的必需品,建立赤白贸易线,后来还成立"竹木委员会",有计划有组织地开辟各种渠道,向白区输出根据地盛产的竹、木、油、茶等。1930年11月,赣东北苏维埃政府在江西信江沿岸设

① 《中国革命根据地工商税收史长编(东江革命根据地部分)》,中国财政经济出版社,1989年,第11页。

船舶检查局(处、所),疏通物资交流,征收出入口税,税率为 1‰—5‰,每天的税收就有几千元光洋,最多的七八千元至一万元,一般是三千元。① 1931 年 11 月,中华苏维埃共和国临时中央政府成立,宪法大纲中明确规定要将帝国主义手中的海关"收归国有"。在这一政策思想指导下,为了粉碎敌人经济封锁,保护苏区经济和财政收入,中央政府设立中央财政人民委员部税务局。1933 年 3 月,中央财政人民委员部发布训令,在苏区边境及交通要道设立关税处来开征关税,有茅店、信丰、良口、筠门岭等 24 处。苏区边境税关严格执行进出口管理制度,严格控制现金出口和走私活动,依靠关税增加苏维埃政权财政收入,调节赤白区之间商品的输出和输入。② 中央根据地海关机构的创建,标志着帝国主义控制的海关特权,第一次被中国人民政权彻底否认。

在中华苏维埃共和国临时中央政府成立前后,其他根据地的工农政府也都陆续建立起关税征收机关,例如 1930 年 9 月,湘鄂西特委在长江沿岸的监利、藕池、郝穴等处设立进出境货物登记处,征收以公益费为名称的进出口货物税;1931 年春,湘鄂西沔阳县在沙湖、杨林尾、土窑、五场、柳汽、新滩口设立海关登记处;1931 年 7 月,鄂豫皖苏维埃政府成立税务总局及其海关分局;1932 年,湘鄂西苏维埃政府成立了 13 个海关③;1933 年 6 月,川陕苏维埃政府成立税务总局及其税务分局、分所,等等。虽然各根据地的税关机构一般只存在三至五年时间,裁设变化频繁,但它已显示出终将代替半殖民地海关历史的必然性。

(二) 陕甘宁边区及各抗日根据地的边境税收

1937 年全面抗战爆发后,中国共产党领导的八路军和新四军开赴敌后,先后创建了十九个抗日民主根据地和开展游击战争。为适应战争环境和"精兵简政"的要求,县以上的海关工作一般由税务局(或贸易局)管理,不另设专责海关机构。边境则设有税务所、检查站等不同名称的机构,在艰苦、持久和极端复杂的情况下执行类似海关的各项工作。

为筹集抗战经费,陕甘宁边区于 1937 年秋在张家畔、定边建立税务机构,征收货物税。④ 晋察冀边区于 1938 年 5 月建立税务局,于 1939 年 10 月颁布《晋察

---

① 《中国革命根据地工商税收史长编(中央革命根据地部分)》,中国财政经济出版社,1989年,第58—59 页。
② 《中华苏维埃共和国临时中央政府财政人民委员部训令第十五号——建立关税制度》(1933 年 3 月 17 日)。
③ 孙文学:《中国关税史》,中国财政经济出版社,2004 年,第 332 页。
④ 同上书,第 338 页。

冀边区征收外货入境税暂行办法》,设立边境临时关卡,"对必需品输入、非必需品输出,一律免税;对必需品输出,非必需品输入,课以重税"①。1938年9月,冀南根据地成立税务局,征收"外货入境税""皮毛出境税"。总的来看,抗日战争战略防御阶段,各根据地还未全面建立税收包括关税征收机制,相关机构少,也不统一,征税不占重要地位。

抗日战争进入战略相持阶段和长期抗战后,为解决军需,保障军民供给,陕甘宁边区和各抗日根据地开始注重税收,其中对根据地与敌占区之间来往货物征收的进出口税,由于税源相对多,税额大,格外受到重视。1940年5月,陕甘宁边区公布《陕甘宁边区货物税暂行条例》。1941年4月,成立边区税务总局,各分区、县市设税务局、所,税务局下设关税征收的关卡,同时设立稽查所负责关税的稽核检查工作,建立起较为完备的税务征管系统。1941年9月晋冀鲁豫边区政府成立后,颁发《出入境货物税率表》,10月颁布《晋冀鲁豫征收出入境税暂行条例》,以法律形式确定边区征收出入境税的税率、稽征办法,改变了下辖各专区做法不一的状况。山东抗日根据地于1941年3月制订公布《山东省税收暂行条例》,开征货物税。1942年,建立行署、专署、县三级税务局,在根据地边缘设立税卡和税务武装。1943年下半年,山东各根据地包括鲁中、胶东、鲁南、渤海等地区相继成立工商管理局,县局以下在沿边地区或重要市镇分设工商事务所、检查站,这些机构除工商管理外,也承担船只和行商货物进出的监管、征税以及查缉走私的任务。在广东东江抗日根据地,1940年8月,为解决部队给养,东江抗日游击队在靠近香港的梅林坳设立税站,向进出香港办货商人征税。1942年,东江游击队和根据地有了发展,成立"广东人民抗日游击总队",按地区成立大队及宝安、东莞、惠阳、港九税务总站,并下辖各税站。1943年后,税站奉命全由总队部直辖,实行了东江抗日根据地税收的统一管理。

(三) 各解放区海关机构趋向统一和规范管理

抗战胜利后,党中央成立中共中央东北局,从关内抽调干部和部队急赴关外,消灭伪满残余,建立各级民主政府,同时建立包括海关管理在内的各项贸易、财税制度。在东北军事斗争不断胜利、解放区逐步扩大形势下,海关也迅速发展。从1945年11月安东民主政府接收伪税关,成立东北第一个人民海关,到1947年末辽南海关、延边海关、西满军区驻满洲里办事处等,一大批有海关管理

---

① 孙文学:《中国关税史》,第348页。

职能的机构在东北先后成立。随着东北解放区海关不断发展,管理也得到统一与规范。1947年2月成立东北税务总局,下辖一批关税局。1949年9月成立东北海关管理局,下辖营口、图们、安东、辑安、满洲里和绥芬河等海关。

日本投降后,1945年8月24日,烟台抗日民主政府委派贾振之等人接管东海关。解放战争时期,通过接收国民党统治区威海、龙口、石岛、烟台等海关及其分支机构,进行民主政府内税务、工商机构调整,山东解放区海关管理得到大发展。1948年12月,山东省政府决定进出口货物的检查征税改称关税,为省直收入,由省进出口管理局所属海关负责征收①。山东解放区各海关由分散管理发展到集中统一。

各解放区的海关工作,在土地革命和抗日战争时期海关制度的基础上,在新的历史条件下又得到进一步的发展。遵照党中央提出的"发展经济、保障供给"这一财经工作的总方针,各解放区民主政权和贸易、税务管理部门及时调整进出境管理办法,在组织机构、工作重点、业务制度和工作方法等方面,都采取了一些新的措施,实行禁止一切奢侈品及非必需品输入及内部必需品输出,奖励必需品输入与内部多余物资输出的对外贸易管制政策和保护关税政策,为保护解放区生产,开展贸易,增加财政收入,有力支援解放战争等方面做出了重要贡献。同时,它也为解放全中国后接管和建立新的人民海关积累了经验,培养和训练了大批海关工作干部,为新中国海关的建立和发展提供了重要条件。

三、海关内部爱国职工的革命斗争

清末海关总税务司赫德发布通令不得建立工会性组织,海关洋员曾成立过俱乐部,但仅限于社交和业余爱好活动。北伐战争前夕,海关华员的民族意识和权利意识逐渐觉醒,此后在国民大革命、土地革命、抗日战争、解放战争等时期,全国海关内部爱国职工积极建立组织、开展收回海关主权的斗争。从20世纪30年代初期开始,中国共产党重视和组织有关海关的革命活动,如支持海关中的爱国关员反对日伪侵占东北各海关及反日本走私斗争。以江海关为例,1936年9月,中国共产党江海关支部成立,加强了对海关职工运动和抗日民族统一战线工作的领导。以原有的读书会和职工俱乐部为基础,于1936年11月成立了

---

① 《中国革命根据地工商税收史长编(山东革命根据地部分)》,中国财政经济出版社,1989年,第48、86—87页。

党领导的群众性组织——乐文社。自 30 年代中期至上海解放,上海地区海关地下党组织在反抗日本侵略、收回海关主权、维护职工权益及争取解放的斗争中,作出了重要贡献。

(一)海关早期革命运动

1925 年 6 月 24 日,即"沙基惨案"后的第二天,粤海关的华籍杂工首先罢工,遭到粤海关英籍税务司贝泐的迫害,先后开除 20 多名工人。1926 年 2 月,贝泐悍然下令封闭海关,这一事件激起了海关华工的觉悟,于该年四五月间成立了海关系统第一个职工群众组织——"粤海关华人总工会",参加的有二三百人,负责人是潘东明。粤海关工会成立后,多次集会、发表宣言,揭露洋税务司破坏罢工的阴谋和海关中华洋待遇不平等等情况,从内部开展收回海关主权的斗争。[①] 粤海关职工的斗争,得到广东农工商学各界的坚决支持,中华全国总工会秘书长刘少奇曾发表致国民政府外交部和粤海关监督署的公开信,支持海关职工成立工会,反对洋税务司开除罢工工人。

1926 年 7 月,国民革命军开始北伐。革命军攻下武汉后,江海关职工于同年 11 月 21 日成立了"江汉关职工总会",发表了《敬告各界宣言书》和《通告全国海关宣言书》,[②]痛斥外国列强把持关权,危害国家,欺压华籍关员的行径,强烈呼吁立即收回海关主权。北伐战争期间,长沙、岳州、重庆等地海关也曾成立职工会,要求华洋平等和收回海关主权。

(二)"改善关制"运动

在上海,1926 年夏季开始酝酿成立海关外班华员俱乐部。1927 年 3 月 13 日,海关外班华员俱乐部宣告正式成立,是最早由海关华员自主成立的全国性群众团体。

海关华员俱乐部从 1927 年 3 月成立到 1934 年 4 月与海关(内班)俱乐部正式合并为止,七年间共选举产生七届执委。俱乐部宗旨:"以提高职权、改良待遇,收回关权,关税自主,为推动会务惟一方针、惟一宗旨。"口号是:"宣布关税自主,废除国际协定,提高华员地位,打破秘密行政,恢复征收旧制。"其最有影响的工作是创办刊物《关声》。《关声》出版时间长达二十二年,海关华员在《关声》杂

---

① 《中国粤海关华人总工会宣言》,1926 年 3 月。
② 《江汉关职工总会敬告各界宣言书》,1926 年 12 月 20 日。

志上发表大量文章和评论,揭露洋关制度的黑暗,团结广大华员进行斗争。保障
外班华员利益,为华员伸张正义。

此外,海关外班华员俱乐部还推动了海关华员联合会的成立。随着上海工
人武装起义的胜利,海关中的华员于 1927 年 4 月 24 日成立"海关华员联合会"。
它是近代中国海关各部门、各阶层华员的群众性团体,也是中国海关有史以来海
关华员最大的群体。海关华员联合会领导全国海关华员进行"提高职权、改良待
遇"的斗争,出版《海关华员联合会月刊》,保护海关华员合法利益。到 1931 年
12 月 31 日解散,共存在四年零八个月。虽然历史短暂,但它的影响是巨大的。
它的矛头直指受西方各国控制的海关当局,为团结海关华员,争取华洋待遇平
等,争取关税自主,做出了重要贡献。在全国海关华员声势浩大的斗争面前,海
关当局被迫做出某些让步,进行关制改革。

近代中国海关的职员统称"在册人员",即指姓名刊印在海关总税务司署出
版的《海关职员题名录》上的人员,而下级员工则统称"不在册人员",又称"下级
人员"。1932 年 1 月上海地区海关系统下级员工成立"海关同人俱乐部",到
1949 年 1 月与海关内、外班俱乐部合并,成立上海海关同人进修会为止,共活动
了十七年。先后开展保障下级员工利益,争取改善工资待遇,举办文化教育、福
利事业等活动。

(三) 抗日救亡爱国运动

20 世纪 30 年代,面对日本对华的侵略扩张,国难当头,北平税专最后一届
(26 届)学生胡实声等与本班志同道合的同学一起发起读书会,又称"二六读书
会"。1936 年 9 月,江海关地下党支部成立。[①] 1936 年 11 月,在江海关地下党
员的带动下,成立了乐文社。[②] 抗战爆发后,1937 年 8 月 7 日乐文社成立海关华
员战时服务团。与此同时,海关同人俱乐部也成立了海关税警战时服务团。他
们积极进行捐献和征募,支援前线,慰劳将士,慰问伤兵,救济难民等活动。1937
年 11 月 11 日,国民政府军队撤离上海,上海租界沦为孤岛,战时服务团不能再
公开活动。乐文社的积极分子另行组建"救国十人团"(共组成十个团,每团十至
十五人),利用租界的特殊地位和英美与日本之间的矛盾,继续进行抗日救亡活
动。活动方式也由公开的、大规模的改为隐蔽的、分散的。当时,上海地区海关

---

①　胡实声:《中国共产党江海关党支部和团支部的建立》,载中国海关学会编:《海关职工革
命斗争史文集》,中国展望出版社,1990 年,第 64—66 页。

②　《乐文社的组建经过》,载《海关职工革命斗争史文集》,中国展望出版社,1990 年,第 87 页。

部分职工激于爱国热情,决定组织"江海关同人救亡长征团",参加的有职工和家属共十九人。长征团离开上海到华南各地海关宣传抗日救亡。后来其中一部分同志北上武汉辗转奔赴陕北延安,进抗日军政大学和陕北公学学习,随后出发到晋察冀边区参加抗日战争,有的在战争中阵亡。

1938 年 3 月,伪"中华民国维新政府"在上海成立,积极筹划接收江海关。1938 年 5 月 2 日,英国政府同日本政府非法签订了《中国海关协定》,任命伪海关监督,把原由英国汇丰银行保管的关税改由日本正金银行保管,关税收入保证偿还外债。江海关职工对英日缔结非法的中国海关协定和汉奸监督将来接管海关,无不义愤填膺,全关两千多职工,以"救国十人团"为骨干,于 5 月 7 日举行罢工,发表抗日护关宣言,爆发了震惊中外的"护关运动"。① 在日伪破坏下,9 日罢工结束。护关运动时间虽短,但意义和影响十分重大。《新华日报》5 月 10 日发表题为《上海海关关员罢工事件》的社论,热烈赞扬和支持海关关员的罢工斗争,指出:"上海爱国的关员,邮工,他们以罢工的武器来反抗敌伪的恶毒无耻的行为;在万目睽睽的国际都市,为中华民族争国格。所以全国的同胞,在今天都应立时奋起,给予他们以有力的精神上和物质上的鼓励与援助!"②

(四) 保护关产迎接解放

自 1946 年起,江海关地下党支部发动职工,以"怠工"形式开展经济斗争,要求改善待遇。为迎接解放,江海关地下党支部带领职工做了大量工作:1949 年 1 月,成功挫败海关当局破坏职工组织的阴谋,2 月份成立"应变委员会",掌握海关的武装力量等。1949 年 5 月 25 日,江海关和总税务司署驻上海办事处所在地区解放,清晨四时半,江海关大楼挂出了"欢迎人民解放军解放大上海"的长幅大标语,海关大楼光荣地成为上海人民保安队总部的所在地,海关纠察队改为人民保安队。③ 1986 年 5 月,经上海市委、市人民政府审核,确定在武装护关斗争中做出重要贡献的原港警、关警和"景星"轮为起义单位,有关人员为起义人员。

解放战争期间,津海关地下党员利用海关工作的便利,侦查国民党的军运情报并团结群众,放行天津与解放区的船舶、货物,破坏敌人对解放区的封锁。1949 年 9 月,粤海关职工在党的领导下,团结合作,经过艰苦努力,胜利完成护

---

① 《江海关华员抗日护关会宣言》,载《文汇报》1938 年 5 月 8 日。
② 《上海海关关员罢工事件》,载《新华日报》1938 年 5 月 10 日。
③ 《上海区海关应变委员会和海关职工迎接解放的斗争》,载《海关职工革命斗争史文集》,第 163—164 页。

关任务,把长期被帝国主义把持控制的粤海关完整地收归到中国人民自己手中。1949 年 2 月,九龙关在党的领导下,成立"护产小组"。10 月 21 日,九龙关广大爱国员工在党和护关小组的组织领导下,毅然摆脱国民党政权的控制,在香港宣布起义,保护了大批关产。起义成功后,又冒着生命危险,冲破国民党军海空封锁线,将 27 艘缉私舰艇开回广州。这一英勇的爱国举动,对当时驻港机构的起义产生了积极影响,在中国海关历史上写下了光辉的一页。

四、解放战争的胜利与接管海关

伴随人民解放军由北向南的历次战役胜利和随后的城市解放,全国各地海关(除台湾地区以外)在 1949 到 1950 年之间相继被接管。

(一) 接管津海关

1948 年 11 月,随着河北的秦皇岛解放,秦皇岛海关被人民解放军接管。在平津战役期间被接管的津海关是 1949 年人民解放军接管的第一个沿海大关。

1948 年 12 月 15 日,根据《关于对新收复大城市进行军事管制的指示》,天津市军事管制委员会成立。12 月 31 日,军管会制定出海关接管工作初步方案。[1] 该方案以"自上而下,原封不动,按照系统,整套接收"的城市接管原则为依据,将津海关税务司署、天津市内海关仓库、码头,以及和海关业务相关的单位(如经济部天津商品检验局和输管会天津办事处等)等一并纳入系统予以"完整接收并管制,不做任何变更"。[2]直接负责接管工作的是军管会对外贸易处海关组。天津市市长黄敬在接管前夕,要求海关组同志在完整接管津海关以后,"尽快恢复业务,这不仅是对全市社会秩序稳定、生产的恢复、经济的发展有好处,而且对以后解放上海,接收旧海关总署的影响也很大"。

1 月 15 日,天津解放,翌日海关组进入津海关税务司署。按照接管方案,先向税务司宣读接管命令,然后召集中高级职员讲解接管政策和要求,最后召开全体员工大会,号召职员坚守岗位并配合接管干部。接管工作开展以后,海关组马

---

① 中共天津市委党史资料征集委员会、天津市档案馆编:《天津接管史录》(上卷),中共党史出版社,1991 年,第 837 页。

② 《天津市军事管制委员会接管部外贸接管处海关组接管工作初步方案》(1948 年 12 月 31 日),中共天津市委党史资料征集委员会、天津市档案馆编:《天津接管史录》(上卷),中共党史出版社,1991 年,第 76 页。

上分成秘书、总务等7个小组,分别对接管对象的全部财产(包括房地、仓库、家具、什物、交通工具、物资现金等)、文卷、档案、员工、工作制度及办法进行清点接管。同时,团结原有员工中的积极分子,对于积极保护资产的予以奖励,妨碍接管工作的予以惩罚。1月19日,海关组又派员接管了塘沽分关,2月15日接管天津、塘沽、秦皇岛三地的海港检疫所。接管过程中,津海关基本保持旧海关原有组织机构,暂用旧制度。面对近千人的职员留用问题,市长黄敬曾指示"对旧海关人员不要一脚踢开⋯⋯要依靠原来的人做事情,我们逐步学习,不要搞乱"①。津海关及其所属分关在接管后仅开除11名参加过反动组织且有严重劣迹的员工,另有28人自动离岗,14人资遣裁减,绝大多数的中下级职员继续留用。

津海关接管后的次日就正式对外办公,恢复正常业务,并继续沿用"津海关税务司关防"印章,管辖塘沽、北平和秦皇岛三个分关。根据华北人民政府颁布的《对外贸易管理办法》和《进出口稽征办法》展开业务,暂用1948年进口税则(取消了协定税率和进口附加税)。次月,就有英、美等国的船只来天津试探通航。4月27日,津海关税务司公署成立。华北人民政府任命的税务司朱剑白表示,津海关将致力于在"畅通对外贸易、发展生产、繁荣经济的原则下,争取增加关税收入"②。虽然大宗的贸易"仍必须是以货易货为基础",但香港与华北最大港口之间的正规商业关系已经恢复了。③ 4月,刘少奇同志到津海关听取接管工作汇报时予以肯定。④

(二) 接管其他海关

如同各地城市接管中遵循的"平津经验",在海关的接管工作中也出现了津海关的接管经验,随后加以推广,各地军管会都参照执行。

上海有全国业务量最大的江海关,也是旧海关的实际首脑机构——总税务司署驻上海办事处所在地。5月30日,上海战役结束,上海市军管会委派徐雪寒、贾振之接管上海地区所有海关单位,除江海关和总税务司署驻上海办事处外,还接管了海务处、浚浦局、海港检疫所和税务专门学校等,根据华东局指示,

① 天津市地方志编修委员会办公室、中华人民共和国天津海关编:《天津市志·海关志》,方志出版社,2018年,第640页。
② 《津海关税务司公署成立》,《人民日报》1949年4月30日,第2版。
③ 《华北人民政府允许外商贸易》,《申报》1949年5月26日。
④ 《三十年天津海关工作总结与回顾》,《天津海关志》,天津海关编志室印行,1993年,第422页。

海关机构制度暂时不动,人员尽数留用,同时宣布立即终止旧海关总税务司署对全国海关的统辖权,确立中国共产党和人民政府对全国海关的领导权。次日,军管会决定开放进出口贸易。6月初,荷兰籍货轮进入上海港,部分港沪班轮开始复航。在上海解放前后,长江中游的江汉关(5月27日)和山东的胶海关也相继被接管(6月3日)。向浙东和浙南进军的人民解放军第三野战军一部于5月初解放杭州,5月5日当地军管会接管杭州关。温州市军管会则于6月5日接管瓯海关。8月25日,福州军事管制委员会接管闽海关。

接管后的江海关和胶海关缩编机构,分批送职员南下支援华南地区接管工作。随着人民解放军在华南地区势如破竹的攻势,各大城市相继解放,当地海关接管工作也顺利推进。10月21日,九龙关税务司经蔚斐宣布起义,断绝和台湾总税务司署的一切关系,向新成立的中华人民共和国投诚,宝深军管会随后对九龙关在深圳的关产予以接管。之后,厦门(22日)、汕头(24日)、广州(25日)、江门(27日)接连被当地军管会接管。其中江门海关全体职员因妥善护关,完整移交海关关产,受到军管会嘉奖。① 10月底,拱北关接到区游击队通知,令其原封不动等候接管,11月5日,石岐军管会军代表同地方党员干部接管拱北关。② 12月9日,南宁市军管会接管龙州关和南宁支关,随后北海(11日)和雷州(24日)两关被接管,至此广东和广西全境各关都被接管。当月,华南各地海关统一接受广州市军管会海关处领导。

1949年9月25日、26日,新疆军政当局通电起义,新疆和平解放。11月,迪化军事总代表处接管新疆关。云南和平解放以后,原海关人员留用,至1950年的3月和5月,昆明军管会派员分别接管了昆明关和腾冲关。1950年4月16日,人民解放军第四野战军从雷州半岛强渡琼州海峡,发起海南岛战役,至5月1日解放全岛,琼海关随即被海南军政委员会接管。

随着全国大中城市的逐步解放,党的战略目标也由农村转移到了城市。面对接管和建设大中城市的新考验,党确立了"完整接收、逐步改造"的方针政策,并将其运用到对近代海关的接收政策之中。对全国海关的顺利接管是中国共产党领导的人民革命力量长期奋斗的结果,完成了党所肩负的争取关税自主和行政自主的历史使命,为新中国人民海关的建立和发展奠定了坚实的基础。

---

　　① 《中国海关通志》编纂委员会编:《中国海关通志》(第五分册),方志出版社,2012年,第2888页。
　　② 鲍康尧:《拱北接管亲历记》,《珠海文史》(第15辑),中国人民政治协商会议珠海市委员会文史资料委员会编印,2005年,第70页。

第十二讲　新中国人民海关的建立与有序运行

　　随着人民解放战争的节节胜利,各地海关先后回到中国人民手中。中华人民共和国的成立,结束了近代中国海关长达一个世纪的耻辱历史。对为帝国主义服务的旧中国海关进行改造,并在此基础上创建一个独立自主的新中国人民海关,这是在全国解放前夕以及新中国成立初期国家所面临的紧迫任务。在党中央一系列重要指示和正确决定的指引下,1949 年 10 月 25 日,海关总署宣告成立,并在短短几年的时间内,对近代中国海关进行了根本性的改造和彻底变革。它从半殖民地性质的海关,转变成了一个负责监督对外贸易统制政策有效实施的国家监督管理机关。

一、新中国人民海关的创建

(一) 创建新中国海关的方针

　　1949 年 3 月,为了迎接革命胜利,充分做好解放全中国的各项准备工作,中共中央召开了七届二中全会。毛泽东在会议报告中提出:"不承认国民党时代的一切卖国条约的继续存在,取消一切帝国主义在中国开办的宣传机关,立即统制对外贸易,改革海关制度,这些都是我们进入大城市的时候所必须首先采取的步骤。"①毛泽东的这一指示可以说是改造旧海关、创建新海关的动员令,他揭露了旧中国海关服务于帝国主义和买办资产阶级的反动本质,明确海关是新民主主义中国国家主权的一个象征和实施对外贸易管制的重要工具,以及海关改革工作必须在革命胜利后立即着手进行的紧迫性,对新中国成立以后的海关工作有深远的指导意义和巨大的推动作用。

　　1949 年 5 月 31 日,刘少奇在中共中央起草的《中国人民革命军事委员会关于

---

　　①　毛泽东:《在中国共产党第七届中央委员会第二次全体会议上的报告》,《毛泽东选集》第四卷,人民出版社,1991 年,第 1434 页。

建立中央财政经济机构大纲(草案)》中提出建立全国统一的、独立的海关领导机关的具体意见,文件明确指出:在应即陆续建立的中央财政经济部门中,海关总署为负责管理全国海关的独立行政机关。① 1949 年 6 月,周恩来强调:"海关工作性质要求全国统一,要求具有一致对外的统一性。新中国海关如果做不到这一点,就不可能成为真正独立自主的人民海关。这一点是同政府其他政治部门有所不同的。"

1949 年 9 月,全国海关工作座谈会在北京召开。中央财政经济委员会(简称"中财委")主任陈云到会讲话,他指出"把百年来被帝国主义把持的海关变为为人民服务的、完全独立自主的、有利于新民主主义国计民生的海关是带根本性的大变革。但在变革中应采取稳重审慎的步骤,应当把旧海关对新民主主义有用的东西,如验征、查缉等业务技术和管理经验等接收过来"②。

1950 年 10 月 6 日,周恩来总理在政务院第五十三次会议上,谈到如何接收、改造旧海关,他说:"一方面,它是帝国主义在半殖民地的产物","不能像工厂的房产那样整套地接受过来","如旧海关的人事制度、待遇问题就是很不合理的,应该改革。""在另一方面,许多业务、行政、技术、方法是有用的,如海关的统计就是比较可靠的,有些资料和业务经验也是比较有用的,应该接收过来并加以改造。"③这个讲话,更加明确地阐述了党中央对旧海关实行"改造、利用"的方针。

上述新中国领导人的指示和决定,从不同角度,指明了彻底改造旧中国海关、建设新中国海关的根本方针。归纳起来,主要有以下四个原则:

1. 独立自主原则。即彻底改变旧中国海关服务于帝国主义政治、经济侵略的设关原则、关税政策和监管制度,不受任何外来势力的影响,完全按照中国的政治、经济需要设立人民服务的海关机构,实施独立自主的关税政策和监管制度。

2. 集中统一原则。即海关总署对全国海关进行垂直管理,实行集中领导,全国海关执行统一的税则、税率,统一的监管制度,实现海关工作的全国统一和对外统一。

3. 改造利用原则。即对旧中国海关制度采取分析态度,对其不利于新民主主义建设的人事、业务、行政制度进行彻底改造,而对其比较完备、合理的业务技术制度等有益于新中国海关建设的东西,则大胆吸收过来并逐步完善。

4. 保护促进原则。即在西方国家对新中国实行经济封锁的条件下,海关必

---

① 《刘少奇论新中国经济建设》,中央文献出版社,1993 年,第 124—128 页。
② 《陈云文集》第 2 卷,中央文献出版社,2005 年,第 8 页。
③ 《周恩来年谱》(下册),1950 年 10 月 6 日,中央文献出版社,1997 年,第 84 页。

须对国内能够生产的货品和非国计民生必需的消费品课以较高的进口关税,并大力打击走私违法活动,以保护民族工业的生产。同时对中国经济建设所必需的货品征收较低的进口关税或免征关税,并为合法进出口活动提供便利,以促进国民经济的恢复和发展。

(二) 新中国海关总署的成立和统一领导全国海关

随着解放战争的胜利,各地陆续成立军管会,对海关实行接收和军管。接管是改革海关的开始,是打碎旧中国海关的一种特定形式。在接管的基础上,宣布终止旧中国海关总税务司署对各地海关的管辖,收回海关行政管理权和关税自主权,确立中国共产党和中央人民政府对海关的领导,规定一切外轮进口均须先报经军管会批准,对在旧中国海关任职的洋员统一审查处理。外籍税务司制度自此覆灭,洋人控制旧中国海关的历史结束。

在党中央的指导下,1949年8月,中财委设立了海关总署筹备处(简称"海关处"),调时任抚顺市委书记兼抚顺市卫戍司令部政委孔原,负责筹建全国海关工作。孔原在对刚接管的津海关进行工作调研的基础上,与华北人民政府工商部部长姚依林、津海关税务司朱剑白,于1949年8月13日联名向中央提出了《关于建立海关总署工作的初步意见》,就未来海关总署的组织机构、领导体制、海关税则、业务制度等提出具体意见。中财委为做好海关总署的筹建工作,进一步了解全国各地海关工作情况并听取各方意见,于1949年9月23日至10月16日,邀集东北、山东、天津、上海、汉口、九龙等地海关代表,包括原海关总税务司署副总税务司丁贵堂在内的36人,在北京召开全国海关工作座谈会。[①] 会议讨论期间,苏联海关专家克里夫立什内赫应邀莅会,介绍了苏联海关的组织形式与职责任务。这是一次至关重要的建设新中国海关的准备会议,在了解情况、交流思想的基础上,会议就新中国海关的工作方针、职责任务、组织机构形式、领导体制及涉及海关业务与行政的验证、税则、查私、海务、统计、人事等问题进行了充分商讨,确定实行"独立自主、集中统一"的垂直领导体制。会议讨论结果以报告及各项建议形式,作为建设新中国海关的参考。与此同时,中财委海关处陆续从原上海总税务司署、江海关、津海关、九龙关及解放区各关中遴选人员参与组建海关总署机构。

1949年10月19日,中央人民政府委员会第三次会议通过任命政府各项负

---

① 《建设新中国海关的准备会议》,载《人民海关》1950年第1期。

责人名单,任命孔原为中央人民政府海关总署署长,丁贵堂为副署长。1949 年
10 月 21 日,中央人民政府政务院财政经济委员会举行成立大会,孔原出席会
议,丁贵堂列席。会上,政务院副总理兼财政经济委员会主任陈云报告了当前财
经概况与今后的工作,提出所属各部机构应迅速成立并制定各部组织条例。
1949 年 10 月 25 日,海关总署在北京宣告成立,由中央人民政府政务院直接领
导,作为政务院的一个组成部门,并接受政务院财政经济委员会的指导,统一领
导全国海关的机构和业务。

1950 年 1 月 27 日,中央人民政府政务院第十七次政务会议通过并经周恩
来总理签发了《关于关税政策和海关工作的决定》,①该《决定》揭露了英美帝国
主义者长期把持旧中国海关大权并利用特权绞杀中国民族工业、严重损害中国
主权的反动面目,强调了新中国海关必须在实施对外贸易管制、保护本国工业方
面发挥重要作用,明确了海关组织体制必须集中统一,海关职能应包括监督管
理、征收关税、查缉走私等。该决定还对接管和移交旧中国海关的部分职能、确
定新中国海关税则税率的原则以及加紧制定海关法律、法规等项事宜作出了具
体决定,是建设新中国海关的纲领性文件。

在中央人民政府政务院和财政经济委员会的领导下,海关总署创建新中国
海关的工作,在短短两年多的时间内,主要取得以下成就:

1. 接收和调整了全国海关机构,建立统一垂直的领导关系。中央人民政府
海关总署成立时,全国海关的领导体制与领导关系较复杂。1950 年 3 月 8 日,
财经委发布《关于海关总署直接领导全国各地海关的通知》,②明确海关系统实行
集中统一的垂直领导体制。② 要求全国各地海关均应立即和海关总署建立上下
级的关系,受总署直接领导,一切有关海关的组织、人事、行政、业务等事宜,均应
向总署报告请示;总署所颁发的一切规章、命令、指示,应严格地遵照执行。1950
年 12 月,政务院周恩来总理和海关总署署长孔原联合签发了《关于设立海关原
则和调整全国海关机构的指示》,明确指出:新中国海关机构根据独立自主精神和
国家经济情况的需要,在开放对外贸易的地方设立。据此,海关总署对原有的 173
处海关机构进行了调整,凡与这个基本原则不符的,在非开放对外贸易或为我经济
情况不需要开放的地方所设立的关、卡,不论其仅为监视走私或尚在查验征税,都
根据各地具体情况有计划有步骤地予以撤销,并将该地方的查私任务移交给公安

① 《中央人民政府政务院关于关税政策和海关工作的决定》(1950 年 1 月 27 日政务院第十七
次政务会议通过),载《中国海关通志》第六分册,方志出版社,2012 年,第 3897—3899 页。
② 海关总署办公厅编:《海关总署全宗指南》,中国海关出版社,2007 年,第 5 页。

机关,最后重新调整设立海关机构 70 处(其中关 26 处、分关 9 处、支关 35 处)。海关机构的这一重新布局,改变了旧中国对外门户洞开、对内关卡林立的局面。

2. 解除海关原来管理的海务、港务、江务及巡卫国境海岸的职能。1950 年 11 月 16 日,海关总署正式向中央人民政府交通部移交海关总署海务处及下辖机构、房产、设施及人员,海关总署内设海务处同时撤销。

3. 完成了《中华人民共和国暂行海关法》《中华人民共和国海关关税条例》《中华人民共和国海关进出口税则》等海关基本法规的制定、发布工作。

4. 改革了一系列半殖民地海关制度,同时创建新中国海关人事管理体制和业务制度。主要有废止旧海关洋总税务司高度集权的人事管理制度,建立海关垂直领导和分层负责的干部管理体制;废除旧海关不合理的职级划分,制定新海关的职名表,否定旧海关以年资为主的升级办法,确立新海关以德才为主要标准的人员使用制度;废除旧海关脱离中国经济落后状况的高薪制,实施人民海关的工资制;废除旧海关的密报考绩制,建立新海关的定期考绩鉴定制。用科学的态度对海关业务规章制度进行甄别和扬弃。废除了不合理的业务规章制度和烦琐手续,保留了海关查验、征税验估、海关统计等科学内容和业务规程。海关的性质和职能由此发生深刻变化。

5. 统一各地海关的财务制度,全面清理了关产及仓库物资。

中华人民共和国海关总署的建立,标志着中国人民彻底摆脱了"海关不独立、关税不自主"的局面。一个真正为人民大众所有的,有益于新民主主义国计民生的新海关的诞生,宣告了帝国主义控制的半殖民地性质海关的终结。1950年 10 月 6 日,周恩来主持政务院第五十三次会议,在讨论海关总署署长孔原作的《全国海关关务会议总结报告》时说:"我们已经掌握了国家大门的钥匙。"[①]

(三) 新中国海关职责和任务的确立

1949 年 9 月 29 日,中国人民政治协商会议第一届全体会议通过的《中国人民政治协商会议共同纲领》中指出:"实行对外贸易的管制,并采用保护贸易政策。"海关总署成立后即着手拟订《关于关税政策和海关工作的决定》,1950 年 1 月 27 日,政务院第十七次会议正式批准。该《决定》指出:"在目前条件下,国家海关工作与国家对外贸易工作上所进行的监督与某种管制,在恢复与发展我国人民经济中,应起重要的作用。海关税则,必需保护国家生产,必需保护国内生

---

① 《周恩来年谱》(下册),1950 年 10 月 6 日,第 84 页。

产品与外国商品的竞争。……中央人民政府海关总署，必须是统一集中的和独立自主的国家机关，海关总署负责对各种货物及货币的输入输出执行实际的监督管理，征收关税，与走私进行斗争，以此来保护我国不受资本主义国家的经济侵略。"由于解放战争刚刚结束，1950 年的中国经济还处在战后恢复时期，加之西方各国对新中国实行严格的经济封锁，为打破西方帝国主义的封锁、禁运，严格执行外汇管制也成为海关贯彻对外贸易管制与保护贸易政策的重要职责之一。

　　1950 年中央人民政府副主席刘少奇在北京庆祝"五一"国际劳动节干部大会上发表讲话指出："新中国的海关政策与对外贸易政策已经成为保护新中国工业发展的重要工具。这就是说，我们已把中国大门的钥匙放在自己的袋子里，而不是如过去一样放在帝国主义及其走狗的袋子里。"[1]次年颁布的《中华人民共和国暂行海关法》第二条规定："中华人民共和国海关，依据本法和中央人民政府对外贸易管制的法令和决定，对进出国境的货物、货币、金银、邮递物品、旅客行李、运输工具及其服务人员所带物品，执行实际的监管；稽征关税和其他法定由海关征收的税捐规费；查禁走私；办理其他海关业务。"[2]据此，新中国海关的基本职能可被概括为监管、征税、查私三项，它从旧中国海关单纯的查私、征税，转变为依照国家的经济政策，尤其是对外贸易政策，加强对进出口贸易的监管，查禁走私，以保护和促进国家的经济建设，打破西方国家的经济封锁。

　　1951 年 4 月 21 日，《人民日报》社论《为建设独立自主的新海关而奋斗》指出："海关是一个国家的经济大门"，"它应当有效地监督中央人民政府对外贸易管制法令和决定的实施，应当负责对各种货物及货币的输入输出执行实际的监督管制，并且应当有效地征收关税，与走私进行坚决的斗争。"这个社论反映出当时中国海关业务指导思想的核心是"把守国家经济大门"。同年 4 月 27 日和 29 日，海关总署在《人民日报》上刊登启事，公开向全国征集关徽图案。陈铁保的第 130 号稿，设计了由金黄色钥匙与商神手杖左右交叉组成的图案，后经海关总署上报政务院而被正式采纳。金钥匙寓意国门钥匙，具有海关掌管国家经济大门的含义，钥匙上的三个齿，分别代表海关的监管、征税、查私三大任务，商神手杖则代表国际贸易。[3]

---

① 刘少奇：《在庆祝五一劳动节大会上的演说》，《人民日报》1950 年 5 月 1 日。
② 《中华人民共和国暂行海关法》(1951 年 3 月 23 日中央人民政府政务院第七十七次政务会议通过，4 与 18 命令公布。1951 年 5 月 1 日起施行)，载《中国海关通志》第六分册，第 3850—3868 页。
③ 《中华人民共和国海关关徽关旗等图案使用规则的命令》(1953 年 9 月 14 日)。

二、新中国海关法律法规的制定

海关是国家的行政执法机关。新中国海关创建伊始,就把法制建设放在十分重要的位置上。1950年1月27日,中央人民政府政务院通过《中央人民政府政务院关于关税政策和海关工作的决定》,确定新中国海关政策的基本方向,指出必须制定中华人民共和国海关法规,确定海关的组织、权限与职责等。1951年3月至5月间,新中国历史上第一部海关法即《中华人民共和国暂行海关法》和《中华人民共和国海关进出口税则》《中华人民共和国海关进出口税则暂行实施条例》,先后经政务院批准颁布,从此确立了新中国海关法律体系的初步框架。

(一)《中华人民共和国暂行海关法》

近代中国海关遵循不平等条约办事,海关法规由英籍总税务司决定,移植和遵循了英国法律惯例,总税务司通令是旧中国海关的成文法。新中国海关建立后,海关的性质发生根本变化,再也不能继续沿用外籍总税务司制订的陈规,必须以独立自主的精神制订一部统一的海关法,作为改革旧的规章制度的法律基础。1950年初政务院决定,由海关总署组织力量草拟海关法草案。

为制定海关法规,海关总署设立专门委员会,以孔原、高仕融、李长哲、石云偕、殷之钺、林大琪6人为委员,并吸收若干专家及工作人员。在委员会领导下,按篇章分成五个小组开展工作。委员会经过多次讨论,拟定起草计划大纲,开始法规条文的草拟工作,于1950年4月7日向政务院呈送该项计划大纲一份,并经审查批准。起草期间,委员会征集了中央机关及全国海关的意见,召开全国关务会议进行研究,历时8个月,经过反复研讨、修正、整理,于1950年10月1日最后定稿。经过政务院所组织的联合审查会议,历经前后70天28次全体会议与小组会讨论,取得一致同意。1951年3月23日,周恩来总理主持第77次政务会议讨论通过了《中华人民共和国海关法(草案)》。周恩来总理指出,海关法是个新东西,要好好宣传。名称可以改为暂行海关法或海关试行法。[①]自1951年5月1日起,《中华人民共和国暂行海关法》在全国实施。自施行之日起,一切有关海关业务的章则法令,凡与《暂行海关法》抵触的一律废止。

---

① 孔原:《回忆周恩来总理与新中国人民海关建设》,《海关研究》1987年第3期。

《中华人民共和国暂行海关法》属于行政法范围,共分八篇、十九章、二百一十七条,全文1.8万余字。关于新中国海关的设关原则,该法第一篇第十一条规定下列地方设立海关机构:1.中央人民政府决定开放对外贸易的港口;2.边境及主要国际联运火车站;3.陆地边境及国界江河上准许货物、旅客进出的地方;4.准许上下客货的国际航空站;5.国际邮报邮件交换地点;6.经中央人民政府特准办理货物进出口手续的地方。按照上述设关原则,中国的海关机构基本上是以沿海省市及一些边界孔道为布设重点,在内陆省区不设海关。自50年代初到70年代中期变化不大,这同当时整个国家发展形势是基本适应的。其他篇章对"进出国境货运监管""过境和转运货物的监管""进出口货物的报验、征税、保管和放行""国际邮递物品""进出国境人员及行李物品的放行""走私和违章案件及其处理"等做了详细规定。

《中华人民共和国暂行海关法》是新中国历史上第一个海关基本大法,是建设新中国海关制度的法律基础和总体纲领。它的主要根据是政协共同纲领和《中央人民政府政务院关于关税政策和海关工作的决定》,思想基础是独立自主保护中国经济发展,根据新中国经济建设的根本方针,在独立自主的政治基础上,反对帝国主义的经济侵略,建设经济和国防;实行对外贸易的管制,并采用保护贸易政策;海关总署必须是统一集中和独立自主的国家机关,对各种货物及货币的实际输入输出实行监督管理、征收关税、与走私进行斗争,以此来保护中国不受资本主义国家的经济侵略。在起草过程中,海关总署参考了新中国成立前海关的业务技术,也借鉴了苏联海关的经验。①《中华人民共和国暂行海关法》的颁布,从法制上全面奠定了新中国海关建设的基础,为保护革命和建设,维护国家权益,打击国内外敌人的经济政治破坏活动提供了重要的法律武器。

(二) 进出口税则及实施条例

中华人民共和国成立初期,各地海关多沿用旧税则,其税率的调整由各地主管部门或经政务院财政经济委员会批准后实施。1949年12月1日,政务院财政经济委员会指示海关总署组建海关税则临时委员会。海关总署指派吴耀祺、林大祺、周典、曹树藩、陈铁保、邵德宇等六人为委员,组成临委会,以吴耀祺为召集人,筹议新税则事宜。1950年1月13日,政务院批准在中财委领导下组建关

---

① 孔原:《海关制度的历史变革与中华人民共和国暂行海关法》(1951年5月11日),载《人民海关》1951年第5期。

税税则委员会,以姚依林(时任贸易部副部长)为主任委员,丁贵堂为副主任委员,委员由重工业部、中国人民银行、财政部、中央私营企业局、纺织工业部、轻工业部、中财委、燃料工业部等部门领导组成。办公室设在海关总署。税委会成立后,临委会即行撤销,原有人员成为税委会办公室工作人员。1951年3月至5月,政务院批准颁布了《中华人民共和国海关进出口税则》《海关进出口税则暂行实施条例》,与《暂行海关法》一起共同确立了新中国海关法律制度的基础。

该税则以中国传统进出口商品为基础,参考国际联盟税则分类目录和苏联税则的商品分类而制订。税则将全部进出口货物,根据货物的自然属性、用途和加工程度的不同,按食品、植物、动物、织物、轻工业、重工业及杂货等的次序分为17类,89组,939号,1 857税目。在税率方面,1951年税则根据国内生产和需要程度将进口货品分为必需品、需用品、非必需品、奢侈品及保护品5大类,并定下不同税率和税级。最低税率除免税以外,5%～150%不等,共分20个税级;普通税率,除免税以外,税率7%～250%不等,比最低税率一般高一至二个税级。进口税率的平均数(最低税率)为50.87%(包括零关税税目)。出口货物除对利润较大的6种商品征税外,均为免税。

实施条例中规定:"凡经准许进出中华人民共和国国境之货物,除中央人民政府另有规定者外,均应按照中华人民共和国暂行海关法及海关进出口税则,由海关机关征收进口税或出口税。"《税则》是关税政策的具体化,是海关征收关税的法律依据。它体现了"必须保护国家生产、必须保护国内产品和外国商品的竞争"这一基本原则,是中国近百年来第一部真正独立自主的海关税则。从计征实践看,对保护国内生产和市场,鼓励国家必需品进口和限制非必需品的进口,扩大出口,反对外国对中国进行关税歧视,在平等互利基础上发展贸易往来,以及积累社会主义建设资金等方面,发挥了积极作用。

为了便于对监管、征税、查私等具体业务方面进行操作,海关总署在1951年前后还陆续制订了约30种海关业务法规和规章制度,逐步形成了海关组织与海关监管、征税、查私和统计的一系列法律制度。这些法律、法规与规章的实施,为改造旧海关,建设新海关,顺利开展海关监督管理活动,保护新中国经济的恢复和发展,积累建设资金等,发挥了重要作用。

三、人民海关干部队伍的培树

中共中央在1949年初关于外交工作的指示中说:"海关机构,亦应全部接收,派人管理。其中职员,除反动破坏分子外,均可留用。"①1949 年 10 月 8 日,中财委主任陈云在全国海关工作人员代表会议上讲话指出,海关人事问题,除了个别的劣迹昭彰不除去群众不服的人之外,其余人员都要继续安排工作,不裁人,上下层都如此。他还特别强调了"合作"二字,过去旧人员服务于国民党机关,但大多数也是有正义感、有良心的,他们也都希望国家好,不满意帝国主义和国民党的反动统治。有了这个共同前提,大家的合作是没有问题的。我们都要做老百姓的勤务员,不像过去是为少数人服务,而现在是为全体人民服务。过去海关待遇很高,社会上一般人都很羡慕。我们要照顾到大多数人民的生活水平。一个地方搞特殊是不公道的。道理讲通,大家就可以理解了。② 1950 年 8 月和1951 年 3 月,周恩来总理分别指示,对留用的旧海关人员应进行教育,使其改变过去对人民的不正确态度。旧海关人员的主要毛病是立场观点问题。只有进行教育和学习,才能把旧的官僚主义海关彻底改变为新的人民海关。海关旧人员多,统战工作要好好地做,做出一个模范来。

根据党中央提出的"争取、团结、改造"旧人员的方针,在接管旧海关和创建新中国海关的过程中,延聘少数有技术的外籍职员,直至其主动离职,对旧海关华员大都量才留用。据 1950 年全国关税收入报告,全国海关人员共 11 138 人,其中干部共 5 100 余人,90％以上为留用人员。大幅度缩减海关办公经费,1950年度海关支出共计约 895 亿元(旧币),占关税收入 2.5％,与 1934 年至 1936 年时平均每年支出为 2 500 万银元(合人民币 4 500 亿元)相比较,则节省了80％。③ 针对旧海关员工中普遍存在的"超政治思想""大海关主义""雇佣观点""崇拜英美""贪污腐化"等思想作风,有步骤地开展思想教育,进行适当的批评斗争,帮助他们改造世界观,树立起为人民服务的观点和廉洁朴素的革命工作作风。

为了适应人民海关事业发展的新形势,新中国海关一方面改造旧人员,另一面积极培养新鲜血液,于 1951 年 4 月至 1952 年 6 月,在上海创办了中央人民政府政务院海关总署干部训练班,先后向全国海关输送了普通班学员 567 名,验货班学员 69 名,会计班学员 31 名,④迅速改善了新中国海关人员的组成结构。后来经过长期工作实践,干训班学员大都成为海关或外经贸领域的骨干人才,很多

---

① 《中共中央关于外交工作的指示》,1949 年 1 月 19 日。
② 《陈云文集》第 2 卷,第 12 页。
③ 中共中央转发中财委关于一九五〇年全国关税收入的报告,1951 年 2 月 10 日,载《中共中央历史文件选集》第 4 册。
④ 上海海关编著:《中央人民政府海关总署干部训练班纪实》,中国海关出版社,2017 年,总述第 2 页。

人后来还担任了重要领导职务。

新中国海关在中华人民共和国成立后的几年间,完成了创立新的人事制度和改造干部队伍这一艰巨任务,逐步建立起一支由老解放区干部、党的地下工作人员、接管的旧海关人员,以及中华人民共和国成立后新训练的青年知识分子组成的人民海关干部队伍。经过思想教育,广大海关干部能坚决服从党的领导,在各项工作中认真贯彻落实党的指示。后又通过进行清查、"三反""五反"等运动改造,纯洁了干部队伍。人民海关的成员与旧海关的关员,在思想状态、工作作风、组织管理等方面,已有着本质的区别,新型的人民干部队伍已在海关牢固树立。

四、海关对新中国政权的保卫巩固

通过颁布海关法律法规,迅速恢复各项监管业务,并进行一些其他的必要改革,新中国海关在中华人民共和国成立后的极短时间内得以运转起来。作为一个负责监督对外贸易,有效实施管制政策的监督管理机关,新中国海关在全国统一的法律法令基础上,能够正确有效地履行职责,成为反对帝国主义经济侵略,加强抗美援朝力量,建设经济、国防,保护中国经济发展的重要武器,并在实行对外贸易管制的同时采用保护贸易政策,在平等和互利的基础上恢复、发展和促进对外的通商贸易关系。根据完成民主革命遗留任务的要求,海关曾在监管、征税、缉私、统计等方面开展以下有序的管理活动。

新中国海关从维护国家独立,保护和促进民族工业发展的原则出发,通过对进出境运输工具、进出口货物和其他物品的监管,认真履行把守国家经济大门的职责,在边境贸易的监管工作中认真贯彻民族政策、宗教政策和侨务政策。根据国家对外贸易管制政策,1950年8月14日,海关总署通令各地海关,对各地各部门如因特殊需要必须进口一部分禁止进口物资,海关凭中央贸易部的许可证查验征税放行,否则一律加以没收。12月8日,政务院通过《对外贸易管理暂行条例》,将进口货品分为准许进口类、统购进口类、禁止进口类、特许进口类;出口货品分为准许出口类、统销出口类、禁止出口类、特许出口类,进出口厂商输入或输出任何货品,均须事先向对外贸易管理机关申领进口或出口许可证,方得凭以办理进出口海关手续。1951年5月1日起施行《中华人民共和国暂行海关法》,规定进出口货物的收、发货人须依法向海关申报交验对外贸易管理机关的许可证件。

朝鲜战争爆发后,美国冻结中国在美资金,并对中国实行封锁禁运,新中国海关为配合国家抢运国计民生急需的进口货物,采取灵活措施,加速进出口货物的验放,打破西方国家的封锁禁运。对国营外贸实行在坚持必要制度的前提下简化手续,灵活快速验放;对私营进出口商实行利用、限制、改造的方针,加强实际监管,有效防止违法行为。

新中国海关在统一全国关税制度的前提下,实施保护关税政策,正确计征关税。海关执行"奖出限入"政策,着重保护国内工农业生产,进口税源产品多为国内生产所急需的低税率物资。1950 年 11 月,海关对薄荷油、薄荷脑开征 7.5% 的出口税。同年 12 月,又对猪鬃、花生油、桐油、花生等四种利润丰厚的出口货物征收出口关税,税率分别为 30%、10%、10%、15%。其后,由于国际市场和国内情况的变化,分别于 1952 年 11 月和 1953 年 9 月停征出口桐油和猪鬃关税。1951 年 2 月 26 日,海关总署公布实施《海关征收规费暂行办法》,将旧海关的 49 类规费合并为 4 类,即特别监管费、特别查验货物费、注册换证费和签证费。1953 年全国海关征收进口税为 4.73 亿元,出口税为 3 101.25 万元,规费收入为 194.72 万元,分别占关税总收入的 93.60%、6.14% 和 0.39%。

中华人民共和国成立初期,海关仍沿用旧的纳税方式,由口岸海关对应税货物作出征税决定后出具税款缴纳证,交由货主或其代理人向中国人民银行缴纳税款,海关凭加盖银行收讫章回执放行货物。朝鲜战争爆发后,随着以美国为首的西方国家对中国实行封锁禁运,中国对外贸易逐步转向苏联及东欧新民主主义国家,进口货物主要集中在满洲里、绥芬河等边境口岸,国营贸易公司作为法人取代自然人成为关税纳税主体。1951 年,满洲里关为减少口岸货物积压,在海关总署支持下试行对有信誉的国营贸易公司简化通关手续,某一时间段货物集中数批次统一纳税,成效明显。以后,海关总署报经中央财经委员会批准,将这一做法推广至全国。1952 年 1 月 1 日起,各地海关根据中财委制定的《关于由苏联及新民主主义国家进口货物集中纳税及划拨结算办法》和海关总署制定的《海关关于由苏联及新民主主义进口国家合同货物集中纳税办法实施细则》,对由苏联及东欧国家进口的国家贸易合同货物,不分陆运、海运、空运、江运和邮运,统一实行口岸验放,税款集中划拨办法,并分工划拨地点:中央进口物资在北京,东北订用货物在沈阳,新疆订用货物在乌鲁木齐。国营贸易公司进口货物实行集中纳税后,口岸纳税和集中纳税的比例约各占一半。以 1953 年为例,当年以口岸纳税方式征收进口关税 2.42 亿元,占全部进口关税 4.73 亿元的 51.2%。

中华人民共和国成立初期,华南毗邻港澳的地区走私较严重,主要是边境渔民和农民绕越关卡走私,私营进出口商通过货运渠道走私等。其间,境内外敌对势力相互勾结,以颠覆新政权为目的的政治性走私活动时有发生。1949 年 12

月 30 日,根据政务院颁布的《海关总署试行组织条例》,海关总署设查私处,其职责为督导查私工作,拟定查私条例与训令、指示,管领关警及查私舰艇、武器,统筹私货标卖及审理走私的申诉事宜。各地海关设立查私科,负责查缉走私工作。1951 年 3 月 22 日,海关总署、公安部颁发《署、部共同商定移交接管海关所属范围巡卫国境海岸的职务武装舰艇及海关所在地范围以外的查私职务通则》,规定海关缉私工作转以口岸为主,沿边、沿海查私工作改由边防部队和公安部门负责。各海关相继将沿海、沿边查私业务及部分相关人员、武器、装备移交给部队或公安机关,各地关警队、查私小分队陆续撤销。查缉走私的实质是维护国家经济秩序和社会管理,国家确定海关查私与边境国防的分工配合、组织各有关政府部门进行联合查私体制后,海关采取专门查私工作与群众反走私斗争相结合,与外贸、公安、边防、交通运输等 12 个部门,从中央到地方开展联合查私。1951 年 5 月 1 日《中华人民共和国暂行海关法》施行后,海关对构成重大走私行为者和政治性、集团性走私活动等走私案件一律移交司法机关处理,而对一般走私违章着重说服教育。

中华人民共和国成立前夕,海关已系统地积累了近百年中国对外贸易进出口货物统计资料。中华人民共和国成立后,国家十分重视海关的统计工作,1950 年年初,海关总署设立统计处,具体领导全国海关的统计工作,收集全国统计数据,编制和出版统计刊物,没有受到战争和新旧海关交替的影响,保持了自近代以来海关统计的连续性。社会主义改造以前,由于私营商行在对外贸易中占有较大比重,国营外贸公司的统计尚不完善,因而海关统计成为中国唯一的对外贸易进出口统计。

总之,中华人民共和国成立初期海关创立和有序运行有利于保卫国家政权安全,恢复和发展新中国经济。海关在坚持必要制度的前提下,简化手续,有利于打破帝国主义对新中国的封锁禁运,支援朝鲜战争,发展中国与苏联及东欧国家的友好贸易合作关系,巩固国营外贸对私营进出口商的领导地位。新中国海关通过实施关税征收制度,切实地保护中国民族工业的发展,抵御西方资本主义的侵略,促进平等地发展对外贸易,为社会主义建设积累了大量建设资金。通过海关的查缉走私,表明了党和国家坚决同走私经济犯罪进行斗争的严正立场,社会秩序明显好转。这一时期的海关统计,对中央人民政府编制和执行国民经济发展计划和外贸计划,研究外贸政策和关税政策,起到重要的作用。

(本章第三部分的内容,摘编自《新中国海关首批红色干部的培养:中央人民政府海关总署干部训练班述论》,原载《海关与经贸研究》2019 年第 3 期)

第十三讲 社会主义建设探索时期 海关的曲折发展

1953 年开始,中国逐步实行以行政管理为主的国民经济管理体制。在对外贸易领域,随着社会主义改造的进行,对外贸易业务逐渐由对外贸易部所属进出口公司经营,实行对外贸易专营制度。高度集中统一的计划经济在对外贸易方面处主导地位,在此背景下,海关隶属体制、管理运行体制等不断调整和修改,经历了曲折发展历程。

一、社会主义改造中的"关局合并"

为统制对外贸易,1950 年起实行进出口许可证制度。但因许可证由对外贸易部下辖的对外贸易管理总局颁发,海关在货物监管中经常出现报关单审核与许可证不一致、海关与外贸管理工作脱节的现象。1953 年 1 月 9 日,政务院做出《中央人民政府政务院关于海关与对外贸易管理机关实行合并的决定》,将中央人民政府海关总署划归中央人民政府对外贸易部领导,与对外贸易部对外贸易管理总局合并组成中央人民政府对外贸易部海关总署,各口岸对外贸易管理局及其分支机构也与当地海关合并,统称海关。① 1 月 14 日,中央人民政府委员会通过《关于海关与对外贸易管理机关实行合并的决议》,"中央人民政府海关总署"即日起改称"中央人民政府对外贸易部海关总署",这就是习惯上所称的"关局合并"。②

1953 年 10 月,海关总署制定《全国海关 1953 年精简方案》,按中央要求计划精减现有人员的 40% 左右。11 月,对外贸易部又下发《关于精简各地海关机构人员的指示》。1954 年 1 月 1 日起,海关总署进出口处、审价处、监察室撤销,其业务工作分别并入对外贸易部第三局、商情物价局、监察局。

---

① 《中央人民政府政务院关于海关与对外贸易管理机关实行合并的决定》(1953 年 1 月 9 日政务院第一百六十六次政务会议通过),载《中国海关通志》第六分册,方志出版社,2012 年,第 3899—3900 页。

② 朱剑白、徐鸿:《建国以来我国海关领导体制改革的回顾》,《海关研究》1993 年第 4 期。

　　除原有业务外,合并后的海关增加下列任务:执行对外贸易许可证制度,签发进出口许可证;管理登记进出口厂商;拟订本口岸进出口计划。1953 年 11月,对外贸易部发布《进出口贸易许可证制度实施办法》及《关于废除报单建立以许可证为依据的实际监管制度的指示》,自 1953 年 12 月 15 日起施行。1954 年6 月 29 日,对外贸易部下发政务院《关于批准将地方海关的职权任务做局部调整希即执行的指示》,解除地方海关编制地方进出口计划和单独审价两项任务。1956 年 9 月 5 日,国务院决定各口岸海关及其分支机构在执行的签发许可证,对私营进出口商的登记管理,应即移交给各对外贸易局(处)负责处理。"关局合并"后给海关增加的三项任务,至此又全部解除。

　　在中外海关史上,由外贸部门管理海关是绝无仅有的。事实上"关局合并"决策仓促,缺乏合理论证,违背了组织专业化分工的客观规律,造成诸多负面影响。譬如合并之后,在行政关系上是对外贸易部领导海关,但外贸部门的进出口货物则是由海关监督管理,这样就造成管理对象和被管理对象的交叉和混淆,管理目标难以实现,特别是在发生利益矛盾时就更难处理。当时输往港澳的鲜活货物有配额管理,在超配额的情况下,海关一般不予放行。但外贸局往往考虑外贸公司的经济损失,指示"特案放行"。所以,非法进出口管不住,堵不死,擅自减免税以及查获走私物品不按章处理变卖的事情不断发生。①

　　1953 年海关总署划归中央人民政府对外贸易部领导后,仍按《中华人民共和国暂行海关法》和《对外贸易管理暂行条例》的规定,领导与管理全国海关及其业务。各地海关建制仍属中央,直属于中央人民政府对外贸易部海关总署,同时受海关所在地大行政区或省、市财政经济委员会监督指导。各地海关机构的变更、设立和撤销,均由海关总署依《暂行海关法》的规定,请示当地行政委员会后,报请中央人民政府对外贸易部办理。1955 年 9 月 5 日,国务院发布命令,再次调整各地海关的领导关系:地方海关受对外贸易部和所在地的省或直辖市人民委员会双重领导(个别离省人民委员会较远的地方海关由行署执行双重领导),并受该省(市)对外贸易局的指导,但建制仍属中央。②

二、海关在社会主义建设探索中曲折发展

　　1956 年,中国进入社会主义建设探索阶段,直至"文革"时期,受高度计划经

---

　　①　王意家:《"关局合并"的始末及其后果》,载《上海海关学院学报》2010 年第 4 期。
　　②　《国务院关于调整各地海关任务和领导关系的通知》(1955 年 9 月 5 日)。

济体制和封闭型经济环境的影响,海关的行政管理体制几经变更。

(一) 海关体制下放地方管理

1956 年 5 月 12 日,第一届全国人大常委会通过《关于调整国务院所属组织机构的决议》,以中央向地方政府下放权力为主要内容,通过国务院精简所属工作部门,下放权力,以达到扩大地方自主权的目的。"大跃进"运动使中国经济进入困难时期,当时国家为了节省开支,要求政府各部门、各地方精简机构,紧缩编制,当时对外贸易部是为数不多的号称万人大部之一,其中半数为海关人员,因此酝酿将各地海关建制下放至各省、直辖市、自治区人民委员会管理。1960 年 11 月 15 日,国务院批转对外贸易部《关于各地海关(关)、商品检验局(处)体制下放和人员精简问题的报告》,决定将各地海关、商品检验局体制下放至各省、市、自治区管理,成为各地外贸局的组成部分,但对外名称不变;人员应精减 20%以上。明确海关和商品检验局体制下放后,各海关和商品检验局受地方党政和外贸部双重领导,以地方党政领导为主。同时将海关总署改为海关管理局,成为对外贸易部的职能局。①

各地海关体制下放后,1961 年 5 月 17 日,经国务院批准,对外贸易部海关总署正式更名为对外贸易部海关管理局。按照中央集权和地方分权的原则,对外贸易部指定由海关管理局负责研究制订全国性的工作方针、政策法规和业务规章制度;指导各地海关查验技术与经验的总结和推广;检查各地海关执行中央方针、政策、法令、制度的情况;协调各地海关之间的联系配合。地方党政机关负责指导当地海关贯彻执行中央统一的方针、政策、法令、制度,提出适合地方性质的具体措施,并且根据因地制宜的原则,制订地方性的海关业务制度、办法和不牵涉对外的内部作业程序,处理地方性、临时紧急性的问题。海关体制下放后,各地海关在工作实践中陆续反映出领导关系不明确、行政经费与编制无法保障、需要全国统一的对外政策存在执行不统一等问题。

"文革"期间,对外贸易部海关管理局几度被精简缩编,各地海关机构亦遭破坏,机构编制被层层下放,各自为政,国家统一的进出口监督管理职能被削弱。1968 年 11 月 21 日,对外贸易部决定,取消海关管理局建制,与商检部门合并成立外贸部第三业务组,后又改称第四业务组。后为恢复国家外贸管理机构的正常工作秩序,1970 年 12 月 23 日,对外贸易部报备国务院对机关组织机构进行

---

① 海关总署办公厅编:《海关总署全宗指南》,中国海关出版社,2007 年,第 7 页。

调整,第四业务组改称海关、商检局(对外分别使用海关局、商品检验局印章)。①
这段时间,只有少量人员维持海关、商检领导部门的工作,局内未再设置处级
职能机构。1971年中华人民共和国恢复了在联合国的合法席位,特别是1972
年2月美国总统尼克松访华后,美国等西方国家对中国的全面封锁开始解冻,
中国对外贸易逐步恢复增长。为加强管理工作,1973年2月26日,对外贸易部
报请国务院批准恢复海关管理局建制,负责全国海关的指导工作。下设四个处:
综合处、货管征税处、行邮处、查私处。该海关管理局及内设机构的建制,一直沿
用到1980年。

"文革"开始后,各地、各级海关或被夺权,或被接管,或被下放领导权,如福
建省外贸局并入福建省商业厅,海关干部大批下放,机构缩小,成为商业厅下属
的一个小组。南宁关下属凭祥关被层层下放后成为凭祥外运公司海关科,更有
地方"革委会"随意设立或撤销海关建制。20世纪70年代初期,随着国家对外
贸易逐步恢复增长,根据1973年2月15日国务院发出的《国务院关于口岸工作
的情况和改进意见》精神,各地海关机构逐步恢复。

中华人民共和国成立初期,海关人事以解放区来的干部为骨干,吸收旧中国
海关的工作人员和择优录用青年学生而组建起人民海关队伍。1950年确定海
关人事编制为4571人。经关局合并和精简机构,1954年底缩减为3435人。其
后,海关人员仍逐年减少,1959年底全国海关仅有2091人。60年代初期,海关
吸收一批青年人员,人数略有增加,1965年,全国海关共有2993人。"文革"期
间,海关各级系统受到冲击,外贸部海关商检局只剩下8人守摊。

从社会主义改造起到改革开放前,中国海关管理体制,纵的方面经历了从中
央到地方又回归中央的过程,横的与对外贸易部、局的关系也经历了由并列到隶
属又恢复并列的变化。实践证明,海关管理体制下放是不利于海关工作对外统
一性和全国统一性的,其结果是必然削弱海关的监督管理职能。海关是进出口
监督管理机关,不能与外贸公司同隶属一个领导机构,它必须保持自身的独立
性,依照国家有关政策、法令,充分运用国家赋予的职权,在其监管领域内加强对
一切从事对外经贸公司的监督和管理。

(二)奉行加强政治保卫的工作指导方针

1953年开展社会主义改造后,在西方国家的包围下,国内外敌对势力的破

---

① 海关总署办公厅编:《海关总署全宗指南》,第9页。

坏活动加剧。针对这一情况,1955 年 4 月,全国海关关长会议提出:"在解除对
资贸易行政惯例工作后,海关工作的中心是做好经济政治保卫工作。"也就是说,
海关中心工作从对经济方面的监督管理扩大到同各种政治破坏活动进行斗争,
经济政治保卫成为当时海关工作的指导方针。

随着 1956 年社会主义改造基本完成,计划经济体制基本形成,对外经济
贸易全部由国营外贸公司经营,海关对进出境经济活动监督管理的重心,也由
进出口货运转为进出口非贸易性物品。1957 年 2 月,毛泽东主席在最高国务
会议上发表了《关于正确处理人民内部矛盾的问题》的讲话,指出必须正确处
理敌我矛盾和人民内部矛盾。1958 年 7 月,全国海关关长会议根据毛泽东主
席的上述讲话,结合海关工作实践,提出:"海关工作的中心,更全面地说,应当
是在做好经济政治保卫工作中,必须贯彻团结国内外一切可能团结的力量这
一方针",简称为海关的"保卫"与"团结"两条腿走路的方针。在这一方针指引
下,海关一方面严厉打击和查处经济走私和政治性走私,大力加强对非贸易性
进出口物品的监管,认真查禁进出境环节的政治、经济破坏活动;另一方面在
监管工作中,正确区分不同对象,改进检查技术,简化手续,方便进出。对一些
边境居民、归国华侨因贪图小利而偶犯的轻微走私,从团结教育的目的出发,
按人民内部矛盾处理,以便"团结一切可能团结的力量,更有利于孤立敌人,打
击敌人"①。

"文革"开始以后,海关工作方针受到极左路线影响。1971 年,全国海关工
作座谈会在"无产阶级专政下继续革命"等极左理论影响下,决定将海关原先的
"经济政治保卫"工作方针改为"政治经济保卫",把"政治"放在首位,以"严厉打
击阶级敌人的破坏活动……为巩固无产阶级专政服务"。为了突出海关的政治
保卫作用,会议还提出:"要在各项监管工作中提高革命警惕性,注意研究国内外
阶级斗争新动向、新特点,特别要警惕阶级敌人的政治破坏活动,发现可疑迹象,
注意检查,并及时向有关部门反映。"这种将政治保卫当作海关首要任务的指导
方针,使海关正常经济监管职能受到严重削弱,工作方向发生了严重偏离。海关
工作方针贯彻落实的具体体现,就是海关工作重心由进出口货运监管转移到进
出境人员携带非贸易性物品及邮递物品的监管,由以经济监管为主扩大为同各
种政治破坏活动进行斗争。

---

① 《叶季壮部长在 1959 年全国海关关长座谈会上的讲话摘录》,载《海关工作通讯》1959 年第
5 期。

(三) 海关监督管理职能的弱化

随着社会主义改造和探索阶段海关总署及各地海关机构体制的数度调整和变迁,海关的国家统一的进出口监督管理职能也被逐步削弱,至"文革"结束后方得以逐步恢复。

1. 监管重心由货运向旅客行邮物品转移

1950 年实行进出口许可证制度,许可证是海关监管货物合法进出的唯一依据。社会主义改造开始及完成后,对外贸易领域逐渐剩下单一的国营经济,并实行外贸专营,即只能由外贸部所属进出口公司经营,对外贸易活动按国家计划有组织地进行,实行国内外价格割断,盈亏由财政统包的管理。在此客观体制背景下,有种看法认为,既然国营公司进出口货物,都是按国家计划进行的,就无须领取许可证。国营公司本身是对外贸易管制政策的承担者,为了有利于其外贸业务的顺利开展,海关对货物监管制度进行了一再削弱的改革。

1952 年撤销了对国营外贸公司进出口货物逐批申请许可证的办法,改由进出口合同代替。1957 年 3 月实行新的许可制度,许可证上只注明进出口货物的外汇金额。外贸公司进出口申报只须在明细单上填列许可证号码,海关凭公司填写的明细单内容进行监管,进出口货运的监管手续大为简化。1958 年海关总署要求各地海关货运监管要做到快接受、快检查、快放行,在很短时间内办完手续,加速验放,以致一些海关对明细单上漏填许可证号码的货物,也给予先放行后填补的灵活处理。1959 年又规定以国家批准的计划下达给公司的货单或通知单作为许可证,但此项货单或通知单并不递交海关。有关国营外贸公司凭货单或通知单填写进出口货物明细单向海关申报,并在明细单内填写许可证编号即货单或通知单的编号,海关凭明细单核放货物。这一办法实行一段时间,发现明细单内填写许可证编号,海关既无法核对又极为烦琐。1959 年召开的关长会议决定取消明细单上填写许可证编号,并经外贸部批准,解除了海关监管国营外贸公司进出口货物与许可证是否相符的责任。[①] 海关对进出口货物的监管职责和主要力量,放在注重检查和揭发货运事故上。

"文革"开始后,又有些人提出,由于中国外贸已实行单一的国家专营制,国营外贸公司既是外贸任务的组织者,也是外贸政策的执行者,根本不存在走私和

---

① 胡仁奎:《对外贸易管制的三个重要环节——许可证制度、关税制度、监管制度》,载《海关工作通讯》1958 年第 3 期。

非法经营问题,海关的货物监管是对国营外贸公司的不信任。而且海关查验进
出口货物的主要目的是确定货物进出境是否合法,检查货物名称、品质、规格、数
量等是否与单证相符,有无残损,包装是否符合要求或有关规定,等等,这些完全
可以由国营外贸公司自行在备货、储运等工作环节解决。因此,由国营外贸公司
自己负责查验进出口货物比海关更为合适,所以应当彻底砸烂海关章法,废弃进
出口货物申报、查验、扣留等对外贸公司的限制性制度,解除海关的货运监管任
务。在这种思想影响下,外贸部于 1969 年 1 月颁发《关于废除海关对国营进出
口公司货物的监管手续的通知》,海关被正式解除货运监管职责,对进出口货物
不再办理申报、查验、放行等手续,沿海一些口岸海关一度放弃所有监管工作,许
多行之有效的货管业务制度被束之高阁,造成进出口秩序混乱,外贸事故不断,
国内外敌人和不法分子乘机破坏,使国家在经济上、政治上蒙受了不可估量的损
失。1972 年后,海关虽逐步恢复按明细单核放货物,但货运监管重点仍是解决
出口商品的质量问题。

20 世纪 50 年代中期后,海关工作中心由单纯的把守国家经济大门,扩大为
经济、政治两个方面的保卫,海关作为进出境经济贸易活动管理机关的特性一再
被淡化,而其作为国家机器共有的专政职能则被层层片面强化,海关监管的重心
由货运转向了旅客行邮物品。为了加强对非贸易性物品的管理,海关总署于
1955 年增设了专管行李邮包的机构,制订了一系列对进出口非贸易性物品的监
管办法。规定进出境人员的行李物品和个人邮递物品,在"自用、合理数量"范围
内,免领许可证进出口。对行李物品,根据旅客的身份,订定不同的免税数量。
对寄自或寄往国外和港澳地区的个人邮递物品,订定不同的限值。这些规定,既
方便了正常旅客和邮递物品的进出,照顾合理需要,又维护了国家的利益。

60 年代初期,大批受迫害的华侨被某些侨居国当局驱赶回国,海关按照国
务院的指示精神,对难侨带进的行李物品,采取"检查从宽,一律免税"的措施,热
情接待,简化手续,加速验放,体现了祖国对难侨同胞的亲切关怀。在国民经济
困难时期,海关尽可能地保障了对华侨和港澳同胞亲属的生活需要,团结争取广
大华侨、港澳同胞,对缓和侨乡市场供应矛盾起了积极的作用。自 1963 年起,随
着国民经济的好转,根据国务院的指示,海关逐步恢复限额,既照顾正当合理需
要,也注意限制投机谋利。

"文革"期间,因指导思想上"左"的错误进一步发展,海关工作从以做好经济
政治保卫为主转为以做好政治经济保卫为主,在对个人进口物品监管方面,夸大
海关面临的阶级斗争,混淆敌我界限,对华侨、外籍华人、外国留学生、外籍商旅

等进出境人员存在怀疑面广、细查细验、掌握政策偏严、限制过多、卡得过死、宁"左"毋右等倾向,给人们的正常进出带来极大不便,对内外造成不良影响和后果。实践证明,海关监管重点由货运转移到非贸易性物品及其细查细验的工作程序,反映了阶级斗争扩大化对海关工作的深刻影响,利少弊多,不利于海关职能的发挥。

2. 检查和揭发货运事故

1955 年 4 月召开的全国海关关长会议认为,随着社会主义改造的完成,对外贸易将主要由国营公司专营。国营公司虽然不存在走私、逃套汇等违法行为,但存在错发、误发货物,计划进口和实际发运货物不相符等问题,决定借鉴苏联做法,将监督检查货运质量,揭发并避免积压、残损、混乱等货运事故,避免国家财产损失列入海关工作范围。自此,海关偏离了正常职能,检查和揭发货运事故被增列为海关的基本任务之一。

海关承担检查、揭发货运事故的任务后,主要采取的工作方法是在履行监管职责时,凭许可证件对进出口货物进行实际的监管,监督其是否按照国家法令和外贸计划输出或输入。1955—1957 年间,各地海关认真履行这个新增职责,查出了不少货运事故。随着 1958 年全国"大跃进"运动的开展,进出口货运在"简化手续、快速便利"的原则下,出现了大量货单不符、以次充好、未经申报就装船、未经放行就提货的混乱现象。1959 年全国海关在大连召开会议,做出"关于加强货运监管与检查揭发货运事故工作的决议",要求严密监管、坚持制度与简化手续、便利货运结合起来,严禁次劣货出口。各地海关据此制定了工作方案,在监管工作中认真配合外贸公司,发现和纠正错发、错运、违反商检政策、包装不良等事故。

1963 年 8 月海关总署制定《海关货运监管和检查货运事故工作试行规则》,重申海关监管是实现国家对外贸易管制的重要手段,海关检查货运事故是保护外贸物资,维护国家信誉的重要措施,要求在这项工作中贯彻"坚持制度、严密监管、简化手续、加速货运"的十六字方针,在法规上对海关监管职能予以淡化和混淆。

海关承担检查和揭发货运事故的任务,对保护国家资产、维护对外信誉、帮助外贸及运输部门改进工作有一定意义。但把它作为海关的一项基本任务,于法无据,并在实际工作中容易越俎代庖,不利于有关部门自主认真地改善经营管理,使海关注意力分散,合法与非法界限混淆不清,在一定程度上削弱了海关的监管职能。改革开放后,在海关系统全面拨乱反正的进程中,1981 年 4 月全国海关关长会议决定解除这一基本任务。

3. 征税职能的弱化和"以利代税"

1951 年 5 月实施的《中华人民共和国暂行海关法》规定,进出口货物收发货人及其代理人为关税纳税义务人。1956 年社会主义改造完成以后,公有制企业成为进口关税的唯一纳税主体,由此在征税领域引起了对国营公司进出口货物征收关税有无保护作用的疑问。一种看法认为,既然进出口货物按国家计划进行,进口货物的国外价格和国内市场价格是割断的,那么无论是否征收关税,征收多少,都不会影响货物的进口与否和进口数量,关税仅仅作为一种财政收入。由于财政部每年要给外贸部拨一笔计划亏损资金,不如干脆将关税作为外贸贴补也就不足为奇了。于是,关税作为保护和促进民族工业、调节进出口贸易活动的经济杠杆作用开始减弱。

1952—1954 年,中国对苏联和东欧国家贸易实行集中划拨结算、集中纳税方法,1958 年又将集中纳税范围进一步扩大到由资本主义国家进口的国家合同货物,口岸海关实征税款大幅度减少。以九龙海关为例,1953 年,共征收关税300 多万元,1958 年降至 200 多万元,1961 年降至 50 多万元,1963 年后降至每年 10 多万元。1963 年 12 月,国务院颁行《关于进口商品实行统一作价办法的暂行规定》,从次年 1 月起,为贯彻执行自力更生的建设方针,促进外贸部门和用货部门加强经济核算,海关征税实行统一按国内产品价格作价,进口关税由外贸公司向海关交纳,此时的关税征收仅存财政意义。

"文革"时期,在极左思潮的影响下,一些人片面强调计划管理,否定价值规律,完全忽视关税的作用。1967 年 6 月,根据外贸部转发国务院《关于外贸进出口公司进出口商品的关税停征并入外贸利润交库的决定》,海关对国营外贸公司进口货物计征关税的任务被取消,实行税利合并制度,即海关的关税收入作为外贸亏损的补贴,并入外贸利润统一交库,海关仅对不按统一作价办法作价的进口货物继续征收进口税,这就是历史上的"以利代税"。由此,海关关税征管工作基本上处于停顿状态,关税征管队伍被解散,关税制度名存实亡,严重抑制了关税在国民经济管理中的重要调节职能。

4. 打击政治性走私破坏

1953 年起,针对偷渡出境、敌特情报资料走私、伪币走私进境活跃的现象,海关采取专门查私工作与群众反走私斗争相结合,大力开展反走私宣传,在一些省市建立反走私专门机构,加强海关现场监管,加强国境海岸线上的查私。

1957 年 11 月后,根据国务院的指示,海关针对西藏地区大量外货非法流入的现象,采取统一收购,照征税款,禁止银元流往西藏,加强内地通往西藏的交通运输检查等措施,强化边疆缉私与内地市场的结合。同年,在走私较严重的广东省开展打击套汇活动。

60年代初期,由于"大跃进"运动造成国民经济严重失调,政治性走私破坏、经济性走私倒卖及偷渡现象开始严重。反动宣传品、伪票证、紧缺物品和物资及偷渡走私在一些沿海沿边地区泛滥。海关与有关部门联合采取行动,加强边境管理和口岸安全检查,重点防止敌特的破坏行为,取缔外货黑市,在走私较严重的省区组织群众性的反走私运动。1963年针对台湾当局对大陆的破坏,海关把打击政治性走私破坏作为反走私斗争最重要的内容,临近港澳地区和沿海沿边与资本主义国家接壤的所设海关,与公安边防积极配合,以反爆破为首要目标,着重做好口岸安全检查。1964年起,为贯彻"保卫和团结"方针,海关实行口岸查私和沿边沿海、内地查私相结合,集中力量打击政治性、集团性的重大走私,教育一般走私者。

"文革"期间,海关缉私经历了一个从严重削弱到逐步恢复的过程。"文革"前期,海关查私机构被撤销。由于国家社会生产秩序极度混乱,许多管理工作陷于停顿,走私和进出境政治破坏活动猖獗。敌特收集情报、勾连策反以及偷渡外逃现象突出,云南、广西边境毒品走私有所发展,东南、西南某些沿海沿边地区走私显著增加,进出港澳的文物、贵重药材走私增多,各处合法的边境贸易呈停止或大幅下降的状况,而非法走私活动却急剧增加。对此,海关与有关部门于1971年恢复了一些海关查私机构。

1973年5月召开"文革"以来首次全国打击走私工作会议,决定恢复查私奖励办法,鼓励群众检举揭发走私,对恢复和推动海关缉私工作起到了重要作用。1974年海关与各有关部门重新建立联合缉私、共同调查破案等联系,有效地遏止了沿海沿边地区的越境走私活动。1975年,根据国务院的指示精神,全国海关工作会议明确必须集中力量,与有关部门协同作战,重点打击政治破坏和重大经济破坏活动,着重打击主犯、幕后指使人。海关在艰难的"文革"环境中,为保卫国家和人民的根本利益,坚守为国把关的职责,做了力所能及的努力。

5. 海关统计的缩减和中断

20世纪50年代中期后,中国对私营进出口商行的社会主义改造基本完成,对外贸易由国营外贸公司垄断经营。外贸公司编制的业务统计日臻完善,出现海关统计同外贸进出口业务统计并存的局面。当时,中国的经济管理体制完全是按照苏联的模式建立,实行严格的中央指令性外贸计划。与此同时,西方资本主义国家对我国实行经济封锁,中国只能与少数社会主义国家开展极其有限的外贸业务。在这种情况下,国家主要使用外贸部门编制的业务统计来制定对外贸易政策,以及检查对外贸易计划的执行情况,海关统计的作用因此逐渐降低,海关统计月报表和季报表相继停编,只保留年报表及年刊,作为提供政府各部门编制长远规划和科学研究使用的历史资料。海关统计为国民经济服务的重要作用一度受抑制。"文革"期间,在"统计无用论"等极左思想的影响下,1967年海关统计以"同外贸统计重复""浪费""精兵简政"等理由被取消。编制海关统计的工作就此中断了十三年之久,所带来的损失和影响无可挽回。

海关事务属于经济工作范畴,受国民经济管理体制及其指导思想的制约。由于从1953年起逐步建立起的计划经济管理体制,影响到海关自身职能,一些基本制度开始动摇,直接导致了海关业务、行政体制及作用的混乱和减弱。"文革"时期,海关的法律法规遭到严重破坏,海关监管、征税、统计等职能遭到全面削弱,海关工作失去独立性和自身职能的特性,无法在国民经济体系中履行应尽职责,海关管理与中国社会主义建设探索曲折进程一样,只能艰难地前进。

三、创办高原边关与孕育艰苦奋斗精神

在社会主义改造和建设探索阶段,虽然海关机构及管理体制历经较多变迁,但海关涌现出许多先进人物和先进集体,为社会主义改造和建设作出了贡献。为了表彰先进,交流经验,发扬全体海关人员的积极性和创造性,1956年召开全国海关第一次先进集体和先进工作者代表会议,毛泽东、刘少奇等党和国家领导人接见了出席会议的代表。1960年,召开全国海关第二次先进集体和先进工作者代表会议,周恩来、朱德、邓小平等党和国家领导人接见了出席会议代表。在党和国家领导人对海关工作的肯定和鼓励下,尤其随着边疆地区大规模的开发和建设,海关人发扬艰苦奋斗精神,在西藏、新疆等高原地区相继创设海关,扎根奉献,卫国戍边。

1955年10月20日,海关总署抽调天津海关张子均、总署征税处李崇理,赴拉萨调查研究在西藏设立海关事宜。1957年11月,国务院颁发《国务院关于严格管理外国货物经由西藏和其他边境流入内地的规定》,海关总署从各地海关抽调10名干部组成工作组,在四川、青海设卡,协助当地税务部门对经西藏流入内地的外货补征关税、查缉走私。1958年6月5日,为贯彻国务院《关于严格管理外国货物经由西藏及其他边境地区流入内地的规定》,经喀什地区党委和专署批

准,喀什分关派出赛图拉工作组驻新藏公路孔道三十里营房,开始执行对经由该地进出境的朝觐人士及阿富汗、巴基斯坦侨民的行李物品进行监管,同时对经由该地往来于新疆与西藏之间的运输工具及其驾驶人员进行检查,以防止外国货物经由西藏流入新疆。

1959年西藏平叛结束后,西藏地方政府"雪康"(税卡)被取缔,西藏设关事宜重新提上议事日程。当年7月,海关总署派遣陈铁保、孙广治、王绮园组成设关小组,再次进藏调研。1959年10月,海关总署为建设新中国西藏人民海关,从全国海关抽调了31名干部(包括5名女性干部)集训并奔赴世界屋脊。1960年7月5日,西藏自治区筹委会召开第33次常务会议,专题研究西藏开放口岸、设立海关问题,讨论中华人民共和国西藏地区海关对进出口货物监管暂行办法、对进出国境驮运牲畜监管暂行办法、对进出国境旅客行李物品监管暂行办法等7个文件草案。8月11日,中华人民共和国对外贸易部海关总署驻拉萨办事处设立(1974年9月1日改组为拉萨海关)。

1961年12月15日,国务院第114次会议通过《国务院关于在西藏地区设立海关的决定》,决定先在亚东、吉隆、阿里三处设立海关,称中华人民共和国亚东关、吉隆关、阿里关。在帕里和聂拉木设立分关。帕里分关归亚东关领导,聂拉木分关归吉隆关领导。在拉萨设立对外贸易部海关总署驻拉萨办事处,统一管理西藏地区海关业务。同时规定西藏地区海关关税收入作为西藏地方收入,西藏地区关税临时减免可由自治区筹备委员会决定。

1962年5月10日,西藏地区海关正式开关。西藏自治区筹备委员会公布《中华人民共和国西藏地区海关征收进出口税暂行办法》《西藏自治区关于实施对外贸易管理暂行条例的暂行办法》及《西藏自治区金银管理和禁止外币、银元流通暂行办法》等,这些法规从5月10日起实施。海关人积极响应党中央"艰苦为荣、边疆为家"的号召,从一张桌子、一间板房开启海关事业。西藏高原氧气稀薄,交通不便,时常大雪封山,对外通信困难,边境形势复杂,但海关人没有向恶劣的自然环境屈服,也没有向走私分子和分裂势力妥协,胸怀报国戍边之志,扎根西藏、建设边关。

1967年10月21日,中国和巴基斯坦边境贸易换函在伊斯兰堡正式签字。12月11日,外贸部通知乌鲁木齐关制定中巴边境贸易监管征税办法。1968年11月,中巴边境贸易换函仪式在新疆喀什市举行,双方确定中国新疆和巴基斯坦吉尔吉特、巴力提斯坦的陆路边境贸易自1969年6月正式开始,双方还商定了交货地点和贸易总额等问题。1969年8月,中巴地方边贸开始,喀什分关执行监管任务,于 1969 年派出"明铁盖工作组",前往海拔近 5 000 米的明铁盖达坂设关。明铁盖为柯尔克孜语,意思是"千只公羊的山口",位于帕米尔高原上中国与克什米尔交界山间,横穿喀喇昆仑山,新疆通往巴基斯坦的公路由此经过,然后进入巴基斯坦上罕萨谷地。当时"明铁盖工作组"是三位骑着牦牛前来的关员,因为没有住所,便在牦牛上开办业务。1970 年 7 月 27 日,喀什分关派出 3 人组成喀什分关驻水布浪沟工作组,该组驻地位于喀喇昆仑山中,海拔 4 800 米,对中巴边境贸易实行监管。后来海关工作组迁址到海拔 5 200 米的红其拉甫达坂,搭建起"帐篷海关"。

红其拉甫山谷素有"血谷"和"死亡之谷"之称,这里属高原高寒干旱—半干旱气候,氧气含量不足平原的一半,天上无飞鸟,地上不长草,风吹石头跑,氧气吸不饱,六月下大雪,四季穿棉袄,自然生存条件恶劣,工作环境异常艰苦,这是创业时期地处世界屋脊的帕米尔高原群山之上的红其拉甫海关人的主要困难和挑战。他们在艰苦的环境中默默地工作和奉献,为祖国把守大门,在实践中形成了红其拉甫海关"特别能吃苦、特别能战斗、特别能忍耐、特别能奉献"的艰苦奋斗精神,2005 年被国务院授予"艰苦奋斗模范海关"荣誉称号。

（本讲第三部分内容,摘自《冰山国门：红其拉甫海关艰苦奋斗精神读本》,中国海关出版社,2019 年）

第十四讲　改革开放与建设中国特色社会主义海关

　　1978年12月,党的十一届三中全会决定将国家的工作重点转移到社会主义现代化建设上来,对外贸易与国际交流显著增加。随着中国改革开放向各个领域的深入,中国的经济形态由计划经济体制向社会主义市场经济体制转型,对外贸易及外向型经济在国民经济中的支柱作用日益突出。特别是2001年中国正式加入世界贸易组织之后,中国经济步入全球化的快速发展轨道。随着时代形势的变化,为充分发挥海关的进出境监督管理职能,国务院改革海关管理体制,将全国海关建制重新收归国务院统一管理。中国海关为适应改革开放经济发展的需要,逐步转变新中国成立以来长期形成的"防范为主"的观念和做法,把工作方针和重点转移到促进和保障国家经济建设和对外开放上来,依法行政,为国把关,不断加强自身组织建设,转变管理职能和手段,改革各项业务制度,积极与世界相关组织和国家海关交流合作,海关的机构建制同时也随国家外向型经济规模的发展而不断扩大,中国海关走上了一条现代化的快速发展和变革之路。

一、改革开放与海关工作的逐步恢复和健全

　　海关是国家的进出关境监督管理机关,其事权归属中央政府。1949年中华人民共和国成立后,海关实行垂直领导体制。1953年起,海关体制经历"关局合并"、双重领导、体制下放等变革,使海关职能受到严重削弱,海关的自身建设也受到极大影响。改革开放之后,全国海关建制重新收归国务院统一管理。

(一)重建垂直领导体制

　　1979年4月全国海关关长会议认为,随着全党工作重点的转移,海关工作的重点必须转移到为社会主义现代化建设的服务上。6月18日,外贸部下达了全国海关工作会议文件《实现海关工作重点转移为社会主义现代化建设服务——关于进一步整顿和加强海关工作的意见》。在总结正反两方面经验的基

础上,国务院根据形势发展的需要,于 1980 年 2 月 9 日发布了《国务院关于改革海关管理体制的决定》(以下简称《决定》),指出:"海关工作具有对外统一性和全国统一性的特点。为了充分发挥海关的监督管理职能,必须改革现行以地方为主的海关管理体制,加强集中统一领导。""全国海关建制收归中央统一管理,成立中华人民共和国海关总署,作为国务院直属机构,统一管理全国海关机构和人员编制及其业务。"①

1980 年 11 月,国务院批准同意海关总署由外贸部代管。1981 年 8 月 23 日,第五届全国人民代表大会常务委员会第 24 次会议审议国务院直属机构改革实施方案,批准海关总署为国务院直属机构。1983 年 8 月,经国务院批准,成立修改关税税则领导小组。领导小组在海关总署设立办公室作为办事机构。

《决定》同时规定在广州设立海关总署广东分署。广东分署和北京、天津、上海、广州、九龙、大连、青岛、昆明、南宁等直属海关为局级机构,其他直属海关为处级机构。关于各地海关的领导关系问题,"各地海关受所在省、市、自治区人民政府监督指导"。省、市、自治区人民政府监督指导当地海关的任务有三项:一是监督海关贯彻执行国家统一制定的方针、政策、法律、法令、规章;二是协调海关与当地有关部门的关系;三是指导当地反走私斗争的群众工作。各地海关不再由外贸局代管,并办理交接手续。

根据《决定》,海关总署署长由国务院任命,总署各司司长及当时的北京、天津、上海、广州、九龙、大连、青岛、昆明、南宁 9 个直属局级海关的关长由中央管理,各直属海关的中层干部(处科长)也由海关总署统一管理。《决定》纠正了自建立计划经济体制以来忽视和削弱海关职能的倾向,从块块为主、分散管理,转为集中统一垂直领导,为海关在改革开放的新形势下更好地发挥监督管理职能,提供了有力的组织保障。

新中国海关建设七十余年的正反实践表明,海关职能作用的发挥及海关的自身建设,与管理体制直接相关。在新中国海关初创时期的三年期间以及 1980 年《决定》下达以来,海关实行集中的垂直领导体制,有力地保证了海关工作对内对外两方面的统一和海关监督管理职能的充分行使,同时也促进了海关各项建设的发展。

---

① 《国务院关于改革海关管理体制的决定》(1980 年 2 月 9 日国务院文件国发〔1980〕42 号公布),载《中国海关通志》第六分册,方志出版社,2012 年,3900—3902 页。

(二) 恢复和健全海关各项业务及教育培训工作

1979 年,随着全党工作的重点转移到社会主义现代化建设上来,全国海关关长会议确定新时期海关工作的指导方针是"依法监管征税,方便合法进出,制止走私违法,保卫(后改为'保护')促进四化"。在这一方针指导下,中国海关逐步恢复正常职能。

1978 年,上海海关九名普通关员以群众来信方式向党中央提出恢复关税单独计征、改革海关管理体制的建议。1979 年 11 月,海关管理局在上海召开全国海关征税、统计、货管工作专业会议,会议为从 1980 年 1 月起恢复对外贸部所属各外贸公司计征关税,作了充分的业务操作准备。1980 年 1 月 1 日,国务院决定:海关取消对国营外贸公司的进出口货物所实行的税利合并交库制度,恢复单独计征关税,并坚持关税征收和减免统一管理的原则。实行统一的报单制度,逐步加强对进出口货运的监督管理。编制海关统计也相继恢复,1982 年 4 月 30 日,国家统计局在 1981 年国民经济计划执行结果的公报中,首次使用海关统计数字。1982 年 8 月 24 日,《海关统计》季刊创刊,及时和准确地向国内外提供实际进出口的数据[1],意味着海关统计的逐步恢复和完善,取代了外贸部门的业务统计而成为国家对外贸易的权威统计。

为积极配合国家对外开放、加快"四化"建设的需要,海关放宽关税政策,简化手续,方便合法进出,对特定地区、外商投资企业、加工贸易等新型贸易,实施一系列特定减免优惠关税政策,鼓励和促进外向型经济尤其经济特区的发展。1979 年 7 月,根据中央下达文件正式提出在深圳等地试办"出口特区"的指示精神,九龙海关报请海关管理局同意,在海关管理办法正式下达前,对特区中外合资企业进口的生产资料,凭市革委会的证明文件和合同,先登记放行、后补办手续,海关保留征税权。1980 年 8 月,全国人大常委会通过和颁布了《广东省经济特区条例》,正式批准建立深圳、珠海、汕头经济特区。为加速特区建设,九龙海关在调查研究的基础上,于 9 月 4 日和 12 月 22 日两次向海关总署报告,提出对深圳经济特区进口货物和个人自用物品免税的具体意见。海关总署于 1981 年 3 月 9 日批复,同意对特区企业进口的生产所必需的机器设备、零部件、原材料、运输工具和其他生产资料,免征进口税;对进口的生活必需用品,分别予以减、免税和征税。

---

[1] 宿世芳主编:《当代中国海关》,当代中国出版社,1992 年,第 273 页。

　　为贯彻党的外交、统战、侨务等政策,适应国际交往迅速扩大的形势,并随着国内经济发展水平和人民生活水平的提高,中央政府调整了海关对进出境旅客行李物品和进出口个人邮递物品的管理规定,取消了一些不合理的限制,放宽对港澳台同胞、在外华侨、外籍华人等的行李物品的验放尺度,照顾他们的合理需要。同时在新的历史条件下,海关集中力量,充实装备、健全制度,密切与公安、工商、税务、渔政等部门的联系配合,大力加强口岸海关业务现场和东南沿海、西南边境地区的反走私斗争。

　　1980 年 5 月,教育部批准建立上海海关专科学校,培养大专生,学制 3 年。1982 年起,在全国海关系统开展机构改革工作,按照革命化、年轻化、知识化、专业化的要求,调整了海关各级领导班子,建立各级领导班子的后备干部制度,逐步实现新老合作交替正常化,初步改变了海关干部队伍年龄大、文化低、专业知识不足的状况。在机构改革中,对海关人员普遍进行了法制教育和职业道德教育,积极发扬大公无私、模范执法、文明有礼、不卑不亢的社会主义海关人员新风尚。

(三) 发展对外交往和加入海关合作理事会

　　海关是世界各国皆有,职责任务大致相同,并具有高度涉外性的国家行政机关。相互交往与合作是各国(地区)海关的传统习惯。中华人民共和国成立初期,西方国家对中国采取敌视和不承认的态度,使中国的对外关系一度处于半封闭的状态。改革开放以来,为了学习和借鉴外国的经验和技术,从 1979 年起,中国海关经常派遣考察团组,去国外考察海关立法、业务管理、检查技术、教育培训、进出口统计以及现代信息技术应用等,借鉴他人的有益经验,推进中国海关工作的现代化。

　　1950 年 12 月,海关合作理事会(Customs Corporation Council,简称 CCC)在欧洲宣告成立。经过几十年的发展,它由一个以欧洲为中心的、以研究海关业务技术问题为宗旨的海关研究小组,发展成为一个以促进国际贸易、保护社会经济为己任的全球性海关组织。到了 1994 年,为了更加明确地表明该组织的性质和其世界性的地位,海关合作理事会更名为"世界海关组织"(World Customs Organization,简称 WCO)。

　　1979 年 7 月,中国海关代表团首次访问海关合作理事会,1983 年 7 月,中国海关正式成为该组织的成员。中国海关加入海关合作理事会后,又加入了其制订或管理的多个国际公约,如 1988 年加入《关于简化和协调海关业务制度的国际公约》,即《京都公约》及其两个附约,1991 年加入《商品名称及编码协调制度的国际公约》等。这些公约要求中国海关必须按照国际惯例和标准行事,促使中国海关加快了与国际惯例和国际标准接轨的步伐。

二、建设适应开放型经济的中国特色社会主义海关

1984 年 10 月,党的十二届三中全会通过关于经济体制改革的决定,指出社会主义经济是在公有制基础上的有计划的商品经济。对外开放作为长期的基本国策,在实践中已取得显著成效。会后,经济体制改革以城市为重点全面展开,逐步形成从经济特区到沿海开放城市再到沿海经济开放区这样一个多层次、有重点、点面结合的对外开放新格局,科技、教育等其他领域的体制改革加快步伐。1987 年党的十三大后,党中央作出加快沿海地区外向型经济发展的重大决策。1988 年国务院发出《加强海关工作的通知》,伴随着改革的深化,有计划的商品经济日益发展,对外开放的广度和深度不断扩大,海关作为国家的执法机关,迫切需要强化垂直领导和集中统一管理,发挥监督管理职能,同时要简化手续、改进服务、提高效率、便利进出,为发展对外经济贸易创造更好的条件。[①] 在此背景下,海关全面落实国务院关于加强海关工作的通知,提出建设有中国特色的社会主义海关的命题[②],坚持集中统一原则,实行垂直领导体制,扩大海关机构布局,坚持"促进为主"方针,不断健全海关法制,不断提高海关管理的现代化水平。

(一) 提出"以促进为主"的海关工作新方针

在改革开放初期,由于过去长期受"阶级斗争为纲"的"左"的思想影响,"防范为主"的制度和做法逐渐无法适应对外经济快速发展的需要。为了适应和推动建设开放型经济的大环境,海关与时俱进地制订和调整自己的工作指导方针,在 20 世纪 80 年代中期提出了"促进为主"的方针。1986 年 1 月,全国海关思想政治工作会议进一步明确:海关工作的着眼点放在促进对外经济、贸易、科技、文化交流和对外交往活动上,从以防范为主,转为以促进为主。[③]

---

① 《国务院关于加强海关工作的通知》(国发〔1988〕20 号),载《人民海关》1988 年第 5 期。
② 戴杰:《全面落实国务院关于加强海关工作的通知 努力建设中国特色社会主义海关》,1988 年 3 月 15 日,载《人民海关》1988 年第 5 期。
③ 戴杰:《加强思想政治工作 为实现海关党风的根本好转而努力——在全国海关思想政治工作会议上的讲话》,1986 年 1 月 15 日,载《人民海关》1986 年第 2 期。

促进为主的方针充分展现了 20 世纪 80 年代中期的中国社会强烈要求进一步解放思想、突破"左"的思想观念和条条框框的束缚,加快各项改革进程的鲜明时代精神,在海关内外产生了强烈反响,顺应了当时生产力发展和经济腾飞的需要,使得海关关员思想观念发生重大转变,摆脱了以"管人者"自居等传统观念的束缚,树立"管理就是服务"的观念,直接影响和推动了海关管理职能、法规体系、设关原则、监管体制、关税制度等一系列的调整和改革。促进为主方针的实行,对于推动经济发展和对外开放发挥了重要作用,海关自身建设也得到了较大发展。

(二)调整设关原则和制定实施《中华人民共和国海关法》

自新中国成立以来,海关机构根据 1950 年 12 月政务院的《关于设立海关原则和调整全国海关机构的指示》,主要在沿海省市和一些边界孔道开放对外贸易的地方设关,内陆省区不设海关。这种格局几十年基本未变。1978 年底全国共设海关机构 85 个,其中海关 31 个,分关 18 个,支关 36 个。1979 年国家实施改革开放政策,工作重点转移到社会主义现代化建设上以来,中国的对外经济、贸易、科技、文化交流日趋频繁,原有的海关格局显然不能满足需要,海关机构设置和建设开始提到议事日程。

1985 年全国海关关长会议正式提出了调整设关原则的议题。会议认为:在改革不断深化、开放不断向内地延伸的情况下,为适应对外开放和做好海关监管工作,必须对 1950 年确定的海关设关原则予以调整,在内地增设海关机构。调整后的海关设关原则为:根据对外开放的需要,从有利于对外经济贸易和国际交往的开展,有利于海关的监督管理出发,在对外开放口岸和进出口业务比较集中的地点设立海关机构。同年 2 月,海关总署还下达了《关于统一海关机构名称和调整隶属关系的通知》,将原海关(关)、分关、支关等称谓统一改称为海关,并分为局、处、科级。其中局级及个别处级海关直属海关总署领导,称为直属海关,其余海关分别隶属这些直属海关。同时,原来海关干部管理权限主要集中在中央的管理体制难以继续实施。根据中央改革实行分级管理、层层负责的精神,国务院和海关总署下放了人事管理权。海关总署的司长、副司长,主任、副主任,各直属海关的关长、副关长,海关院校院长、副院长由海关总署直接管理;各直属海关的中层干部由各关自行管理。

新的设关原则,既为海关管理从口岸向内地,进而向全关境的转化奠定了基础,同时也巩固了海关系统集中统一的垂直领导体制。依据调整后的设关原则,海关总署按照"精简"和"效能"的原则,以及国家经济发展战略、对外开放层次和各地外贸的实际需要,科学规划海关机构建设和布局。海关机构设置不受行政区划的限制,与所在地方政府层级并不一一对应,设关地的选择和管辖范围与地方行政层级也不统一。地方政府所在地往往选择区域中心,而海关设关地则完全考虑海关监管的需要。海关所在地位于某个市、县或镇,并不代表是这个市、县或镇的机构,而完全是出于海关业务和监管的需要。

海关是国家行政执法机关,法律、法规是海关履行职责的依据和保证。"文革"时期,海关的法律制度遭到破坏,许多法规、规章名存实亡,严重影响海关职能的发挥。改革开放以后,到1987年,围绕经济建设这一中心,海关共修订、制定各种海关法规、规章和规范性文件71份。1987年7月1日起,全国人大常务委员会制定的《中华人民共和国海关法》正式施行。

《中华人民共和国海关法》是在总结《中华人民共和国暂行海关法》实施三十六年的经验和近九年改革成果的基础上,借鉴外国海关立法经验,按照适应开放、促进开放和保障开放的要求制定的。这部法律比较简明扼要,共七章六十一条,比《暂行海关法》减少了百分之七十,但实质内容更加充实了,主要作了基本原则属性的规定,删去了可以由行政法规和规章制度作出规定的内容,增强了海关法对不断发展变化的客观情况的适应性。它从法律上明确海关是"国家的进出关境监督管理机关","国务院设立海关总署,统一管理全国海关","海关依法独立行使职权,向海关总署负责",体现了海关管理的集中统一性和独立性,并确立了监管、关税、查缉走私、海关统计制度的各项基本原则。①

《中华人民共和国海关法》的公布实施,标志着海关法制建设步入全面发展的新时期。随着计划经济体制逐步向社会主义市场经济体制过渡,国家对外开放的领域、规模和层次不断发展,围绕贯彻实施海关法,国务院又陆续制定和修订了一系列配套的海关法规和规章,进一步完善海关立法。1987年7月1日,国务院批准颁布了《中华人民共和国海关行政处罚实施细则》,与《中华人民共和国海关法》同日施行。《中华人民共和国进出口关税条例》于1985年3月由国务院发布,1987年9月经国务院修订发布,1992年3月国务院第二次修订发布。此外,还由海关总署单独或与国务院有关部、委、局联合制定上百项实施细则和单行管理办法。

---

① 戴杰:《加强海关精神文明建设 促进改革服务四化——在全国海关关长会议上的讲话》,1987年2月16日,载《人民海关》1987年第4期。

至 21 世纪后,中国海关基本构建起以《中华人民共和国海关法》为主体,百余部行政法规和大量海关规章相配套的海关法律体系,建立了海关法律和行政法规的起草、审议、发布、清理、编纂、修改和废止等法律规范。同时,海关执法活动的监督机制不断健全,用行政复议、行政诉讼、行政赔偿等制度,即以法律的强制力对海关的执法权力加以制衡,确保海关执法的合法和公正。中国海关法制建设基本上形成与社会主义市场经济体制相适应、与全方位对外开放的要求相一致、与国际贸易规则和国际海关通行做法相协调、与海关业务改革和廉政建设相配套的海关法律体系和海关执法规范。

(三) 海关监管的改革创新

中华人民共和国成立以后,在长期的海关工作实践中,形成了对传统的进出境货物、物品和运输工具进行监管的基本制度,主要有申报、查验、征税、放行和结关五个环节。在实际工作中,这五个环节逐渐发展成为具有严格作业程序的工作制度。改革开放以后,海关主动适应开放型经济发展,及时调整工作重心,将监管工作重点放到监督货物的合法进出口上来。随着开放政策和外贸体制改革的深入发展,涉外经济活动单位和进出口货运量剧增,海关监管货运量成倍增长,监管资源相对不足的矛盾日益突出。为适应新形势的发展要求,自 20 世纪 80 年代中期起,海关监管第一次改革逐步形成,在 20 世纪 80 年代中后期和 90 年代初期的对外开放中起到巨大作用。

改革开放以后,随着对外交往交流频繁,旅游探亲、投资经商、学术文化交流等进出境旅客大幅增加,海关借鉴国际通行做法,对进出境人员实行"红绿通道"分类管理制度,采取"申报"和"无申报"通关模式,极大简化旅客通关手续,方便旅客进出境,对促进对外经贸文化交流发挥了积极作用。

1978 年前,保税业务仅在中国个别地区开办。1978 年改革开放后,海关开始保税监管的实践和探索。1983 年起,国家鼓励外商投资的法律法规相继颁布,开展保税业务的外商投资企业大量增加,外商投资企业逐渐成为海关保税监管的主要对象。1987—1988 年,国家实施沿海经济发展战略,保税业务快速发展,初成规模。海关与之相适应,逐步建立保税监管制度。1990 年 6 月,国务院批准设立第一个具有出口加工、转口贸易和保税仓储功能的上海外高桥保税区。以此为起点,海关总署和相关海关努力探索封闭区域内的保税监管。21 世纪后,海关相继探索出口加工区、保税区、自由贸易试验区等改革。面对改革开放后保税监管的艰巨性、复杂性,海关以有效监管和高效运作为宗旨,不断实践、探索、再实践,与时俱进,逐渐形成一套与中国国情基本适应的监管方式和管理制度,基本实现保税监管把关和服务的统一。

随着对外贸易和对外交往的快速发展,业务量的迅猛增加,继续沿用传统手工作业的手段和方法已经无法适应业务发展的需要,必须走以科技求发展的道路。1985 年和 1988 年,国务院两次指示海关,要求"积极采用先进技术,努力改变海关技术装备的落后状况",配备好电子计算机和监控、检查、通信、交通等方面的技术装备,建立电子计算机网络和海关业务数据库,提高科学管理水平,以适应海关面临的新形势。从 1988 年起,海关集中开发了海关报关自动化系统(H883),实现了监管、征税、统计三大海关业务由手工向计算机作业的转换。与此同时,着手全国海关计算机网络建设,开创了海关科技应用的新局面。检查集装箱的大型检查仪等设备在深圳等口岸投入使用,在一些重点港口,开始建立闭路电视监视系统。为了满足海关海上反走私斗争需要,东南沿海的主要口岸陆续建造了一批性能良好的缉私舰艇。管理手段和方法的改进,既方便了合法进出,又促进了各项业务制度的改革,也节省了海关人力,提高了管理效率和质量。

三、社会主义市场经济体制与建设现代海关制度

1992 年 10 月,党的十四大提出建立社会主义市场经济体制的决策。海关随之提出当前和今后一个时期改革的基本目标,是要逐步建立起与加快经济建设和扩大开放相适应,与建立社会主义市场经济体制相适应,与国际通行规则相衔接的现代海关制度。① 1997 年,党的十五大确立依法治国基本方略。海关根据党中央决策精神,总结改革开放以来,特别是在建立社会主义市场经济体制条件下海关执法活动的经验教训,确定"依法行政,为国把关"的海关工作指导方针,要求海关履行把关和服务职能应遵守法律原则,抓好自身法制建设和队伍建设。② 海关在建设现代制度的同时,严厉打击走私违法活动,纠正治关不严和局部执法腐败,充分发挥监督管理的职能作用。

(一) 海关总署机构升格和优化空间布局

海关积极地适应开放型经济发展,促进了对外贸易的发展和对外开放格局

---

① 《钱冠林署长在全国海关关长会议上的讲话(摘要)》,1995 年 1 月 17 日,载《中国海关》1995 年第 2 期。

② 《认真贯彻党的十五大精神 把海关改革和建设事业全面推向二十一世纪——钱冠林署长在全国海关关长会议上的报告(摘要)》,1998 年 1 月 12 日,载《中国海关》1998 年第 2 期。

的形成,在这一过程中,中国海关自身也得到了蓬勃的发展。从 1980 年到 1995
年 11 月,中国海关机构从 99 个发展到 322 个。从 1979 年到 1995 年 9 月,中国
海关人员从 6 000 人发展到 31 000 人。

1998 年 3 月国务院机构改革时,海关总署升格为国务院正部级直属机构,
统一领导全国海关及口岸管理工作。撤销全国打击走私领导小组和国家口岸办
公室,工作改由海关总署承担。与此同时,国务院对国家检验检疫管理体制也进
行了改革,合并中华人民共和国国家进出口商品检验局、中华人民共和国动植物
检疫局、中华人民共和国卫生检疫局,组建新的国家出入境检验检疫局,为国务
院机构序列中的"部委管理的国家局",由海关总署管理。① 2001 年 4 月 30 日,
根据"入世"的新形势要求,国务院决定国家出入境检验检疫局不再由海关总署
管理,与国家质量技术监督局合并,成立国家质量监督检验检疫总局,列为国务
院正部级直属机构。

按照集中统一的垂直领导体制规定,海关从中央到地方实行海关总署—直
属海关—隶属海关三级行政管理体系。2000 年修订的《中华人民共和国海关
法》,从法律上确立了海关的垂直领导组织体系。海关总署是全国海关的最高领
导机关,研究拟订和实施全国海关工作方针、政策、法律、法规和发展规划,负有
监管、征税、缉私、统计及口岸规划等职能。直属海关直接由海关总署领导,负责
管理一定区域范围内的海关业务。隶属海关由直属海关领导,负责办理具体海
关业务,是海关进出境监督管理职能的基本执行单位。另外,直属海关或隶属海
关还设有派出机构办事处,但它们不是一级海关行政组织,其职权和业务范围由
派出单位确定并管辖。各级海关依法履行职责,与所在地政府及其职能管理部
门没有从属、支配关系。各级海关按照海关法和国家有关法律、法规,在国家赋
予的职权范围内自主地、全面地行使海关监督管理权,不受地方政府和有关部门
的干预。此外,为加强对各地海关领导班子和干部队伍的监督管理,除 1980 年
在广州设立广东分署外,2002 年 1 月和 7 月,海关总署分别在天津、上海设立特
派员办事处。以上三个作为派出办事机构,均不办理具体海关业务。

2000 年修订的《中华人民共和国海关法》,再次确认内地可以设立海关的原
则。随着国家改革开放的不断深入和变化,截至 2012 年,中国直属海关共有 42
个,隶属海关 337 个,各直属海关派出办事处等机构共有 149 个,如和 1978 年底
的海关 35 个、分关 18 个相比,数量上增加近 6 倍。当然在 1978 至 2012 年的三

---

① 海关总署办公厅编:《海关总署全宗指南》,中国海关出版社,2007 年,第 13 页。

十余年间,年度海关机构增长并不均衡,在时间上有波动性。

从直属海关来看,1978 年全国虽有 35 个海关,但其中丹东、集安、图们、绥芬河、秦皇岛、二连、连云港、温州、防城、聂拉木、吉隆 11 个关后被调整为隶属海关,因此 1978 至 2012 年,全国直属海关实际上是从 24 个增加到 42 个,新增 18 个直属海关。其中又以改革开放初期即 1978 至 1992 年间,直属关的设置增加最快,这段时间新增了 15 个直属海关;1992 年党的十四大召开至 2001 年加入世界贸易组织即改革开放的新时期,增设速度明显回落,仅增设太原、银川两个海关;2001 年至 2012 年,仅把济南海关升格为直属海关,它也是最后一个在省会城市设立的直属海关。从 42 个直属海关的行政层级来看,目前它们均是正厅局级机构,但也有一个缓慢发展的过程。1980 年恢复垂直管理体制之时,仅北京、天津、上海、广州、九龙、大连、青岛、昆明、南宁等 9 个海关为正局级机构,1984 年将哈尔滨、长春、南京、武汉、杭州、福州、乌鲁木齐、拉萨、厦门、拱北、汕头、海口、重庆等 13 个海关调整为厅局级机构,郑州、长沙海关在 1986 年升格为局级机构,其余 18 个海关均在 2001 年后陆续升格为局级机构。因此直属海关的发展,一是 80 年代数量大发展,另一是 2000 年之后机构规格快速升级。

从隶属海关来看,1978 年前分关 18 个,再加 20 世纪 80 年代初期由总署直属海关降格的 11 个关,实际共有 29 关。至 2012 年,隶属海关数量增长至 341 处。其中 1979 至 1992 年增加 102 处,1993 至 2001 年增加 127 处,2002 年至 2012 年增加 85 处。从隶属海关的行政层级来看,除 15 个为副厅局级、2 处为副处级、1 处为科级外,其余均为正处级机构。15 个副厅局级机构,13 个为 20 世纪八九十年代所设。从隶属海关的增长来看,1992 至 2001 年为最快速增长时期;21 世纪以来,则进入高位平稳增长阶段。

从 1978 至 2012 年,直属海关的空间变动表现有二:一是原沿海省份的省会城市增设或调整为直属海关,原沿海、沿边其他海关调整为省份城市海关的隶属海关,如 1979 年新设杭州海关,温州海关改为其隶属海关;1989 年设石家庄海关,秦皇岛海关改为其隶属海关;1991 年设呼和浩特海关,二连海关调整为其隶属海关;调整图们、集安关隶属长春海关;连云港海关调整隶属于南京海关;在广州海关分设出黄埔海关等。二是在内陆及沿江省份增设省会城市直属海关,并且经历了一个由中部到西部、由南部到北部的过程,西北内陆省份最晚增设直属海关。如 1980 至 1992 年,先后增设南昌、武汉、重庆、西安、长沙、郑州、贵阳、合肥、成都、兰州、太原等海关,1997 和 1998 年增设银川和西宁海关。目前全国 42 个直属海关,除广东一省有广州、拱北、江门、湛江、深圳、黄埔、汕头七个直属海关外,基本形成在沿海、沿边大省以省会城市和经济计划单列市两个直属海关,其余省份均在省会城市设直属海关的空间格局。

隶属海关的空间变动,1992 年以前以沿海各关隶属海关的增长为主,主要集中在深圳、海口、湛江、江门、黄埔、广州、汕头、南宁、厦门、福州、杭州、宁波、上海、青岛、大连、天津等沿海直属海关,它们共增设隶属海关 69 处,沿边各关如昆明、拉萨、乌鲁木齐、满洲里、哈尔滨等直属海关略添隶属海关 16 处,沿江南京直属海关增添 5 处隶属海关,其余北京、沈阳、长春、济南、合肥、石家庄、长沙等内陆直属海关仅增添 11 处隶属海关,有些中西部内陆省份无任何隶属海关增长。1992 至 2001 年增设的 127 处海关中,仍以沿海直属海关增长最快,它们共增设 53 处隶属海关,沿边和内陆直属海关也进步显著,它们分别增设了 29 处隶属海关,沿江的重庆、武汉和南京三直属海关增设了 16 处隶属海关,但中西部的一些省份如贵州及西北地区的甘肃、青海、宁夏等省区仍无任何变化。2001 年"入世"以来,至 2012 年增设的 84 处隶属海关中,沿江和内陆直属海关的隶属海关增设最多,如南昌、长沙、郑州、太原、西安、成都等直属海关共增设了 40 处隶属海关;沿边各直属海关的隶属海关增设 11 处,数量不多;沿海各直属海关增设 34 处隶属海关,其增加数量已小于内陆和沿江直属海关,且地市级城市的属地性隶属海关即面上的布局不再有大的扩展,主要是省会城市的机场、港口、火车站等现场通关型的隶属海关以及保税区、保税港区等海关特殊监管区有新的增加。

从截至 2012 年底的隶属海关布局来看,东部沿海省份的地级市大多设立了隶属海关,中部对外贸易发展的省份地级市也设立了不少隶属海关,但中西部的部分省份,如青海、宁夏仍未布设隶属海关,贵州、甘肃等省份仅有一个隶属海关,总体上西北部省份的隶属海关在空间上仍然过于稀少。

1978 年以来中国海关从东南沿海到内陆腹地逐次传导的布局过程,与整个国家对外开放政策的确立和发展息息相关。1978 年党的十一届三中全会确立对外开放的基本国策,同时基于沿海地区在地理位置、交通条件、经济发展水平、对外交往历史等方面的优势,首先开放沿海地区,1979 年党中央先批准设立深圳、珠海、汕头、厦门四个经济特区,1984 年进一步宣布开放天津、上海、大连、秦皇岛、烟台、青岛、连云港、南通、宁波、温州、福州、广州、湛江、北海 14 个沿海港口城市,1985 年开辟长江、珠江三角洲和闽南 3 个沿海开放经济区,1988 年设立海南经济特区,中国沿海地区开放由点到线、进而到面地战略推进。20 世纪 90 年代初,根据我国各地区发展客观条件和增长潜力,党中央做出扩大开放地域,从沿海向沿江及内陆推进的战略举措。1990 年党中央决定开放长江流域经济龙头上海浦东新区,继而芜湖、九江、武汉、岳阳、宜昌、万县、重庆等沿江城市开放。1992 年在邓小平南方谈话精神的鼓舞下,合肥、南昌、长沙、郑州、石家庄、太原、呼和浩特、长春、哈尔滨、西安、兰州、银川、乌鲁木齐、成都、贵阳等内陆省会城市开放,2000 年实施西部大开发战略。三十余年来中国海关机构从东南沿海到西北内陆的渐次布局传导,从根本上来说与国家开放和开发地区的先后次序密切相关。

中国沿边海关的创设和布局,与周边国家及国际形势也有着密切关系。中国与周边国家开展边境贸易的历史源远流长,但自 20 世纪 60 年代以来,由于多种原因边境贸易大多中断,沿边海关机构一度萎缩。改革开放初期,我国积极创造条件,1982 至 1986 年,相继恢复黑龙江、新疆、内蒙古地区同苏联和蒙古国的边境贸易。20 世纪 90 年代初,中国周边地区有了新的缓和局势,中国确定了沿边开放的政策,1991 至 1992 年,相继开放珲春、绥芬河、黑河、满洲里、二连浩特、伊宁、塔城、博乐、瑞丽、畹町、河口、凭祥、东兴共 13 个沿边城市。随着沿边地区大规模对外开放,中国沿边省份海关也得到快速发展,目前形成东北、西北和西南三大沿边海关集中地带。

中国海关机构总体上遵循由沿海、沿边向内地,由南向北,由东到西的扩展趋势,但其中也不乏个别内陆地区的跳跃式突进发展。这和地方政府主动创造开放性条件,积极发展海关特殊监管区的政策和措施有关。例如重庆地处西南腹地,对外开放的区位条件并不优越,但 1997 年以来,伴随着重庆直辖市的设立及对外开放的不断扩大,重庆口岸已形成了"水、陆、空、邮"四路齐通的良性架构,尤其是 2009 年以来积极推进两路寸滩保税港区和西永海关特殊监管区建设,重庆作为长江上游经济中心的地位和作用日益突出。

海关是中国开放型经济发展的窗口,同时也是区域经济发展的名片。改革开放三十余年来,伴随中国所形成的"经济特区—沿海港口城市—经济技术开发区—沿海经济开放区—内地"这样一个多层次、有重点、点面结合的对外开放格局,中国海关也形成了从沿海到内地的梯度布局,但也存在着东密西疏、重沿海沿边口岸海关,轻内陆属地海关等明显不足。因此自 20 世纪 90 年代以来,中国海关大力建设现代海关制度,积极推行属地申报、口岸验放等措施,改革跨关区海关合作与沟通体制和机制问题。

(二)建设现代海关制度

改革开放以来,海关为适应从高度集中的计划经济体制向有计划的商品经济体制发展,进行了一系列的改革,虽取得不少成就,但也存在很大的时代局限。它们仅是单项突进式的改革,改革的整体效能不易得到发挥。1994 年,为适应党的十四大建立社会主义市场经济体制的总要求,并受国际海关制度现代化浪潮的影响,解决海关管理中长期存在的简化手续、促进贸易效率与严格执法、维护贸易秩序的基本矛盾,破解走私违法、执法腐败给海关发展带来的严峻挑战等问题,实现中国海关制度与国际海关制度接轨,海关总署提出了建立现代海关制度的目标,实行全局性整体推进式的制度改革。①

20 世纪 90 年代,海关锐意改革创新。从 1994 年开始,海关建立和推行稽查制度,在管理思想上,实现了海关由传统的单一对货物监管向企业和货物监管并重的转变;在管理范围上,扩大了海关监管的时间和空间,将海关管理延伸到企业内部和货物放行之后;在管理模式上,海关广泛应用风险分析、外部审计、贸易调查等现代化的管理方法和手段,提高了海关管理效能,促进企业守法自律。该制度对提高海关整体管理水平,促进税收增长,规范企业的进出口活动和企业的守法自律,打击和防范走私违法活动都起到了积极的促进作用。

1998 年,海关总署作出《关于建立现代海关制度的决定》,明确提出,建立现代海关制度,就是通过管理思想、管理制度、管理方法和管理手段的现代化,建立起适应社会市场经济和对外开放需要的、与国际惯例相衔接的,简化与严密、效能与制约有机统一的有中国特色的海关管理体系。具体目标是构建现代海关法制体系、企业守法管理体系、信息化管理体系、现代通关管理体系、物流监控体系、现代海关调查体系、现代海关行政管理体系、海关公共关系体系等,达成相辅相成的有机整体。②

为实现上述八个框架体系,海关总署制订了海关改革和建设的两步走发展战略。第一步是从 1998 年起,用五年时间,以通关作业改革为突破口,在全国海关初步建立起现代海关制度的基本框架。结合工作流程和特点,海关全面应用信息化技术,建成以通关管理系统(H2000 版本)为核心的"电子海关"、以"电子底账＋联网核查"为主要内容的"电子口岸"、以海关总署对全国业务监控和办公为主要内容的"电子总署",并在业务现场广泛使用大型集装箱检查设备(H986)、电子地磅、全球定位系统(GPS)、闭路电视监控等设备。数字化、信息化海关初具规模。通过逐步试点和推广,至 2003 年,全国海关充分发挥信息技

① 高融昆:《中国海关的制度创新和管理变革》,经济管理出版社,2002 年,第 203 页。

② 《海关总署关于建立现代海关制度的决定》(1998 年 3 月 6 日海关总署署办〔98〕115 号下发),载《中国海关通志》第六分册,第 4120—4128 页。

术的基础性、先导性作用,对通关模式、作业流程、资源配置进行了全面改革,统一了全国海关通关作业流程,强化了直属海关业务运行管理,保证业务管理的规范性和执法统一性。在此基础上,积极推行无纸通关、便捷通关、预约通关等一系列便利措施,在珠三角、长三角、环渤海、海峡西岸等地区启动区域通关改革,加快通关速度,基本实现了中国海关通关管理的"四肢协调"。

(三) 打击走私和严惩腐败

改革开放以后,随着对外贸易的发展,走私犯罪也随之而来。从 20 世纪 70 年代末到 1985 年,走私主体基本上是自然人的个人行为,走私物品主要是生活消费品和少量机器设备和生产资料,伴随有局部地区的海上偷运走私,但对国民经济的冲击还不是很大。从 1985 年起,国家陆续出台一系列促进加工贸易发展的新政策和新制度,利用加工贸易和边境贸易进行走私成为显著特点,走私重点从旅客行李物品、邮递物品转到货运渠道,法人走私、团伙性走私逐渐成为走私的主体。20 世纪 90 年代以后,走私地域波及面越来越广,走私的主渠道转向货运渠道和海上大规模偷运,走私主体从自然人转向集团性、企事业单位等特殊法人走私,甚至出现了成品油、钢材、化工原料等关系国计民生的重要生产资料的大规模走私,对国民经济造成了极大的冲击。根据改革开放后走私活动的特点变化,海关先后建立和健全了包括情报、执法、案件审理和处罚在内的海关缉私工作体制;逐步将反走私重点从非贸易渠道转到货运渠道和海上,将查处的重点转移到走私集团和企事业单位走私犯罪;改善缉私装备,强化缉私手段。加强与公安、税务、工商等部门的合作,开展国际合作,增强反走私力量,成功打退了 90 年代以前的历次走私高潮。

走私滋生腐败,腐败加剧走私。进入 20 世纪 90 年代后,在"全民经商"的经济社会大环境中,海关面临的执法条件更为复杂,走私现象愈演愈烈,形成了走私的黑洞和链条。在这一阶段,海关系统廉政案件数量急剧上升,违纪违法数额增大,在通关监管领域发案情况尤为严重。面对这一趋势,1993 年,海关总署把"从严治关"提高到基本方针的高度,并在 1994 年确立了"依法行政、贯彻政策"的海关业务工作基本要求。在廉政建设实践中,海关强化垂直领导,果断停办海关"三产",围绕正确处理海关工作人员与工作对象关系、加强监督制约机制建设、落实党风廉政问题、实行风险控制等方面,出台多项规定,初步形成了海关廉政制度体系。

90 年代中后期,走私猖獗和海关执法腐败达到了严重程度,相继发生湛江、厦门等系列走私案。厦门远华特大走私案,是中华人民共和国成立以来走私数额最大,涉及党政机关、执法部门人员最多的严重经济犯罪案件。国务院时任总理朱镕基在考察广东省黄埔海关时的讲话指出,海关内部确确实实有少数蛀虫,徇私舞弊、内外勾结、贪污受贿,危害不小必须严肃地整治,绝对不能留情。①1998 年 7 月,党中央、国务院召开全国打击走私工作会议,决定实行"联合缉私,统一处理,综合治理"的反走私斗争新体制,由海关负责组织、协调和管理查缉走私工作。1999 年 1 月 5 日,中国第一支以缉私为主要职责的警察队伍正式成立。海关总署成立走私犯罪侦查局,广东分署和各直属海关成立走私犯罪侦查分局,负责该直属海关业务管辖区域内走私犯罪案件的侦查、拘留、执行逮捕和预审工作。侦查大队按实际工作需要设置。缉私警察队伍的建立,从体制上和海关执法权限上提高了对走私犯罪活动的震慑力,走私案件行政处罚多、刑事处罚软弱无力的状况有了根本转变。

随着全国严厉打击走私重大政策的确立,海关提出了"管住自己的人,把好国家的门"的要求,自身进行了深入反腐。1998 年初,海关总署确立"依法行政、为国把关"的新工作方针,为廉政建设的顺利推进奠定了重要基础。在党中央、国务院的领导下,海关队伍内部掀起一场"廉政风暴",严肃查处了湛江、厦门、深圳、汕头等地海关的走私和腐败大案,使得走私势头与违法违纪大案频发势头得到有效的遏制。② 从 1998 年到 2001 年,海关系统查处涉案人员 763 人,累计176 人被追究刑事责任,维护了海关队伍的纯洁性,取得了反腐败工作的阶段性成效。

在深入反腐期间,海关持续推进廉政制度建设,廉政体系逐步完善。1998年,海关总署针对海关点多、线长、面广、管理监督难度大的特点,创立了海关纪检监察特派员制度,开始对派驻监督工作进行有益探索。进入 21 世纪后,从总体上看,海关廉政工作取得了实质性进展,成效明显。海关系统惩治和预防腐败体系建设基本完成,形成包括廉政教育、规章制度体系、内部监督体系、案件查办措施四方面内容的廉政体系。同时,违法违纪案件得到更加有力的查处。海关队伍廉政建设,得到了党中央、国务院和社会各界的充分肯定。

---

① 朱镕基:《海关是守卫国家经济利益的长城》,《朱镕基讲话实录》第三卷,人民出版社,2011年,第 150 页。
② 牟新生:《紧紧依靠党组织建设一支朝气蓬勃的海关干部队伍》,载中共中央国家机关工作委员会编:《党组书记谈党建》,人民出版社,2002 年,第 247—248 页。

四、新世纪加入世界贸易组织后海关的深化改革与创新

进入 21 世纪后，中国加入世界贸易组织，中国对外开放进入崭新的阶段，严密监管与高效运作成为新时期海关工作的主要矛盾。2001 年，海关总署提出要正确处理好"把关"与"服务"的关系，按照"依法行政，为国把关，服务经济，促进发展"的思想指导海关工作，其内涵是以"依法行政"为基本准则，以"促进发展"为根本宗旨，全面落实"为国把关"和"服务经济"两个职能。在这一方针指引下，全国海关持续推进海关业务制度的改革与创新，构建适应科学发展要求的海关风险管理、综合治税等大监管体系。同时加强自身建设，实行关衔制度和准军事化管理，积极防范化解执法风险和廉政风险，建设起一支"政治坚强，业务过硬，值得信赖"的海关队伍。

（一）与世界贸易组织等规则的全面对接

为削减关税和其他贸易壁垒，消除国际贸易中的差别待遇，促进国际贸易自由化，充分利用世界资源，扩大商品的生产与流通，1947 年美国等 20 多个国家签订了关税及贸易总协定（General Agreement on Tariffs and Trade，简称 GATT）。到 1985 年 5 月，关贸总协定的正式成员已发展为 90 个国家和地区，参加关贸总协定国家和地区的总贸易额占世界总贸易额的 80％以上。1986 年 7 月，中国政府正式向关贸总协定提出恢复缔约国地位的申请。1995 年 1 月，世界贸易组织（World Trade Organization，简称 WTO）成立，取代了原先的关贸总协定。该组织是当代最重要的国际经济组织，被称为"经济联合国"。

2001 年 12 月，中国正式加入世界贸易组织。中国海关积极履行"入世"的有关承诺，认真执行世界贸易组织有关规则和协议，其中主要有《海关估价协议》《原产地规则协议》《与贸易有关的知识产权协议》《反倾销协议》等。同时，采取各种应对措施，用世界贸易组织规则来保护中国的经济利益。在海关法规方面，清理、修改原有法规，制定适应世界贸易组织需要的海关新法规，做到公开、公平、规范；在海关监管方面，贯彻世界贸易组织关于"最惠国待遇和国民待遇""更自主、可预见""公平竞争"等原则，把握国际物流运行的规律和特点，努力构筑新型便捷的通关管理制度，实行无障碍通关；在税收征管方面，建立一套新的海关估价模式，严厉打击价格瞒骗。同时，实施世界贸易组织知识的全员培训计划，培训了一批熟悉世界贸易组织规则、高素质的海关专门人才。

1989 年,澳大利亚等六国发起成立了亚洲与太平洋经济合作组织(简称 APEC),1991 年中国正式加入亚太经合组织,积极支持亚太经合组织内的贸易投资自由化和经济技术合作理念。1992 年,亚太经合组织第四次部长会议决定把执行和促进世界海关组织活动作为推动亚太地区贸易和投资自由化进程的一个重要方式,同意成立海关手续工作组,其主要使命是简化和协调海关手续以便利贸易,并就相关问题向亚太经合组织贸易和投资委员会报告。1994 年,工作组更名为海关手续分委会(简称 SCCP)。迄今为止,中国海关主要参加了亚太经合组织的贸易投资委员会及其前身贸易自由化非正式工作组、高官会、海关手续分委会及其前身海关手续工作组的历次会议。2001 年为海关手续分委会的中国年,中国海关成功承办了北京、上海两次海关手续分委会会议,发挥了显著作用。

1992 年东盟提出自由贸易区设想,其核心内容是共同有效关税优惠计划,消除区域内国家间的关税壁垒。此后东盟各国经过十多年的谈判,针对消除关税壁垒和非关税壁垒、统一产品标准和关税术语、简化和统一海关程序、建立人员交流和信息交流机制等签署了一系列的协定,制定了中长远的目标,确定了一套相当固定的谈判模式和协商机制。2001 年决定在十年内建成中国-东盟自由贸易区。2010 年贸易区正式全面启动,是目前世界人口最多的自贸区,也是发展中国家最大的自贸区。中国海关充分借鉴东盟的经验,为实现中国-东盟贸易自由化做了积极贡献。

亚欧会议成立于 1996 年,其后中国和日本共同倡议召开亚欧海关署长会议,以落实亚欧首脑会议提出的后续行动,确定同意成立"海关手续"和"海关执法"两个工作组。中国海关充分利用亚欧会议为桥梁,发展与欧盟海关的双边合作关系,积极促进在行政互助、反商业瞒骗、信息交换等方面的合作和有关技术援助活动。

(二) 推进海关风险管理和关税征管制度改革

建立现代海关制度是中国海关一项跨世纪的系统工程,它勾画了中国海关较长时期的改革发展蓝图。2003 年之后,中国海关继续推进现代海关制度建设的第二步战略,以建立风险管理机制为中心环节,全面、协调地推进海关各项业务改革和综合改革。随着第二步"耳聪目明"型海关改革目标的逐项落实,基本建立起与全面建设小康社会相适应,与社会主义市场经济体制相配套,与国际通行规则相衔接,严密监管与高效运作相结合的现代化海关,较大地提高了中国海关的现代化管理水平。

改革开放后到"入世"之前,中国关税立法工作逐步完善,初步确立了一套与市场经济相适应、与国际通常做法相衔接的关税制度:一是采用国际通常做法,如 1985 年采用《海关合作理事会商品分类目录》,1986 年采用国际通用的原产地标准,1992 年采用《协调商品名称编码制度》,有条件地接受了《关于实施关税与贸易总协定第七条的协议》的成交价格概念。二是调整国家税收优惠政策,促进国民经济的发展。从 1993 年起,中国开始对税收优惠政策进行系统清理,税收优惠政策逐步从以地区优惠为主转向以产业优惠为主,并日益走向法治化和规范化。三是关税水平大幅度降低。根据国家关税政策,海关税则税率多次调整,特别是进入 20 世纪 90 年代,中国先后八次自主降税(其中四次较大幅度调整),关税总水平由 1992 年年底的 43.2% 降低到 2001 年年初的 15.3%,总降税幅度近 65%。这一时期,各地海关根据海关总署"依率计征、依法减免、严肃退补、科学归类、正确估价、及时入库"征税方针,健全组织机构,加强人员培训,应用信息化管理系统完善管理,较好地完成了征税任务。

进入 21 世纪,随着社会主义市场经济体制不断完善,关税制度逐步与世界通行规则融为一体。一是海关税则制度由自主税则变为自主协定税则,并设最惠国税率、协定税率、特惠税率和普通税率 4 个基本类别,国别政策日益复杂。二是自主原产地规则向自主协定原产地规则转化。为实施区域优惠贸易协定或贸易安排,中国先后与东盟国家和中国香港地区签署多个原产地协定,实行优惠原产地规则;非优惠原产地规则受世界贸易组织《原产地规则协议》约束,并不断完善。三是全面实施《世界贸易组织估价协定》,促进对外贸易发展。四是进口关税变为约束性关税,不断完善反倾销反补贴及保障措施关税,以及关税配额税率、暂定税率的运用。五是灵活运用出口暂定税率,不断加大对出口货物的调控力度。

"入世"后中国国际贸易大幅增长,2004 年货物进出口总值为 1.15 万亿美元,2010 年达到了 2.97 万亿美元。海关税收是党和国家增强中央财力、提高宏观调控能力的有效手段,根据货物进出快速增长形势,2005 年 4 月和 2009 年 3 月,全国海关分别召开了第一次和第二次综合治税工作会议,构筑综合治税大格局,落实应收尽收。各地海关根据海关总署要求,以税收工作为"轴心",依法征管、科学征管、综合治税,不断完善反瞒骗机制,税收征管由注重数量向注重质量转化,由此海关税收(包括关税和进口环节代征税)也逐年增长。2004 年全国海关征税入国库 4 744.2 亿元,其后的几年时间接连突破 5 000 亿元、6 000 亿元、7 000 亿元、9 000 亿元,2010 年更是突破 12 000 亿元大关,达到 12 518.3 亿元,对中央财政收入的贡献始终保持在 25% 以上。

（三）实施关衔制度和准军事化管理

海关作为国家进出境监督管理机关，是重要的行政执法部门，具有部分刑事执法权力，担负着为国家把关、为现代化建设服务的重要使命和艰巨任务，有很强的全国统一性和对外一致性。2003 年，国家批准海关人员实行关衔制度，海关队伍成为继军队、警察之后的中国第三支实行衔级管理的队伍。[①] 2003 年 9 月 12 日，国家领导人在接见海关首次授衔人员和先进集体、先进工作代表时，对海关队伍建设提出了"政治坚强、业务过硬、值得信赖"的总要求，为海关工作和队伍建设指明了方向。

海关实行关衔制度，决定了海关队伍必须是一支要求更加严格、管理更加规范、纪律更加严明的公务员队伍。2005 年海关总署决定学习借鉴人民解放军革命化、现代化和正规化建设的经验，全面开展准军事化纪律部队建设，内强素质，外树形象，规范管理。2006 年 5 月，海关总署宣布将全面推行准军事化建设。其中，"政治强、业务精、管理严、作风硬、廉政好、效率高"是建设准军事化海关纪律部队的主要标志。[②] 准军事化就是让海关关员像军人一样，唯命是从，令行禁止。海关关员本身成为政治符号，规范统一，穿着制服，出入敬礼，"自己是国家的化身，一举一动代表国家"，成为全体海关关员的共识，准军事化所体现的符号含义使关员内心产生国家神圣感、把关使命感，对海关关员捍卫国家利益，预防腐败产生强烈的穿透力。[③]

准军事化海关纪律部队建设是具有鲜明时代特点和行业特色的队伍管理模式。海关处在各种利益的矛盾交汇点、对外开放的最前沿、对内改革的第一线，加强准军事化纪律部队建设，是新世纪推进海关制度创新和治理能力建设、全面履行好海关职责使命的重要保障。海关队伍突出"内涵学军"，深入学习人民军队的优良传统，管理更加规范，精神面貌更加振奋，党中央对海关准军事化纪律部队建设给予充分肯定，社会各界也给予了好评。

（本章关于海关机构调整和设置部分，摘编自《中国海关发展的时空过程与体系化布局研究，1978—2013》，原载《海关与经贸研究》2015 年第 3 期）

---

① 《中华人民共和国海关关衔条例》（2003 年 2 月 28 日第九届全国人民代表大会常务委员会第三十二次会议通过，中华人民共和国主席令第八十五号公布），载《中国海关通志》第六分册，第 3895—3897 页。

② 《海关总署党组关于全面开展准军事化海关纪律部队建设的决定》（2006 年 5 月 8 日海关总署署党发〔2006〕24 号下发），载《中国海关通志》第六分册，第 4128—4131 页。

③ 娄万锁：《中国海关改革的政治学分析》，上海人民出版社，2015 年，第 160 页。

第十五讲　新时代建设中国特色社会主义现代化海关

　　党的十八大以来,面对错综复杂的国际形势,艰巨繁重的国内改革发展稳定任务,以习近平同志为核心的党中央,团结带领全党全国各族人民,自信自强,守正创新,奋发有为推进党和国家各项事业,中国经济实力、科技实力、综合国力跃上了新的大台阶,中国特色社会主义进入新时代。

　　在当今世界大发展大变革大调整时期,经济全球化的总趋势虽未改变,但其进程受阻,保护主义、单边主义抬头,自由贸易和多边体制受到冲击。全国海关坚持以习近平新时代中国特色社会主义思想为指导,坚决贯彻习近平总书记重要指示批示精神,认真落实党中央治国理政的新部署,在中华民族伟大复兴战略全局和世界百年未有之大变局中,以中国梦引领海关行动,实施强关战略,主动作为、全面履职、改革创新,体制机制不断优化,执法效能不断提升,队伍建设不断加强,出色完成了党和国家交给的各项任务。在 2012 到 2021 年的十年中,新时代中国特色社会主义海关事业经历了不平凡的发展历程,取得了跨越式发展的历史性成就,正在向基本建成中国特色社会主义现代化海关目标迈进。

一、海关管理体制的系统性重构

　　随着新时代国家治理机构和治理能力现代化建设,新时代中国特色社会主义海关强化党的领导,实现了海关监管和检验检疫的有机融合,持续推进准军事化队伍建设。

(一) 关检全面融合

　　党的十八大以来,随着推动构建人类命运共同体和积极促进"一带一路"国际合作,国内东中西和东北"四大板块"联动发展,京津冀协同发展、长江经济带发展、粤港澳大湾区建设、长三角一体化发展、黄河流域生态保护和高质量发展等重大区域战略加快落实,口岸管理机制改革和海关机构布局也不断调整优化,落实"三互"推进大通关建设,全面推进"关检合作"。

党的十九大之后,党中央着眼于党和国家事业发展全局,着力推进国家治理体系和治理能力现代化。2018年2月,党的十九届三中全会审议通过了《中共中央关于深化党和国家机构改革的决定》和《深化党和国家机构改革方案》①,3月17日,十三届全国人大一次会议批准国务院机构改革方案,组建或重新组建部级机构25个,调整优化领导管理体制和职责部门机构31个。新方案中明确"将国家质量监督检验检疫总局的出入境检验检疫管理职责和队伍划入海关总署"。

与世界大多数国家海关机构发展相比,中国特色社会主义新海关具有以下特点:第一,海关总署作为国务院独立的直属机构,具有更大的权威性和自主性。大多数国家的海关隶属于各国财政部门,譬如欧盟有16个成员国海关作为政府二级机构隶属于各国财政部,还有11个作为政府三级机构。第二,与大多数国家海关隶属于财政部、偏重履行财税职责不同,中国海关作为独立的政府部门,强调综合职能的发挥,形成了财税和安全并重的职能模式。第三,海关监管、检验检疫两大口岸通关作业环节历史性融为一体,通关流程和环节大幅精简优化,产生了1+1>2的效果,推进了我国营商环境和跨境贸易的改善,企业和群众获得感大幅提升,得到地方政府、广大进出口企业、人民群众的好评。

总之,"关检融合"方案是深化党和国家机构改革的重要组成部分,在党中央的坚强领导下,中国口岸管理体制实现了整体性变革和系统性重构,新时代海关职责进一步拓宽,队伍更加壮大,口岸管理更加集约高效,中国海关事业进入一个崭新发展阶段。

(二) 加强党的领导

新时代以来,党中央全面加强党的领导和党的建设,采取全方位、高标准的管党治党措施,开创了全面从严治党的新局面。2018年10月,党中央批准海关总署由党组改为党委,接着三级党组改设党委工作顺利完成,这是海关改革发展历程中一个重要的里程碑,从根本上解决了长期以来制约海关党的建设的体制机制问题,党的领导体制更加顺畅、党的领导机制更加健全完善。

海关作为中央国家机关,首先是政治机关,把政治建设作为海关的立关之本,作为海关党的建设的"根"和"魂"②,十年中持续加强建设,不断提高政治判

---

① 《中国共产党第十九届中央委员会第三次全体会议公报》,新华网,2018年3月1日。
② 倪岳峰:《以政治建设为统领,扎实推进"五关"建设》,载《机关党建研究》2019年第1期。

断力、政治领悟力、政治执行力。全国海关坚决维护以习近平同志为核心的党中央权威和集中统一领导,自觉将海关工作放到党和国家发展大局中去思考、谋划和推动。海关总署党委带头全面系统学习习近平新时代中国特色社会主义思想,用党的创新理论指导实践,加强自身建设,严格落实党委议事决策程序,严格落实党内各项法规制度,重大事项及时向党中央请示报告。第一时间组织研究党的十八大、十九大及历次全会精神贯彻落实措施,建立健全形势分析及工作督查例会制度、每月例会"第一议题"制度。围绕习近平总书记和党中央关心关注问题,逐项研究落实,持续跟进督办,及时报告进展,举一反三,标本兼治,海关在服务国家重大外事活动、打击走私、统筹口岸疫情防控和促进外贸稳增长、应对经贸摩擦、服务中央决策、推进"三智"建设、精准扶贫等方面,闻令而动,遵令而行,取得明显成效。

海关总署党委出台了加强各级机关党的建设意见,持续深入开展党建述职评议考核,实现总署机关和海关系统全覆盖。大力实施"强基提质工程","支部建在科上",实现基层一线全覆盖,合格支部达标考核工作基本完成,培树了一批基层党建品牌,基层党建全面夯实。深入开展了党的群众路线教育实践活动、"三严三实"、"两学一做"、"不忘初心、牢记使命"、"党史"学习专题教育活动,健全学习教育常态化制度化机制,不断巩固整改成效。

海关总署党委落实新时代党的组织路线,根据《党政领导干部选拔任用工作条例》,建立健全领导班子建设、干部选拔任用等多项制度。坚持"好干部"标准,突出业绩导向,选优配强各级领导班子,大力培养选拔优秀年轻干部。实施专业技术类公务员制度,明确职级公务员评授关衔政策。扎实做好关检融合机构改革"后半篇"文章,优化机构职责设置。选人用人监督检查更加精准,规范领导干部配偶、子女及其配偶经商办企业行为试点工作成效明显。持续加强执法一线科长队伍建设,启动规范海关系统职级序列津补贴工作,有序推进企事业单位人事制度改革。

从海关总署到基层海关,严格落实党中央八项规定精神,坚持把纪律挺在前面,制定三级党委全面从严治党主体责任清单,运用好监督执纪"四种形态",抓早抓小,防微杜渐。充分发挥执法监督、督察审计监督、纪检监察和巡视监督等作用,加强对党员领导干部的日常管理监督,持之以恒正风肃纪,推动全面从严治党向基层延伸。海关始终面临着走私与反走私、腐败与反腐败的严峻考验,坚持无禁区、全覆盖、零容忍,坚持重遏制、强高压、长震慑,保持反腐败高压态势,推动海关管党治党从宽松软走向严紧硬。标本兼治,不断加大"一案双查"力度,筑牢"制度＋科技"的防线。从根本上有效遏制执法领域腐败易发多发势头,努力取得了反腐败斗争的压倒性胜利。

(三) 推进准军事化队伍建设

海关处在对外开放的最前沿、对内改革的第一线,各种利益的矛盾交汇点。2003 年,国家批准海关人员实行关衔制度,海关队伍成为继军队、警察之后的中国第三支实行衔级管理的队伍,这也决定了海关队伍要区别于一般公务员,是一支要求更加严格、管理更加规范、纪律更加严明的公务员队伍。

新时代海关总署党委为努力建设一支让党和人民放心、经得起各种考验的准军事化纪律部队,持续推进内务规范和纪律养成,深化岗位练兵和技能比武,在 2018 年全国海关党的建设会议上,提出了"政治坚定、业务精通、令行禁止、担当奉献"新内涵新要求。海关总署党委带头、系统全员参与,例行组织军事化大集训,每年组织开展"海关内务规范强化月"活动,对关容风纪、工作纪律、会议纪律进行集中整治,真抓实干、马上就办在海关蔚然成风,铁的纪律、好的作风逐渐转化为广大干部的日常习惯和自觉遵循,内涵学军取得实效。坚持严管厚爱,举办高级关衔授衔、重大节日升旗和宪法宣誓仪式。大力培树先进典型,拍摄基层党建和边关风采专题片,评选全国海关先进集体和先进工作者,开展扎根艰苦地区边关荣誉表彰,提升了队伍职业荣誉感。

二、守好国门和促进发展

中国是在开放条件下发展起来的,未来中国要实现更好发展,也必须在更加开放的条件下进行。党的十八大后,习近平总书记鲜明地提出"改革不停顿、开放不止步"。党中央持续推进更高水平对外开放,正在加快形成全面开放的新格局。① 海关处在对外开放的第一线,国内国际双循环的交汇枢纽,既为国把关、严格监管,也积极作为,协同推进强大国内市场和贸易强国建设,更好地服务构建新发展格局。

(一) 增强开放监管能力,牢牢守住国门安全

随着对外开放进入新阶段,国门安全面临新考验。人民美好生活需要日益

---

① 中共中央党校(国家行政学院):《习近平新时代中国特色社会主义思想基本问题》,人民出版社、中共中央党校出版社,2020 年。

广泛，不仅在物质文化生活方面对进口商品提出了更高要求，而且在安全、环境等方面的要求日益增长，传统安全与非传统安全风险交织叠加，出入境检验检疫管理职能划入海关，口岸监管范围更广，监管链条更长，监管责任更大，海关维护国门安全的任务比历史上任何时候都要艰巨繁重。新时代中国特色社会主义海关始终将把好国门作为最基本最重要的职责，落实总体国家安全观，坚持底线思维，严格依法履职，有效应对了开放中遇到的各类安全挑战，坚决维护国门安全和国家利益，将危害国家安全、社会稳定和人民生命健康的威胁拒之于国门之外。

新时代中国特色社会主义海关认真贯彻落实中央全面依法治国战略部署，制定贯彻落实中央全面推进依法治国若干重大问题决定的意见，明确建设法治海关的总体目标和基本原则，将法治的理念和要求全面融入海关改革发展各项工作。持续完善海关法律制度体系，《海关法》修改有序推进，积极参与《关税法》《固体废物污染环境防治法》《出口管制法》等重大立法项目。完善口岸卫生体系，牵头起草《国境卫生检疫法》修订草案，深度参与《生物安全法》《传染病防治法》修订工作，会同最高法院等出台依法惩治妨害国境卫生检疫违法行为的意见。科学完备、管用适用的海关法律规范体系基本建立，法治对改革的引领和保障作用不断强化。海关对外公布了两级权责清单并探索建立岗位权责清单，推行行政执法人员持证上岗和资格管理制度，建立健全行政裁量权基准制度，执法行为更加统一规范。实行重大行政诉讼案件挂牌督办，提升复议应诉水平。公职律师团队建设、法治宣传成效明显。

在监管主要业务指标大幅增长情况下，海关实际监管不断强化，执法效能稳步提升。扩大对外开放，维护国门安全，对海关科技提出了更高要求。新时代中国特色社会主义海关坚持科技创新和制度创新"双轮驱动"，充分利用大数据、云计算、物联网、人工智能等新科技和新技术，以互联网的思维重构海关业务流程，推动精准监管与智能监管，建立"智能智慧、集约集成"的海关新型监管模式，全力打造智慧海关和创新海关。十年来，海关科技创新应用水平大幅提升，金关工程二期顺利通过国家验收。监控指挥中心实现常态化业务运行。构建起以大数据为核心的智慧海关信息系统总体框架，运行安全稳定。新技术创新应用成效明显，大数据池和机检设备智能审图实用化攻关取得重大突破，智能审图识别商品种类不断扩大、走在世界前列，有效识别、拦截商品数量分别达 1 780 种和 49 种，成为中国海关一张闪亮的新名片。检验检疫方面各类实验室 1 300 多个，在打击洋垃圾入境、国门生物安全防控等方面发挥了重要作用。政务信息系统整合工作取得突破性进展，"互联网＋海关"一体化网上办事平台上线运行。强化科研攻关和科技管理制度体系建设、科技人才队伍建设全面加强,实验室规划布局、设备配备、安全管理水平全面提升。

落实贸易管制措施,强化口岸监管环节反恐维稳,对重点商品管控更加有效。牵头修订边民互市贸易管理办法,不断强化行邮物品监管,旅检"无感通关"模式推广到 23 个航空口岸。整合优化各类监管作业场所,深入开展安全风险隐患排查治理。知识产权保护成效明显。加工贸易集中审核作业全面推进,保税维修监管进一步加强。建立"1+N"认证企业标准制度,深化"多查合一"、"互联网+稽核查"、分类核查和电子审核试点稳步推进。完成海关企业信用管理制度改革,企业信用分级分类管理更加科学合理。

推进海关数据分析展示平台建设,健全宏观经济分析研究和全球贸易监测分析中心工作机制,加强进出口监测预警。"十二五"时期和"十三五"时期的有关统计数据,足见海关"查得更多、查得更准"。2011—2015 年,共监管进出口货物 182.06 亿吨、总值 124.88 万亿元人民币;侦破走私违法犯罪案件 10.18 万起,案值 2 126.8 亿元。[①] 2016—2020 年,海关监管进出口货物量 221.9 亿吨,增长 21.9%;审核报关单 3.83 亿票,增长 14.7%;布控查验更加精准,人工分析查获率 12.25%,提高 9.3 个百分点;检疫和监测体检,共检出各类传染病病例 17.56 万例,增长 20.8%;截获检疫性有害生物 41.18 万次,增长 26.4%,境外预检淘汰不合格动物 31.93 万头,增长 14.8%;退运销毁进口不合格食品化妆品 1.73 万批,增长 28.3%;检出不合格进出口工业品 39.6 万批,增长 66.8%;办结稽查作业 4.86 万起,增长 11.3%,有效率 55.1%,提高 11.5 个百分点;立案侦办走私案件 13.29 万起,增长 37.5%。[②]

新时代中国对外开放持续扩大,中国关税总水平已降至 7.5%。海关深化综合治税,坚持依法征管。深化税收征管方式改革,财关库银横向联网系统全面推开,试点属地纳税人"双特"台账制度,推行以企业为单元的税收担保,优化关税保证保险、汇总征税、自报自缴,引导企业合规自律申报,税收征管质效稳步提升。发挥保税政策作用,认真执行降税、税款减让和各项进口税收优惠政策。规范非贸税收征管、审价、归类和稽核查补税。2012 年税收入库 17 579.1 亿元,2021 年税收入库增加到 20 126 亿元,首次突破两万亿大关,为中央财政增长和开放型经济发展作出重要贡献(详见下图 15-1)。

---

① 于广洲:《践行新理念 谋划新发展 为"十三五"良好开局作出新贡献——在 2016 年全国海关关长会议上的讲话》,载《海关研究》2016 年第 1 期。

② 倪岳峰:《在 2021 年全国海关工作会议上的讲话》,载《海关研究》2021 年第 1 期。

亿元人民币

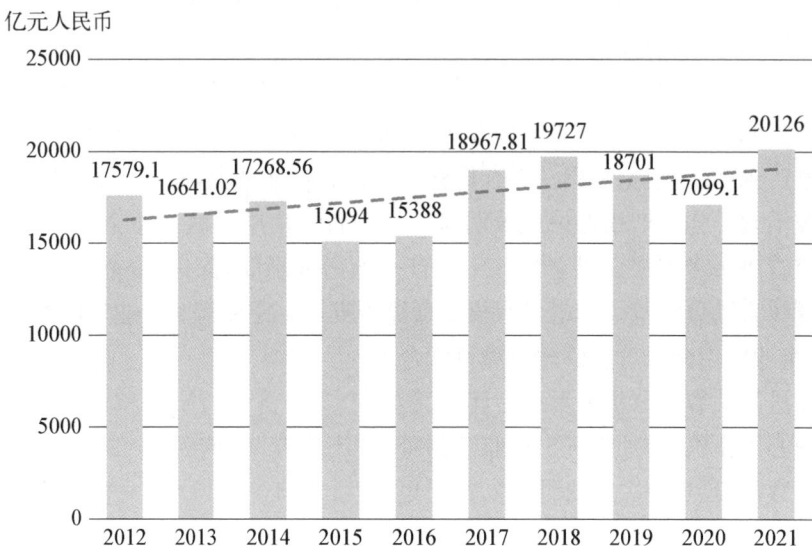

图 15-1　2012—2021 年海关税收净入国库统计图

资料来源：海关历年关长会议、工作会议报告

打击走私取得积极战果。党的十八大以来，海关认真贯彻落实习近平总书记重要批示要求，先后集中实施打击洋垃圾战役，破获象牙等走私大案，坚决将危害生态安全和人民健康的物品拒于国门之外。"国门之盾"等全国性专项行动取得丰硕战果。重点地段边境管控护栏基本建成，北仑河等非设关地走私势头得到遏制。党的十九大之后，全国缉私部门在缉私体制上虽有调整，但海关缉私工作干劲不减，充分发挥部际联席会议机制作用，大力推进反走私综合治理，地方政府主体责任和各有关部门职能作用有效发挥。着力加强"智慧缉私"建设，围绕党中央关注、社会关切、群众关心的洋垃圾、濒危物种及其制品、冻品、成品油、武器弹药、毒品等走私问题，始终保持高压严打态势，连年组织开展"国门利剑"专项行动，打团伙、挖幕后、破大案。经过持续高压严打，2021 年重点领域、重点地区如珠澳口岸"水客"走私、海南离岛免税"套代购"走私、粤港澳海上跨境走私，以及重点商品如象牙、洋垃圾等走私猖獗势头得到有效遏制。

严把国门生物安全关，加强动植物及其产品检疫，健全农产品检疫准入体系。充分发挥全球动植物疫情疫病风险监测、预警和快速反应机制作用，进出境动植物检疫能力明显提升，有效阻截非洲猪瘟、高致病性禽流感、沙漠蝗等重大动植物疫情疫病传入传出和外来物种入侵。严格做好供港澳活猪、水果等农产品和蒙古捐赠活羊检疫工作。

完善进出口食品安全监管模式,加强源头治理,强化口岸把关,压紧压实责任,推进境内外协同共治。全面加强进出口危险货物和重点敏感商品监管,完善进出口商品质量安全风险预警和快速反应监管体系,进口大宗商品"先放后检"和数重量鉴定模式改革取得新成效,安全监管能力有效提升。深入推进进出口食品安全体系建设,稳步实施进口食品安全放心工程"国门守护"行动,准入管理、风险监测、问题产品处置进一步加强,切实维护进出口食品、化妆品安全。

2020年1月,新冠疫情突如其来。这次疫情是中华人民共和国成立以来所遭遇的传播速度最快、感染范围最广、防控难度最大的一次重大突发公共卫生事件,也是百年来全球发生的最严重的传染病大流行。疫情之初,海关总署迅速启动口岸重大公共卫生突发事件应急响应;2020年3月,海关总署率先向国务院建议采取措施"外防输入",习近平总书记强调"把重点放在外防输入、内防反弹上来,保持我国疫情防控形势持续向好态势"。海关总署及时部署"外防输入",实施"三查三排一转运"等系列检疫措施,推动"中国海关旅客指尖服务小程序"电子健康申报,联合卫健、外交、民航等部门打造"远端防控、口岸检疫、入境隔离"全链条闭环防控体系,坚决打好"外防输入"阻击战。

进入疫情防控常态化后,海关科学精准做好常态化疫情防控工作。按照两个统筹要求,不断完善口岸防控体系,持续完善精准化防控措施;紧盯变异毒株,强化对疫情高风险国家和地区精准防控措施,在口岸推广流调电子化、旅通系统卫生处置应用,优化健康申明卡,统一口岸采样做法,坚决打好"常态化防控"持久战。坚持"多病共防",严防埃博拉、鼠疫、黄热病、拉沙热等重大烈性传染病传入。[①]

海关加强全系统人力资源调配,组建近3万人的疫情防控梯队,强化技能培训和实战演练,成立31个专家指导组赴有关海关进行现场指导,选派精兵强将支援重点口岸,每天战斗在一线的海关工作人员超过2万人,其中,穿着防护服与病毒作战的有3 500多人,大力弘扬和践行伟大抗疫精神,勇挑重担,逆行出征,以绝对忠诚和专业精神筑牢国门第一道防线。新时代中国特色社会主义海关在维护国家政治、经济、社会、文化、生态安全等方面全面履行职责,织密织牢国门安全屏障。

(二) 积极促进高水平对外开放,助力构建新发展格局成效显著

中国特色社会主义进入新时代,我国社会主要矛盾转化为人民日益增长的

---

① 倪岳峰:《筑牢口岸检疫防线 大力促进外贸稳增长》,载《求是》2020年第10期。

美好生活需要和不平衡不充分的发展之间的矛盾。发展是解决我国一切问题的基础和关键,必须坚持以人民为中心的发展思想,不断促进人的全面发展、全体人民共同富裕。新时代中国特色社会主义海关根据党中央全面深化改革总体部署,旗帜鲜明地突出人民的中心地位和为民的价值取向,坚持以新发展理念推动高质量发展,积极主动作为,不断深化改革,协同推进强大国内市场和贸易强国建设,更好助力构建新发展格局。

近年来世界经济复苏势头仍然不稳定,贸易和投资持续低迷,经济全球化遭遇逆流,国际经贸规则主导权之争更趋激烈,产业链供应链本土化、短距化、区域化布局的趋势明显。国内经济发展基础尚不牢固,一些领域"卡脖子"问题仍然突出,要素资源配置、对外开放布局仍需优化,外贸发展质量不高、大而不强的问题仍未很好解决,外贸发展存在不确定性,稳中提质任务仍然艰巨。中国坚定实施对外开放基本国策,海关重点围绕服务外交外贸大局,积极开展国际合作,深入研究、深度参与制定国际规则、标准,稳妥推动市场双向开放,提升出口质量,支持扩大进口。围绕高质量共建"一带一路"和区域协调发展战略,深入推进开放平台建设,扩大对内外开放,更好利用国际国内两个市场、两种资源,支持产业链供应链创新链优化升级。围绕促进贸易和投资自由化便利化,全面深化改革,加强制度创新和治理能力建设,保持政策的稳定性可持续性,打造市场化、法治化、国际化口岸营商环境,培育外贸发展新优势。

通关管理是海关管理的核心。新时代中国特色社会主义海关贯彻落实党中央全面深化改革决策部署,深化"放管服"改革,大幅精简行政审批事项,接续推进"三互"大通关、区域通关一体化、全国通关一体化改革,①制定实施"海关改革2020"总体方案,初步建立起基于"中心—现场"式运行架构的风险管理制度体系,"提前申报"、"先放后检"、"预裁定"、加贸集中审核等改革取得明显进展。加快"互联网+海关"建设,整合海关各类政务服务资源与数据,建成一体化网上办事平台和"掌上海关",海关政务服务"应上尽上,全程在线",基本实现海关通关无纸化。

各项改革举措进一步关联耦合,重点领域和关键环节改革取得重大突破,海关监管体制发生革命性变革,促进了我国外贸实现稳定增长。中国货物贸易进出口量连创新高,2012年我国外贸进出口总值为24.42万亿元人民币,2018年突破了30万亿元人民币大关,到2021年又接近了40万亿元人民币的关口(详

① 高融昆:《通关之路》,中国经济出版社,2021年,第143页。

见图 15-2)。国际市场份额也从 2012 年的 10.4％提升到 2021 年的 13.5％。从 2017 年以来,中国已经连续五年保持世界货物贸易第一大国的地位。

亿美元

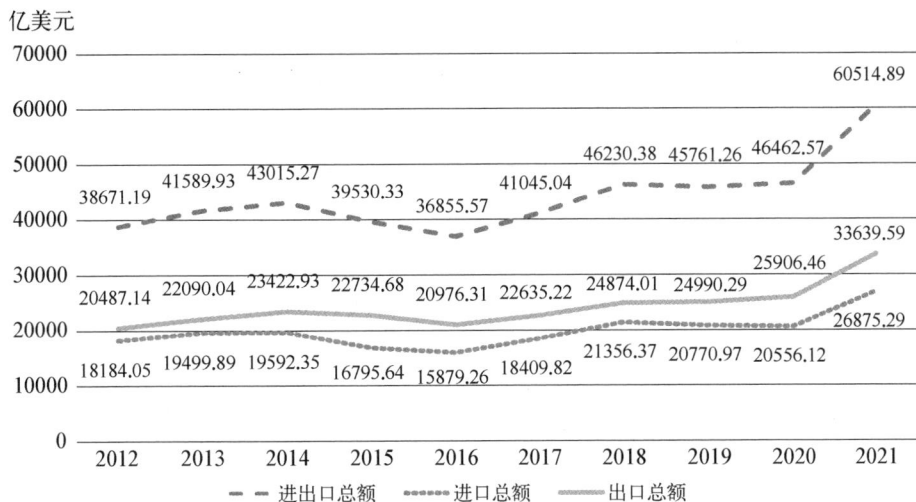

图 15-2 2012—2021 年我国外贸进出口年度统计图

资料来源:中国海关对外发布统计数据

口岸营商环境持续优化。完善海关行政审批网上办理平台,全面推行"双随机、一公开"监管,推广"不见面审批、无陪同查验",企业办理通关手续更加方便快捷。推动降低进出口环节合规成本,全国口岸均已公开收费目录清单,实现收费明码标价。进出口环节监管证件由 86 个减少到 41 个,进口、出口整体通关时间大幅压缩,2021 年 12 月,进口、出口货物整体通关时间分别压缩至 32.97 小时、1.23 小时,比 2017 年分别压缩 66.14％、89.98％。国际贸易"单一窗口"基本服务功能拓展至 598 个,主要申报业务应用率 100％。制度性通关成本大幅下降,根据世界银行营商环境报告,中国跨境贸易便利化全球排名由 2016 年的第 96 位大幅提升到 2021 年的第 56 位,在以海运方式为主的经济体中排名第 7 位。

大力支持对外开放平台建设。加快海关特殊监管区域整合升级,推动综合保税区高水平开放和高质量发展,建设加工制造、研发设计、物流分拨、检测维修、销售服务"五大中心"。2013 年 9 月 27 日,国务院批复成立中国(上海)自由贸易试验区。到 2020 年 9 月,中国设立自由贸易试验区 21 个。海关积极开展自贸试验区监管制度创新。14 项自贸试验区改革创新措施入选国务院第 4 批改革试点经验,在全国复制推广。积极支持自贸试验区差异化发展,2021 年备案创新举措 25 项。积极支持海南自由贸易港建设,制定海南自由贸易港海关监管框架方案、口岸布局方案、海关智慧监管平台可研报告,"一线放开、二线管住"政策制度扩大到海南 3 个海关特殊监管区域,"零关税""加工增值"政策落地见效。另外,海关积极促进外贸新业态有序发展,"网购保税进口""跨境电商 B2B 直接出口""跨境电商出口海外仓"等监管模式,满足了跨境电商企业的发展需求,使"买全球""卖全球"成为现实。

开放合作稳步推进。推广"智慧海关、智能边境、智享联通"的合作理念,与 171 个国家地区海关建立起友好合作关系,深度参与世界贸易组织(WTO)、世界海关组织(WCO)有关规则制定和区域全面经济伙伴关系协定(RCEP)等自贸协定的磋商,牵头开展海关程序、原产地规则、技术性贸易壁垒协定(TBT)、实施卫生和植物卫生措施协定(SPS)等谈判。积极参与全球海关协同治理,主办了首届世界海关跨境电商大会,牵头制定并推动通过《世界海关组织跨境电子商务标准框架》,中国海关国际影响力进一步提升。以"一带一路"共建国家为重点深化国际合作,建成"一带一路"海关信息交换共享平台。推广"经认证的经营者"(AEO)互认合作,完成与 13 个国家的 AEO 互认磋商、签署工作,中国有近 4 000 多家海关高级认证企业在境外享受和国内同样的通关便利,降低了贸易成本,为中国外贸营造了良好的外部环境。

三、开启中国特色社会主义现代化海关建设新征程

进入新时代以来,在党中央坚强领导下,海关事业实现了跨越式发展,各项工作取得进步。同时,海关发展还存在一些问题和短板,海关管理体制机制尚不能完全适应全面履职尽责要求,改革的系统性整体性协同性有待加强。根据统筹推进经济建设、政治建设、文化建设、社会建设、生态文明建设的总体布局和协调推进全面建设社会主义现代化国家、全面深化改革、全面依法治国、全面从严治党的战略布局要求,未来以社会主义现代化海关建设为战略牵引,为全面建设社会主义现代化国家贡献海关力量。[①]

党的十九大报告中提出,中国从 2020 到 2035 年,在全面建成小康社会的基础上,再奋斗十五年,基本上实现社会主义现代化目标。[②] 第一阶段从 2020 到

---

① 俞建华:《为推进中国式现代化贡献海关力量》(2023 年 2 月 22 日)。
② 习近平:《决胜全面建成小康社会 夺取新时代中国特色社会主义伟大胜利——在中国共产党第十九次全国代表大会上的报告》,人民出版社,2017 年。

2035 年,发展目标是要实现中国经济实力、科技实力大幅跃升,跻身创新型国家前列。人民平等参与、平等发展权利得到充分保障,法治国家、法治政府、法治社会基本建成,各方面制度更加完善,国家治理体系和治理能力现代化基本实现。社会文明程度达到新的高度,国家文化软实力显著增强,中华文化影响更加广泛深入。人民生活更为宽裕,中等收入群体比例明显提高,城乡区域发展差距和居民生活水平差距显著缩小,基本公共服务均等化基本实现。现代社会治理格局基本形成,社会充满活力又和谐有序。生态环境根本好转,美丽中国目标基本实现。第二阶段从 2035 年到本世纪中叶,将实现中国物质文明、政治文明、精神文明、社会文明、生态文明全面提升,实现国家治理体系和治理能力现代化,成为综合国力和国际影响力领先的国家。全体人民共同富裕基本实现,中国人民将享有更加幸福安康的生活,中华民族将以更加昂扬的姿态屹立于世界民族之林。

锚定 2035 年国家发展远景目标,海关总署在"十四五"海关发展规划方案中提出,海关将持续深化"五关"建设,不断丰富"五关"建设新内涵,全面发挥海关在安全、贸易、税收等方面的职能作用,积极探索具有中国特色社会主义制度优势的新时代海关改革与发展之路,遵循党的全面领导、以人民为中心、坚持新发展理念和系统观念,全面推进社会主义现代化海关建设。到 2035 年,社会主义现代化海关基本建成。① 届时,党的政治建设统领作用全面发挥,全国海关一盘棋的垂直管理优势充分彰显,服务大局能力显著增强;海关改革的系统性整体性协同性全面提升,建成与全面建设社会主义现代化国家相适应的海关监管体制机制,改革创新能力显著增强;法治海关建设全面推进,制度创新和治理能力建设现代化水平显著提高,开放监管能力显著增强;科技支撑现代化水平全面提升,建成更高水平的智慧海关,研发应用能力显著增强;准军事化纪律部队建设全面加强,把关服务水平进入世界海关前列,干部队伍建设能力显著增强。

历史发展从来不是一帆风顺的,而是充满曲折和波折的。社会是在矛盾运动中前进的,有矛盾就会有斗争,为有效应对重大挑战、抵御重大风险、克服重大阻力、解决重大矛盾,必须进行具有许多新的历史特点的伟大斗争。面对中华民族伟大复兴的光明前景,全国海关将紧密团结在以习近平同志为核心的党中央周围,增强责任担当,为推进中国式现代化贡献海关力量,用实际行动和工作成效向党和人民交出一份满意答卷。

---

① 海关总署:"十四五"海关发展规划,参见 http://www.gov.cn/xinwen/2021-07/29/content_5628110.htm。

第十六讲　从历史看中国海关的未来

　　对任何事物的规律性的认识,尤其是对人类社会行为的规律性的认识,必须经过从实践上升到理论的过程,通过深入的理论思考来实现。对海关发展规律问题的探讨也一样,也必须通过对海关进行深入的理论研究来实现。但是,长期以来,在海关系统,乃至在社会上似乎流行这样一种观点,认为海关作为国家的一个行政机构,没有理论,也不需要理论。从这种观点出发,当然难以发现海关发展的规律性,甚至会使人认为海关不存在规律,或者说它的规律只是执行国家的相关法律法规等,海关行为缺乏主体性、独立性,由此也就没有探讨其自身发生发展演变规律的必要性和可能性。

　　海关是否真的没有理论? 也不需要理论? 回答应该是否定的。海关作为体现国家权力的一种行为,必然是有主体性和独立性的,这种行为也一定是人的一种社会行为。既然具有主体性和独立性,既然是人的一种社会行为,那么,无论这种行为在社会上是否比较稀少,无论它所涉及的社会领域是否狭窄,都绝不仅仅是一种纯粹实践性的行为。在笔者看来,恰恰是所谓海关没有理论的观点,不仅仅导致了海关理论研究的匮乏,而且也导致在海关发展中,特别是在其顶层设计中,缺乏足够的理论指导和科学预判,使海关发展似乎在国家和社会发展中处于被动的应对状态,一些政策的设计缺乏整体性、系统性和前瞻性,有时甚至呈现出碎片化、反复性。当然,也有许多研究者并不同意海关没有理论的观点,也多角度多层次地对海关理论进行过探讨,但大多数理论研究只是对某些具体实践的理论概括和总结,还谈不上对海关发展的深入的理论研究,更谈不上对海关发展规律性的研究,难以构成完整的理论体系,因此,对海关发展的规律问题也就始终缺乏科学的认识。要真正认识和把握海关发展规律,从而真正认识和把握海关发展的未来,必须贯通古代、近代、现代来研究海关的发展历史。

一、从时空视角看中国海关的变化

　　在 20 世纪 80 年代蔡渭洲的《中国海关简史》一书中,作者对中国海关起源和发展过程予以了历史时期和阶段的划分,他主要依据中国从古至今的国家社会形态和性质,把作为国家政治上层建筑之一的海关,也相应地分为了奴隶社会、封建社会、半殖民地半封建社会、社会主义社会等时期的海关。笔者固然不否认国家社会性质决定了国家政治上层建筑的属性,但海关因是管理对外交往而产生,天然地具有"涉外"特性,决定了海关这一机构也受外部国家和世界变化的影响。本书采用专题的形式,着重从近年来盛行的全球史视角出发,从外部尤其对外交往时间加上空间变化的视角来分析从古至今的中国海关演变规律。

这种专题书写,旨在尝试突破以往单一地凭借国家和社会阶段的属性来进行海关专史的阶段划分。日本学者宫崎正胜认为,伴随着人类社会从车马、航海、资本、电子信息等交往技术和手段的进步,世界史的空间范围也由此逐步扩大和交织。① 从西周时期关的产生开始,为了对外交往和秩序管理的需要,本书详细叙述了汉唐时期陆路丝绸之路上的边关、互市监或交市监、宋元明时期海上丝绸之路上的互市和市舶司、明清大航海西方殖民者东来后的督饷馆或榷关体系下的海关、近代通商口岸外籍税务司控制下的海关、新中国对外开放口岸和边界孔道上的人民海关等多种历史形态。诚然,各时期的"海关"机构名称既不相同,它们之间也不是简单地沿袭继承和历史存续,各自机构职官设置、布局职能、地位作用等有着很大变化。

中国古代关初建于古代中国关系国家安危、境内外商旅过往必经的水陆边境交通要道,在以车马为主要交通工具的时代,主要履行与国门防守相关的军事政治防卫、外交等管理职责,涉外经贸管理的职能处于从属或次要地位,其机构、职能及管理体系呈多样与多变状态,并与其他国家机构相交错杂。这些初始阶段的原始性,由于多民族统一国家的历史演变,国家版图或疆域、民族关系变化导致外贸的错综复杂状况,在后世各朝代的相当一段时期内曾长期遗存。

唐朝中期以后随着航海技术和沿海贸易发展有了明显变化,古代关总的趋势是机构职能由多元向单一行政重心转移,军事色彩逐渐减弱,行政执法性质渐趋明显,越发偏重经贸与行政管理职能,逐步具备鲜明的国家行政机构性质。但是管理体制辖属不一,机构设置及管理始终未能脱出与内地关、边境军事关混杂的状况,随存于古代海关管理演变进程,一直延续至近代。到了近代,外籍税务司控制下的海关,不但执行不平等条约规定的相关商务条款,并在西方列强资本

① [日]宫崎正胜著,蔡蕙光、吴心伊译:《从空间解读的世界史:马、航海、资本、电子资讯的空间革命》,远足文化事业股份有限公司,2019年。

势力影响下,发展成内外债担保、确保"国家信用"的特殊机构,甚至成为国中之国,海关反而吞噬了中国利益。新中国的人民海关,在社会主义建设探索时期,发挥保卫国家社会经济、巩固新生政权的作用;在改革开放时期,促进开放型经济发展,建设现代海关制度,尤其现在进入数字信息时代,正在进行智慧海关和智关强国行动,以期更多地发挥促进国家和区域经济发展、守护国家和社会安全等诸多作用。

如把西周时期的关与唐宋元明时期的市舶使司、清朝前中期的海关、近代海关、新中国人民海关,以及当今建设的智慧海关的差异,上升到理论规律性认识的话,不但可以从历史时代背景和功能定位要求的差异来认识,也可以从地理学根本上关注三方面的问题即地球上各种现象的区位和空间秩序,人地关系以及区域差异来入手,具体而言就是关境、关区和关址的古今变化及其规律问题。

所谓"关境",就是一个国家海关行政行为实施的边境。一般意义而言,关境和国境基本上应该一致,但从实际情况来看,关境与国境的关系较为复杂。在近代民族国家产生之前,传统国家没有现代国家的主权和疆界观念,但具有地理版图和所控地域范围的意识。海关代表着王权或仁德,限隔华夷之外,还逐渐成为朝廷财政的来源之一。近代民族国家产生之后,领土和边界观念强烈,海关成为保护或促进领土经济发展或政治安全的重要工具。海关代表着国门,本身拥有了国家主权的象征意义。经济全球化和区域化盛行以来,关税同盟成为地区间政治实体选择的方向之一,国界观念淡化,对海关的发展带来新的冲击和挑战。由上可以看出,"关境"的发展和演变历史过程显示,它已远远超出海关这一组织机构狭隘的研究,它牵涉到国际政治、国际关系、国家经济和社会发展等更为广泛问题。"关境"的演化规律及发展前景,实际与疆域、领土、国界、自贸区等政治、经济地理区域的变化相调适。

所谓"关区",指的是某一海关机构所管辖的空间或区域范围。在古代中国即近代民族国家之前的疆域内,关有版图内关,边疆之关及边界之关等多种类型,每种类型的关管辖对象、管辖区域有着显著差异。版图内关,指的是中央王朝在其核心政治、经济区内所设之关。如汉至唐代在京城关中地区四周均设有军事和经济之关;明清以来,大运河成为沟通南北经济的动脉,故在运河沿线城市设置钞关。边疆之关,指的是中央王朝在汉族与少数民族接触地区所设之关,因为汉族和少数民族的经济交流方式、内容较为特殊,故又称为榷关;边界之关,是古代中央王朝和周边国家进行交往时所设之关,因为实行朝贡贸易体制,边界之关在设定和管辖范围上也有很多讲究和较大区别,如清代早期四海关的分工,广州专门接待外夷,宁波和福建只接待日本一国。近代民族国家形成之后,主权和领土意识明确,国家之间的边界划定清晰,海关统一演化成国境税关,不过国境税关又有国境陆关和国境海关之分。二者的管辖空间有较大差别,同时,不同地区的国境海关面临区域社会经济的差异,管辖空间和管辖任务也有很大区别。以当代中国海关关区为例,中国地域广大,因此区域社会经济发展差别显著,譬如珠三角地区的海关业务侧重加工贸易监管,长三角地区的海关业务面临出口监管,此外,关区横向联络的加强,有利于本区域海关商品的协调和归类,有利于某类地区性突出问题的监管。纵向垂直统一的行政管理体制和横向关区的业务协作的有机结合,此问题看似简单却又实为复杂。关区的设置、划分与调整,也需要科学研究、认真论证与合理规划。

所谓"关址",即国家所设定的海关的空间区位。一般来说,海关的设置与国家或区域的地理交通环境及其变动密切相关。为了保护本国(区域)在对外政治交往和经济贸易中的利益,为了便于管理进出境事务,都在地理交通条件便利的地方及本国对外开放的口岸如沿海、沿边的港口,城市或交通要道设置海关机构。国界或疆域的变动、港口开发、河流改道、各类运输方式或线路的变化等,都会影响海关的设立、裁撤及发展。除地理交通环境之外,随着社会经济的发展和各国家全方位对外开放格局的形成,海关的区位选择受到政府政治决策、企业集聚程度、交通技术变革等多种综合条件的限制。海关面向企业、服务企业的导向愈加明显。

概言之,除时间维度以外,地理学中的空间和区域概念,也是定义海关和理解海关重要性的关键问题。从历史加上空间的双重视角来看,海关的发展和演变,在很大程度上受到国家或区域这一政治、经济实体地理空间变动的限制,从古至今,中国国家形态和地理空间都是变化着的,海关的名称及内涵相应地也是在不断调整变化之中,并且各时期对于国家的地位作用有着显著的影响差异。海关的职能、行为方式及其在国家政权中的地位和作用,是随着国家安全、对外交往和财政税收等的发展而发展的,尤其是在不同的国家形态下,这种发展呈现非常突出的不同状态。

二、海关对国家利益的永恒维护

本书既从专题的角度,也从通史的角度,把中国海关史延伸到古代,并把古代、近代和现代贯通起来进行研究,目的就是希望与中国国家、社会的演进历史紧密结合起来,在长时段的历史研究中,并在关址、关区和关境多重空间视角中,来探讨海关与国家形态、社会形态发展的深层关系,从而揭示海关发展的本质规律。

通过前面的论述,不难发现作为国家对国家间交往活动的一种监督管理行为,在不同的国家形态下,海关的行为方式有所差异,职能也有所差异,但在本质上差异并不如所想象的那么大,比如成书于先秦时期的《周礼》,记载司关"掌国货之节,以联门市。司货贿之出入者,掌其治禁与其征廛。凡货不出于关者,举其货,罚其人。凡所达货贿者,则以节传出之",即关的监管、征税、查缉走私等职能作用等等,实际上和现今海关仍具有很大的相似性;而且也会发现,尽管海关在不同时期国家政权中的地位和作用有所差异,比如有时可能军事功能比较突出,有时政治功能比较突出,有时经济功能比较突出,但其根本上都是维护着国家安全或经济税收等利益。

通过贯通古代、近代、现代的海关进行长时段研究,可以发现,海关的职能、行为方式及其在国家政权中的地位和作用,是随着国家的发展而发展的,尤其是在不同的国家形态下,这种发展将呈现非常突出的不同状态。如在近代半殖民地半封建社会的中国,洋员掌控的海关本质上是维护系列不平等条约规定下的贸易秩序,海关甚至一度成为"国中之国",尽管如此,海关作为国家在监督管理国家间交往活动中维护国家利益的本质并没有发生根本的变化,其变化的根据只是取决于对外国或中国国家利益取向的变化。当然,在研究中有时也发现,在同样的国家形态下(比如中华人民共和国成立后),改革开放前后的海关职能、行为方式及其在国家政权中的地位和作用有时也有所不同,但这并不妨碍对海关随着国家形态和国家利益取向的发展而变化的基本判断,因为,在同样的国家形态下所发生的海关的发展变化,其根本的原因还在于国家对自身根本利益取向的基本判断,这反而更加启示,海关发展变化最核心的决定因素是国家利益取向,而在国家形态发生变化时,国家利益取向的变化将表现得更明显、更突出。

从以上的海关历史发展规律性判断出发,若对未来中国海关的发展做出预判,就不能仅仅局限于海关作为当下一个国家行政执法部门的实际状况来研究,关键首要在于对中国未来国家利益取向的准确把握。如果能对国家利益的取向及其在国家交往活动中的表现形式、实现方式有着深刻的把握,从而对国家交往活动本身的发展变化也有着深刻的把握,那么,对未来海关职能、行为方式和在国家政权中的地位和作用等,做出科学的预判将是可能的。

当下恰恰是在国家形态、社会形态以及国际交往方面,人类正面临一个新的大变局。一方面表现在国家形态、国家利益方面,21世纪以来,国际金融危机爆发导致全球性经济危机,不仅引发了各国经济发展模式、发展内涵以及发展道路的大调整,而且更是导致了国际关系格局的大调整,国家与国家之间、国家与地区之间、地区与地区之间的关系正在发生着深刻的变化,各种不同类型的地区和国际共同体正在发展。这些调整不仅将使不同国家的国家利益取向发生深刻变化,甚至可能对国家的存在状态、国家形态产生深远的影响。比如,欧元区各国的国家利益、国家关系乃至国家的含义都在发生变化,各国海关发展所呈现的新动向正反映了这种变化。中国海关如果对这些变化缺乏足够的认识和把握,未来发展将无所适从。

另一方面,随着时代的发展和科技的进步,人们社会生活的内涵、模式也发生着巨大而深刻的变化,导致国际交往活动在内容、方式、途径等方面也都发生着巨大而深刻的变化。比如现在人的生活的信息化、网络化、虚拟化以及社会价值观的多元化、社会组织的多样化等等,作为对国家间交往活动承担监督管理职责的海关,如果不能及时认清和把握这些变化,对哪些活动需要监管、哪些不需要监管、监管的目的是什么、方式方法是什么等问题难以做到未雨绸缪,那么不仅难以跟上时代发展的步伐,将始终处于被动应付的状态,而且恐怕自身的存在与发展的基础将面临诸多挑战。

正因为如此,恰如有关研究指出,多数发达国家海关都在重新考虑海关自身的改革与发展问题,以建立一个与变化着的时代相适应的、全新的海关体制,并使之更具能力、更有效率,努力成为推动经济发展的重要力量,这已成为当今海关共同需要面对的任务和挑战。① 在笔者看来,未来的海关可能不仅仅是推动经济发展的重要力量,而且随着国家形态、国家间关系与交往活动的深刻变化。国家利益取向也将或正在发生深刻变化,这种变化不仅仅表现在经济发展上,而且表现在政治、文化、生态等许多方面,因此,未来海关发展,很可能呈现出全新的样态,甚至不仅仅表现为对海关职能的重大调整,比如传统职能、非传统职能等等,而且可能引起对海关行为方式的重大调整,比如是否仅仅是在国家关境实施监督管理? 是否仅仅对物的流动进行监督管理? 是否着重对国家间交往活动中涉及国家经济利益的活动进行监督管理? 等等,这些都需要深入探讨。否则,海关发展战略的确定将失去根本的依据,难以适应变化着的时代的需要,海关在

---

① 余大乐:《改革开放以来我国海关管理目标与实现机制研究》,载《海关与经贸研究》2014年第4期。

未来国家、社会发展中的存在也将难以准确把握。

在探讨未来海关发展时,由于当前经济全球化和世界市场的深度发展,各种社会发展要素特别是经济发展要素的跨国、跨地区的流动不断扩大,各个国家的种种利益更加紧密地联系在一起,从而对海关的监管提出了许多新的要求,希望更多地为国际交往活动营造更加安全、便利、公正的双边和多边环境,国际海关的协调和合作因此也越来越多,在这样的背景下,似乎有一种认识认为海关维护国家利益的根本属性正在逐步减弱,而在维护国际交往活动的公平、公正方面的作用正在不断扩大,也就是说,海关行为的价值取向将发生深刻的变化。适应这种变化,未来海关发展可能将更加注重职能、作用、行为方式方法等的国际一致性。根据这样的认识,海关似乎将在人类社会发展史上率先突破国家的"狭隘",成为维护人类社会共同的公平、正义的机构,海关不仅"必须把监督管理的侧重点放在自然属性上",而且这"也是世界上许多国家虽然政治制度差别较大,但海关制度却可以协调、逐渐趋于一致的原因"。[①] 2010 年上海世博会期间召开的国际海关大会,在就未来海关发展的相关问题进行探讨时,主要强调的是海关在平衡保护社会和促进合法贸易方面、在货物流动管理方面所起的根本作用,并强调未来海关需要全球化的方法。其中,似乎也蕴含着未来国际海关趋于一致的看法,而缺少不同国家的国家利益的身影。

未来海关发展是否会果真如此? 笔者认为,其中至少会遇到两个方面的问题:一个是,所谓国家间交往活动的便利、安全、公平、公正环境,在其真实含义上,是否具有纯粹的一致性? 恐怕并不尽然,因为不同的国家由于种种不同的因素,对便利、安全、公平、公正的认识不会是完全一致的。尽管现在由于许多大型跨国家国际化组织(跨国公司等)的活动似乎已经跨越了国家的利益界限,形成了不同于国家利益的组织利益,但是,其在不同国家的活动绝不能超越所在国家的法律,因而不可能完全超越该国的国家利益。至少就目前来讲,这些组织至多只能是各国维护国家间交往活动公平、公正环境的一致性的推动者,以便在各个国家允许的范围内谋求组织利益的最大化,但难以成为各国国家利益的取消者。另一个问题是,尽管国家形态将发生深刻的变化,但国家作为一个社会组织是否将失去其原有的意义? 恐怕也不会,因为国家作为一个特定的社会组织而存在的各种前提并没有消失,也难以在可预见的未来消失。因此,各国对国家间交往活动的公平、公正环境的呼唤和维护,并不代表国家利益的取消,而只是表明国

---

① 樊兆华:《海关发展论》,中国海关出版社,2007 年。

家利益取向发生了新的变化,不再表现为原来的内容和形式,而是出现了新的内容和形式。对于未来人类社会来说,只要国家存在,国家利益必然存在。

面对以上两个问题,未来海关发展对于国家的价值会发生根本的变化吗?恐怕很难。但必须指出的是,尽管海关在对国家间交往活动进行监督管理中维护国家利益的本质属性不会发生根本变化,但是,如果海关工作者不主动把握自身发展规律,科学分析国家和社会发展趋势、国家间交往活动发展趋势以及国家利益取向的发展趋势,海关就一定会失去发展的主动权,就找不准在国家政治、经济、文化生活中地位和作用,海关工作也将始终处于被动应付状态,不断遇到新的困难和挑战。尤其在国际社会发生深刻变化、国家全力谋求经济社会发展方式转型的重要时刻,深刻认识和把握海关发展的本质规律并始终遵循规律来谋划海关发展战略,显得更加重要。

三、加强海关学术史研究和"海关学"学科建设

笔者基于时空的视角,在对中国海关史的研究中所形成的以上看法,是否就是海关发展规律本身,是否是对这一规律的科学揭示,研究者们也许会有不同的看法。而且由于目前的研究还只是初步的尝试,所形成的看法仍需要更多的专题实证研究予以支撑。但是,笔者认为要真正发现海关发展的规律,必须对古代、近代、现代的海关作整体性和贯通性的研究,如果海关史研究仅仅因为特殊性而停留在近代,这是难以达到对海关发展规律的科学认识的。

这里,再继续探讨一下到底应该如何认识海关发展规律、如何才能达到对海关发展规律的科学认识的问题。中国海关史研究的根本目的,在于对海关行为的各种历史形态作出科学的分析,从而揭示海关发展的本质规律,以便能为对海关未来发展趋势作出准确的研判提供可能。[①] 若要对海关发展规律进行全面深入的研究,以便使海关行为成为一种更加自觉的行为,那么,"海关学"的建立则是必要的。早在四十年前中国海关学会成立时,便有学者提出"海关学"的学科问题,可惜迄今海关学学科建设还未遇到很好的外部环境契机,从事海关研究的内部学者对"海关学"的内涵和路径也仍存在着很大分歧。通过海关史的研究,可见海关发展与国家的发展、国家间交往活动的发展以及社会的发展紧密联系在一起,因此,如果要建构"海关学"的学科体系,必须注意以下几个问题:

---

① 王晓刚:《论海关行为的本质与海关学学科的创建》,载《上海海关学院学报》2010 年第 1 期。

一是不能仅仅局限于海关行为自身,单纯从海关职能、海关技术以及海关的自我管理入手,而必须首先从海关与国家间交往活动的关系入手,探讨海关存在的前提、目的和本质。也就是说,"海关学"学科的建立,应该以涉及国家间交往研究的学科为学科基础,在此基础上进行整合,而不是对涉及海关具体行为的一些学科进行综合。

二是不能固化海关的现有职能,仅仅以现有职能为学科研究的对象,而应该从维护国家利益的根本需要出发探讨海关职能演变的趋势和内容,从而确定相应的学科内容。

三是不能简单地借用相应的学科来研究海关问题,必须把海关作为一个独立的人的社会行为来研究,所涉及的各个学科是用来整合为"海关学"的基本要素,而不是从不同的学科出发来研究海关行为。

基于这样的认识,"海关学"的建立必须以涉及国家安全、国际关系、社会交往行为等研究内容的政治学、法学、社会学乃至哲学等学科为基础,在此基础上进行交叉融合,逐步建构"海关学"的学科体系。只有这样,"海关学"才能研究并回答一些本质的、规律性的问题。所谓从哲学角度研究海关,不仅仅是研究海关的行为哲学、职业伦理等等,而且更重要的是探讨海关价值论;不仅仅是探讨当下海关发展的价值论,而且更重要的是从海关的本质属性来看,联系国家、社会的发展,研究海关存在的价值,海关在国家、社会发展中的地位和作用,海关活动和行为价值取向的变化及其依据。至于从政治学、法学、社会学的角度研究海关,更不是仅仅对海关行为中所涉及的某个问题进行相应的研究,而是要贯穿政治学、法学、社会学的立场观点方法。在笔者看来,这样的研究才是真正的深入的"海关学"研究,也才能真正建构起"海关学"的学科体系。

伴随着中国海关事业不断向前发展,中国"海关学"的研究也随之兴起。时至今日,由于海关的功能和结构正在发生着日新月异的变化,因此"海关学"研究的内涵和外延不断深化和扩展,"海关学"研究的进程和成果不断加速和增多。但遗憾的是,迄今为止尚缺乏一部总结中国海关学术成果、寻求中国海关发展规律的海关学术史专著。因此,笔者认为需要适时开展中国海关学术史的研究,这不仅是为了记录中国"海关学"研究者们从初辟草莱到蔚成气象的开创、精进之功,也是中国"海关学"学科构建的历史发展进程中必然会面对的课题和学术界亟待解决的问题,开展海关学术史的总结性研究亦可视为中国"海关学"学科建设趋于成熟的一个标志,它的研究应该说颇具现实意义。

海关学术史的主要任务是总结、考察有关海关的学术、学科、学派发生、发展的历史,中国海关学术史则是以海关学术在中国发生和演变的全部历史过程及其规律为研究对象的专门学科。它属于"海关学"的分支学科,是"海关学"基础理论研究的重要组成部分。中国海关学术史的研究内容,从总体上说,包括了中国海关学术产生的历史条件,以及发生、发展的过程和基本内容,同时还包括中国海关学术知识的活动与思想、形式与载体、传播与影响等等。作为初创阶段的一门分支学科,当前其研究内容应主要为两个方面:

第一,从"外史"的角度,刻画中国海关学术活动的经历。以中国海关史为参照标尺,根据中国海关学术产生与发展的过程,尤其是与政治变迁的密切关系,笔者拟将中国海关学术史以1840年鸦片战争为界,粗分为中国古代海关学术史和中国近现代海关学术史两个阶段。

由于三面高山、戈壁、大漠,一面大海的特殊地理环境,自周开始华夏文明可谓灿烂和早熟,中国古代在国家观念之上,还存在着一种天下意识,直到近代西方殖民入侵,古代中国与周边地区长期存在着一种"朝贡体制"的国际政治、经济体系,对外贸易最显著的特征就是"籍朝贡之名而行互市之实"[①],在这种国家观念、国际关系和对外贸易秩序下,即在没有现代互惠贸易观念的前提下,中国古代陆路边境或沿海边境设置"关"的出发点,基本上是为了"怀柔远人、市惠藩属",正统儒家思想对古代关的职能定位是"关以御暴","讥而不征"。[②] 唐宋以后,税关无征的王道渐被关重财税的霸道思想所代替。中国古代海关学术史,考察的即是与中国古代政治、经济特点相适应的海关学术理路及其体系。

作为一门科学学问,中国现代海关学术产生于内政外交危机重重的清末,至今有百余年的历史。总的来看,中国现代海关学术活动历史又可粗分为清末、民国和新中国三个时期。清末是中国古代海关观念、传统和现代海关学术知识体系的大分界、大变革时期,又是西方现代性海关学术知识的引进和传播,以及中国现代海关学术的萌芽时期。本时期的研究,应着重从清末危机的发生、西方国家海关知识和理论及海关实体的被改造和输入即内、外环境两个方面,探讨清末现代海关学术产生的条件、历史过程与特征。第二时期即民国时期,可谓中国现代海关学术的奠基时期,现代海关理论和知识历经清末简单移植、借鉴之后,许多学者对海关的研究走向深入的学理探讨阶段。学人的努力促进了海关知识的深化和传播,海关学问作为一种思想理论资源,它的普及直接影响了民国时期的

① 侯厚培:《中国国际贸易小史》,商务印书馆,1931年,第19页。
② 赵淑敏:《中国海关史》,台北文物供应社,1982年,第1页。

关税自主、收回海关利权等重大政治运动。在现代海关知识的启蒙下,1930年中国海关也实现了由传统社会时期通过性的国内税关向现代性的国境税关彻底转化。本部分应当重点探讨民国海关学问的深化及对当时政治、经济的影响等问题。第三期为新中国海关学术的转型和创新时期。1949年政治变革之后,中国海关学术开始了一种与前民国时期迥然不同的建构过程。新中国海关学术发展又可分为前三十年和后三十年两个阶段,前三十年更多地受到苏联海关学术传统的影响,应重点解析特殊的海关学术状况与意识形态高度强调时代的深刻关联。从1979年开始,随着政治形势的转变,尤其是21世纪中国重新加入世界贸易组织,中国海关与世界海关组织的联系日益密切,海关学术出现建设生机。对开放条件下中外海关学术交流及影响所造成的"海关学"研究状况的诸多变化,应进行及时的观察、记录和总结。

第二,从"内史"的角度,描述中国海关学术知识和理论的发展脉络。对学术史来说,"内史"主要指考察学者及其活动产品这一内生变量的连续或断裂现象。① 只有通过把握各时期突显学术史发生变化的重要学术事件、人物、作品、活动,才能对海关学术知识和理论内在发展脉络形成科学的认识。依此视角,笔者观察中国古代以及近现代海关学术的内在发展脉络,认为有如下的代际特征:

就中国古代海关学术理路的演进和变迁而言,唐中期前后是对"关"及"关税"认识的重大变革阶段。秦汉以降,儒家学说成为正统王朝的统治思想,是统治阶级施政治国的蓝本,在"关"的设置和定位方面亦不例外。孟子曾针对国君税关而斥责道:"古之为关也,将以御暴;今之为关也,将以为暴。"中唐以前的关,大多遵循孟子思想,"讥而不征","关以禁暴",即使偶有对通过关津的商贾征税,也是从"农为本""禁末游"的立场出发的。随着唐宋商品经济发展,商业革命以来,中唐以降的学者对"关"的认识逐渐突破传统儒家教条的束缚,关津的政治军事色彩日趋淡薄,原先设险守固的禁防,演变成为课收商利的税关,财政经济开始居重。② 明清时期商税之关更是广泛设置,中唐以后的学者对"关"的阐释与正统儒家理论的差距愈来愈大。总之,中国古代学者对关的辩论和记载卷帙浩繁,因此中国古代海关学术史研究就是首先全面搜集历代典章、原始文献等资料,其次对资料进行研读和归纳,复次对清末前数千年古代中国的海关观念和知识进行概括与评判,目的在于揭示出中国古代海关知识传统的基本面貌、特征以及衰落的命运。

---

① 吴国盛编:《科学思想史指南》,四川教育出版社,1994年,第8—10页。
② 张邻、周殿杰:《唐代关津制度》,载《中国海关史论文集》,中国海关学会编印,1996年,第38—42页。

就中国近现代海关的知识、理论和学科体系的演化而言,笔者认为中国海关学界历经了"税则学"—"关税学""关政学"—"海关管理学"—"海关学"等数次学术重心的转折和嬗变。

1840 年鸦片战争中国接受片面协定关税条款之后,具有现代意义的"关税""进口""出口"等新名词开始被国内学者接受和传播①,1854 年海关行政管理权又被西方人把持即海关实体完全被西人改造以后,中国学者从此对"关政""关税""税则""海关实务技术"等现代知识展开了全面、深入、持久的探究。光绪初年,陈炽、郑观应、马建忠等洋务学者开始认识到片面协定税则及洋人把持关务的不公平及其危害,翻阅 20 世纪之交的百科全书、辞典、教科书、译著,可以发现"税则""关税"二词出现的频率之高,说明清末学人对"税则""关税"等问题高度关注。

如果说清末时期仅是对西方的税则、关税理论和知识的简单移植、借鉴,那么民国时期则有一大批学者崭露头角,譬如,1919 年,学者盛俊编著了《海关税务纪要》一书,他在开篇就提出必须对"海关"进行客观的学理研究的看法:"海关之设,以征收关税及管理其他附带事务为目的,构成国家行政机关之一部,则其组织、其权限责任,皆行政法论上所宜研究也。其次,混言之,海关为征收关税之机关,分言之,关税项下有通过税、出口、进口税之分。近世通过税及出口税相继废止,而我国何如? 同是进口税,而关于税目之选择,有日用、娱乐、奢侈三品,关于课税方法之采用,有从价者,有从量者,则财政学上所宜研究也。复次,财政关税与保护关税久为东西经济学者论争之烧点,虽利弊不相掩,要以适合国情为归。我国内情,究以何者为适? 适于内情矣,而外界不之许,犹无益也,然则我将以无主义之关税,忍而与终古欤? 此经济政策上所宜研究者也。复次,关税税则,有立法部自定者,有行政部与外国协定者,有自定协定并采者,而协定之中,又有双务单务之分。我国税则,向以值百抽五为断,一议加税,则裁厘之条件,出厂税征课之条件,相因而至,岂合于理论欤? 关税主权之谓何,然其答果安在,此宪法论及国际法学上所宜研究也。"②盛俊的论断,反映了当时学人对"海关"研究的学术观照和追求,标志着"海关学"走上了理性的启蒙。20 世纪 20 年代以后,还有赵管侯、童蒙正、李权时、贾士毅等众多财政、经济学方面的学者,相继就海关与国家主权、自由贸易和保护关税、关税学科的基本原理、概念、体系等问题发表了一

---

① 香港中国语文学会统筹:《近现代汉语新词词源辞典》,汉语大词典出版社,2001 年,第 93、135、34 页。

② 盛俊:《海关税务纪要》,商务印书馆,1919 年,第 17—18 页。

批高质量的论著①,标志着该时期的"关税学""关政学"较清末已有了很大进步。

中华人民共和国成立后,因特殊的政治环境和计划经济体制模式,学界长时间关注海关政治管理问题。改革开放后,随着海关事业的发展,海关学术重现生机,1985 年成立了中国海关学会,就在海关学会成立大会上,著名的国际问题专家宦乡首次提出建立"海关学"的设想。进入 21 世纪以来,不少学者纷纷就"海关学"应成为独立学科而展开深入的学理论述②,2005 年 9 月,中国海关学会又举办了"海关学科建设咨询会",同时随着海关高等教育事业由专升本、由本升硕的发展,海关学院形成的有关海关基础及分支应用学科已超过十余门,它们分别是海关概论、海关法学、海关管理、关税理论与制度、中国海关史以及海关缉私、海关监管、海关统计、海关商品归类、海关检验检疫、海关英语等,一大批理论和实务性教材纷纷出版。从上述简单列举的门类,已能看出"海关学"对相关学科如政治学、法学、管理学、经济学、史学乃至哲学等各种哲学社会科学的广泛依赖,它是一门既具有广泛交叉性又具有显著综合性的应用理论学科。归根结底,目前学者已经普遍认识到海关并非一个单纯的对进出境活动监管的国家行政机构。对于海关的研究,从狭义上说只需研究监管实务技术即可,但从广义上看,则可扩展成国家和社会问题研究的一个特殊部分,各种社会科学与人文科学研究的理论方法与工具,皆可应用于其中。

经过以上内外史相结合、以外史为标和内史为本的刻画与描述,力争客观地展现出中国海关学术研究发展的历史轨迹,科学地评价中国海关学术建设成果,全面地反映中国海关学术在发展中所体现出的时代特征、与相关学科的结构关系以及在整个科学体系中的地位、作用及社会影响,必可为中国"海关学"的构建和发展做出一份贡献。经历一个漫长和多变的学科史前期,笔者相信,"海关学"在未来终将会浮出水面并广为人知。

(本章部分内容,改编自拙文《中国海关学术史研究刍议》《论地理学在海关研究中的运用》,原分别刊载于《上海海关学院学报》2010 年第 4 期和 2013 年第 6 期)

---

① 如赵管侯:《中国税关论》,新社会日刊社,1919 年;贾士毅:《关税与国权》,商务印书馆,1927 年;李权时:《自由贸易与保护关税》,上海东南书店,1929 年;童蒙正:《关税论》,商务印书馆,1934 年等,以上学术论著,对海关与国家主权、关税的原理、概念和体系等均做了理论性的阐述。
② 参见孔海燕:《对在本土构建海关学学科的前提性思考》,载《上海海关高等专科学校学报》2005 年第 3 期;金茂新:《关于创建"海关学"学科的窥见》,载《上海海关学院学报》2008 年第 4 期;王晓刚:《从"海关"概念的界定谈海关学学科建设问题》,载《上海海关学院学报》2008 年第 4 期;黄胜强、王菲易:《关于"海关学"学科建设的探讨:发展脉络、主要瓶颈和建设路径》《海关学的学科构建、学科组成和未来发展:学科演进的视角》,载《海关与经贸研究》2018 年第 5 期和 2021 年第 5 期。

中国海关史相关著作参考书目

安介生：《遥望关河：中国边塞环境与历史文化》，上海远东出版社，2023 年。

蔡渭洲：《中国海关简史》，中国展望出版社，1989 年。

陈诗启：《中国近代海关史》，人民出版社，2002 年。

陈高华、陈尚胜：《中国海外交通史》，文津出版社，1997 年。

陈霞飞、蔡渭洲：《海关史话》，社会科学文献出版社，2012 年。

程喜霖：《唐代过所研究》，中华书局，2000 年。

程麟荪、张之香主编：《张福运与近代海关》，上海社会科学院出版社，2007 年。

戴一峰：《近代中国海关与中国财政》，厦门大学出版社，1993 年。

邓亦兵：《清代前期关税制度研究》，北京燕山出版社，2008 年。

樊兆华：《海关发展论》，中国海关出版社，2007 年。

高融昆：《通关之路》，中国经济出版社，2021 年。

〔明〕高岐：《福建市舶提举司志》，商务印书馆，2020 年。

郭伟涛：《边塞、交通与文书——肩水金关汉简研究续篇》，上海古籍出版社，2023 年。

黄序鹓：《海关通志》，共和印刷局，1917 年。

黄国盛：《鸦片战争前的东南四省海关》，福建人民出版社，2000 年。

黄纯艳：《华夷·海洋·财政：宋代中国的内与外》，上海人民出版社，2023 年。

黄松筠：《中国古代藩属制度研究》，吉林人民出版社，2008 年。

侯厚培：《中国国际贸易小史》，商务印书馆，1931 年。

贾士毅：《关税与国权》，商务印书馆，1927 年。

李云泉：《朝贡制度史论——中国古代对外关系体制研究》，新华出版社，2004 年。

李爱丽：《晚清美籍税务司研究——以粤海关为中心》，天津古籍出版社，2005 年。

李庆新:《明代海外贸易制度》,社会科学文献出版社,2007年。

罗玉东:《中国厘金史》,商务印书馆,1936年。

连心豪:《近代中国的走私与海关缉私》,厦门大学出版社,2011年。

卢汉超:《中国第一客卿——鹭宾·赫德传》,上海社会科学院出版社,2009年。

卢海鸣:《海关蜕变的年代——任职海关四十二载经历》,台湾雨利美术印刷有限公司,1993年。

廖声丰:《清代常关与区域经济研究》,人民出版社,2010年。

廖敏淑:《清代中国的外政秩序—以公文书往来及涉外司法审判为中心》,中国大百科全书出版社,2012年。

〔清〕梁廷枏:《粤海关志》,广东人民出版社,2014年。

娄万锁:《中国海关改革的政治学分析》,上海人民出版社,2015年。

彭雨新:《清代关税制度》,湖北人民出版社,1956年。

祁美琴:《清代榷关制度研究》,内蒙古大学出版社,2004年。

倪玉平:《清代关税:1644—1911年》,科学出版社,2017年。

任智勇:《晚清海关再研究—以二元体制为中心》,中国人民大学出版社,2012年。

孙文学主编:《中国关税史》,中国财政经济出版社,2004年。

孙修福:《中国近代海关首脑更迭与国际关系》,中国海关出版社,2010年。

宿世芳主编:《当代中国海关》,当代中国出版社,1992年。

盛俊:《海关税务纪要》,商务印书馆,1919年。

沈光耀:《中国古代对外贸易史》,广东人民出版社,1985年。

童蒙正:《中国陆路关税史》,商务印书馆,1926年。

台湾"关税总局"编纂:《中华民国海关简史》,1998年;

汪敬虞:《赫德与近代中西关系》,人民出版社,1987年。

王杰:《中国古代对外航海贸易管理史》,大连海事大学出版社,1994年。

王宏斌:《赫德爵士传——大清海关洋总管》,文化艺术出版社,2000年。

王晓燕:《官营茶马贸易研究》,民族出版社,2004年。

王尔敏:《晚清商约研究》,中华书局,2009年。

王川:《市舶太监与南海贸易——广州口岸史研究》,人民出版社,2010年。

王意家编著:《海关概论》,中国海关出版社,2011年。

文松:《近代中国海关洋员概略——以五任总税务司为主》,中国海关出版社,2006年。

吴兆莘：《中国税制史》，商务印书馆，上海书店，1984年。

吴伦霞、何佩然主编：《中国海关史论文集》，香港中文大学出版社，1991年。

吴松弟主编：《中国近代经济地理》（九卷本），华东师范大学出版社，2016年。

魏明孔：《西北民族贸易研究——以茶马互市为中心》，中国藏学出版社，2003年。

夏秀瑞、孙玉琴主编：《中国对外贸易史》，对外经济贸易大学出版社，2001年；

谢松：《钟声悠远：近代中国海关史研究涉及若干基本问题略考》，中国海关出版社，2020年。

姚梅琳编著：《中国海关史话》，中国海关出版社，2005年。

杨德森：《中国海关制度沿革》，商务印书馆，1925年。

杨健：《西汉初期津关制度研究》，上海古籍出版社，2010年。

杨智友、李宁：《抗战时期的中国海关》，江苏人民出版社，2021年。

叶松年：《中国近代海关税则史》，上海三联书店，1991年。

叶凤美：《失守的国门：旧中国海关》，高等教育出版社，1993年。

余大乐：《中国海关改革与现代化论》，中国海关出版社，2011年。

郑友揆：《中国的对外贸易和工业发展》，上海社会科学院出版社，1984年。

郑有国：《中国市舶制度研究》，福建教育出版社，2004年。

张云泉：《朝贡制度史论：中国古代对外关系体制研究》，新华出版社，2004年。

詹庆华：《全球化视野：中国海关洋员与中西文化传播（1845—1950年）》，中国海关出版社，2008年。

赵管侯：《中国税关论》，新社会日刊社，1919年。

赵淑敏：《中国海关史》，台北文物供应社，1982年。

赵光华主编：《中国海关通志》，方志出版社，2013年。

张耀华：《图说旧中国海关历史》，中国海关出版社，2005年。

朱荣基：《近代中国海关及其档案》，海天出版社，1996年。

《中国海关百科全书》编委会：《中国海关百科全书》，中国大百科全书出版社，2004年。

中国海关学会编：《中国海关史论文集》，1996年印制。

中国海关学会编：《海关职工革命斗争史文集》，中国展望出版社，1990年。

［日］滨下武志著，高淑娟、孙彬等译：《中国近代史经济史研究：清末海关财政与通商口岸市场圈》，江苏人民出版社，2006年。

［日］朝仓弘教著,吕博、安丽、张韧译:《世界海关和关税史》,中国海关出版社,2006 年。

［日］高柳松一郎著,李达译:《中国关税制度论》,商务印书馆,1926 年。

［日］宫崎正胜著,蔡惠光、吴心伊译:《从空间解读的世界史:马、航海、资本、电子资讯的空间革命》,远足文化事业股份有限公司,2019 年。

［日］久保亨著,王小嘉译:《走向自立之路:两次世界大战之间中国的关税通货政策和经济发展》,中国社会科学出版社,2004 年。

［日］松浦章著,董科译:《清代内河水运史研究》,江苏人民出版社,2010 年。

［日］桑原隲藏著,陈裕菁译:《蒲寿庚考》,中华书局,2009 年。

［日］藤田丰八著,魏重庆译:《宋代之市舶司与市舶条例》,商务印书馆,1936 年。

［英］Donna Brunero 著,黄胜强等译:《英帝国在华利益之基石——近代中国海关(1854—1949 年)》,中国海关出版社,2012 年。

［英］S.A.M.艾兹赫德著,姜智芹译:《世界历史中的中国》,上海人民出版社,2009 年。

［英］巴里·布赞,理查德·利特尔著,刘德斌主译:《世界历史中的国际体系——国际关系研究的再建构》,高等教育出版社,2004 年。

［英］方德万著,姚永超、蔡维屏译:《潮来潮去:海关与中国现代性的全球起源》,山西人民出版社,2017 年。

［英］莱特著,姚曾廙译:《中国关税沿革史》,生活·读书·新知三联书店,1958 年。

［英］魏尔特著,陆琢成等译:《赫德与中国海关》,厦门大学出版社,1993 年。

［美］费正清编,杜继东译:《中国的世界秩序——传统中国的对外关系》,中国社会科学出版社,2010 年。

［美］马士著,张汇文等译:《中华帝国对外关系史》,上海书店出版社,2000 年。

［美］托马斯·莱昂斯著,毛立坤等译:《中国海关与贸易统计》(1859—1948),浙江大学出版社,2002 年。

［加拿大］葛松著,中国海关史研究中心译:《李泰国与中英关系》,厦门大学出版社,1991 年。

后 记

　　上海海关学院是海关总署直属的唯一高等院校,专门培养符合海关事业和经济社会发展需要的应用型、复合型、涉外型的高素质人才。在学生培养方案中,"中国海关史"是海关管理学科、专业体系中的一门基础课程,也是面向全校"涉关"专业所有学生的公共选修课程。"中国海关史"开课历史悠久,与学校整体发展相同步,历经中专开课、大专加强、本科体系化各个时期。自 1953 年建立上海海关学校(中专)以来,"中国海关史"开始自编油印教材,1989 年出版《中国海关简史》(蔡渭洲主编,中国展望出版社)。1997 年学校升为高等专科学校,出版了《中国海关史话》(姚梅琳主编,中国海关出版社,2005 年)。2007 年学校专升本以后,为适应本科教学需要,2014 年笔者和王晓刚老师合作编著《中国海关史十六讲》(复旦大学出版社,2014 年),尝试以专题形式促进学科建设和推进教学改革。在学校的重视和支持下,笔者主讲的"中国海关史"课程,于 2019 年和 2021 年先后被评选为上海高校市级重点课程和上海市与党史教学相融合的百门课程思政示范课之一。

　　倏然间《中国海关史十六讲》已出版十年时间,这期间新时代中国海关发生了整体性变革和系统性重构,学校也实现了硕士学位点办学层次的跃升,同时经过十年的科研成果和教学经验的积累,也需要对《中国海关史十六讲》一书进行重新修订。本次修订本,在结构上依然采用专题的形式,以时间为经,内容为纬,从西周时期海关的起源开始讲起,直至近代半殖民地海关和新中国人民海关,更为突出中国共产党领导下的人民海关建设和发展历史,时间断线下移,尤其新增加了新时代建设中国特色社会主义现代化海关专题。此外,根据十九届三中全会后国家机构改革、关检实现全面融合的新形势,在本书相关专题部分也进行了合理呈现。

　　一部中国海关史,就是一部中国对外交往史、一部中国国际关系史和一部中国财政经济变迁史,本书纵贯古代、近代和现代海关历史,涉及时段长、内容宽、影响深,以期"通史"和"专题"相结合的方式,符合学校通识性教育教学改革的要求,但也对笔者的学识和能力提出了重要挑战。笔者近年来曾陆续公开发表了数十篇中国海关史的学术论文和多部海关史专译著作,本书一方面把个人已发表成果糅合进了相关专题内容,在专题之后予以特别说明,另一方面也尽可能地吸收补充学术界最新研究成果,在各专题内容下予以引用,填补注释符合学术规范要求,也希望能给学生课后的扩展阅读予以导引。

海关总署高度重视中国海关历史研究工作,2021 年设立海关史研究办公室,批准学校增设海关史研究院,争取到国家社科基金特别委托项目"中国海关史",以期未来几年书写出首部"中国海关正史",为社会主义现代化海关建设提供精神动力和智力支持。笔者作为海关史研究院的负责人和"中国海关史"课题组中的一员,在参与中国海关史课题研讨和研究中受益匪浅,衷心感谢海关总署项目领导小组和关史办领导胡伟、黄胜强、黄冠胜、杨振庆、谢放、詹庆华等对学校海关史科研教学及本人教研工作的关心指导。《中国海关史十六讲》首版出版后,曾得到复旦大学的吴松弟、樊如森,中山大学的滨下武志、李爱丽,南京第二历史档案馆的孙修福、杨智友,中国海关学会的李延、左铁、贺华,上海海关的顾振兴、张耀华等诸先生的拨冗帮助和匡谬指正。学校王晓刚副校长长期以来思考和探索中国海关史的本质、发展规律及学科建设问题,鼓励和支持我的教学和科研工作,欣然为书作序。杨敏敏、董强、江家欣、张诗丰等老师一起参与了"中国海关史"课程的教学、改革和建设。复旦大学出版社的编辑杜怡顺老师,为首版出版和本版修订付出了艰辛劳动。在此,对以上领导和师友致以衷心感谢!当然本人学疏才浅,不当之处,恳请读者予以批评指正。

姚永超

2024 年 8 月 28 日

图书在版编目(CIP)数据

中国海关史十六讲/姚永超著. -- 2 版. -- 上海：
复旦大学出版社,2025. 7. -- ISBN 978-7-309-18018-3

Ⅰ. F752. 59

中国国家版本馆 CIP 数据核字第 2025RX3823 号

中国海关史十六讲(修订版)
姚永超　著
责任编辑/杜怡顺

复旦大学出版社有限公司出版发行
上海市国权路 579 号　邮编：200433
网址：fupnet@fudanpress.com　http://www.fudanpress.com
门市零售：86-21-65102580　团体订购：86-21-65104505
出版部电话：86-21-65642845
上海盛通时代印刷有限公司

开本 787 毫米×960 毫米　1/16　印张 16.75　字数 292 千字
2025 年 7 月第 2 版
2025 年 7 月第 2 版第 1 次印刷

ISBN 978-7-309-18018-3/F·3111
定价：58. 00 元